# 101 Antworten auf Fragen über Satan, Dämonen und geistliche Kampfführung

Mark Hitchcock



*Für Philip De Courcy, dessen ansteckende Leidenschaft für Christus und seine fesselnden Predigten aus dem Wort Gottes ein Band der Freundschaft zwischen uns haben entstehen lassen, durch das mein Leben und mein Dienst reich gesegnet wurden.*

# 101 Antworten auf Fragen über Satan, Dämonen und geistliche Kampfführung

Mark Hitchcock

**101 Antworten auf Fragen über Satan, Dämonen und geistliche Kampfführung**
Mark Hitchcock

**Originally published in English under the title:**
101 Answers to Questions About Satan, Demons, and Spiritual Warfare

Published by Harvest House Publishers
Eugene, Oregon 97402, USA
www.harvesthousepublishers.com

**Zitierte Bibelübersetzungen**
Sofern nichts anderes vermerkt, zitieren wir die Schlachter Bibel 2000.
Für andere Übersetzungen verwenden wir folgende Abkürzungen:
Elb = verschiedene Ausgaben der Elberfelder Bibel
GNB = Gute Nachricht Bibel
Hfa = Hoffnung für alle
Lth = Luther
NeÜ = Neue evangelistische Übersetzung
NLB = Neues Leben – Die Bibel

1. Auflage 2016 (Koproduktion)
Verlag Mitternachtsruf, CH 8600 Dübendorf
www.mitternachtsruf.ch
Christliche Verlagsgesellschaft mbH, Dillenburg
www.cv-dillenburg.de

Bestell-Nr. Mitternachtsruf: 180059
ISBN Mitternachtsruf: 978-3-85810-334-5
Bestell-Nr. CV: 271.375
ISBN CV: 978-3-86353-375-5



Übersetzung aus dem Amerikanischen: Martin Plohmann
Umschlag, Satz und Layout: Cicero Studio AG, CH-9442 Berneck, www.cicero-studio.ch
Herstellung: GU-Print AG, CH-6312 Steinhausen
Bildnachweis Titelseite: shutterstock.com/Rafael Croonen

# Inhalt

– Einleitung –

# Jenseits des *Sichtbaren*

*Es gibt zwei gleich grosse und doch gegensätzliche Irrtümer, die der Mensch hinsichtlich des Teufels und seiner Dämonen begehen kann. Der eine ist, nicht an ihre Existenz zu glauben, und der andere, an sie zu glauben und ein übermässiges und ungesundes Interesse an ihnen zu haben. Sie freuen sich über beide Irrtümer gleichermassen und begrüssen einen Materialisten ebenso überschwänglich wie einen Zauberer.*

C. S. Lewis

## 1. Warum sollte man über den Teufel und seine Dämonen nachdenken?

Als ein Schachmeister durch eine Kunstgalerie in Europa ging, stiess er auf ein Gemälde, das ihn faszinierte. Das Bild zeigte einen jungen Mann, der mit dem Teufel Schach spielte. Entzücken lag auf dem Gesicht des Feindes und Panik auf dem des jungen Mannes. Das Gemälde trug den Titel *Schachmatt*.

Während sich der Schachmeister das Bild ansah, störte ihn etwas – an dem Gemälde stimmte etwas nicht. Er suchte den Kurator der Galerie auf und bat ihn, das Bild abzunehmen. Als das nicht ging, bat er um ein Treffen mit dem Künstler. Der willigte ein und verabredete sich mit ihm in der Galerie.

Der Schachmeister brachte ein Schachbrett und Schachfiguren mit. Er stellte die Partie genauso auf, wie der Künstler sie auf dem Gemälde abgebildet hatte, und sagte: «Etwas stimmt nicht mit Ihrem Gemälde.» Als sich der Künstler erkundigte, was das sein könnte, meinte der Schachmeister: «Sie haben Ihrem Bild den Titel *Schachmatt* gegeben, aber das setzt voraus, dass der junge Mann keinen Zug mehr machen kann.» Der Champion zog den König des jungen Mannes auf ein anderes Feld und sagte: «Jetzt ist der Teufel schachmatt.» Dann schaute er den jungen Mann auf dem Bild an und sagte zu ihm: «Junger Mann, dein Feind ist einer verhängnisvollen Fehleinschätzung unterlegen. Du musst nicht verlieren. Du gewinnst!»[1]

Vielleicht fühlen Sie sich hin und wieder wie der Mann auf dem Gemälde. Möglicherweise sogar in diesem Augenblick. Sie greifen eventuell zu diesem Buch, weil Sie gerade jetzt in starken Anfechtungen stehen und nach Antworten suchen. Angst und Sorge verfolgen Sie Tag und Nacht, während Sie sich vorstellen, wie der Teufel den letzten Zug in Ihrem Leben macht. Sie haben den Eindruck, als würden Sie schon bald schachmatt gesetzt werden von ehelichen, finanziellen, beruflichen, gesundheitlichen oder einem anderen der zahllosen Probleme.

Ich habe grossartige Neuigkeiten für Sie. Wenn Sie Jesus Christus als Ihrem Erlöser vertrauen, werden Sie gewinnen! Ihr Champion hat den Feind besiegt. Der König machte seinen letzten Zug und verkündete durch seine Auferstehung aus den Toten: «Schachmatt.» Der Kampf ist bereits gewonnen. Alles, was Sie und ich jetzt noch tun müssen, ist, unter seiner leitenden Hand und unserem Sieg in ihm das Spiel zu Ende zu bringen. Das Volk Gottes kämpft gegen den Feind auf der Grundlage eines bereits geschehenen Sieges, nicht um den Sieg. Im Gegensatz zu dem, was viele Menschen denken mögen, ist geistliche Kampfführung keine furchterregende oder beängstigende Sache. Wenn wir sie verstehen, gibt sie uns Hoffnung, Mut und die Sicherheit, dass der Sieg unser ist durch unseren Herrn Jesus Christus.

Ein weiterer Grund, warum wir uns mit der geistlichen Kampfführung und der unsichtbaren Welt um uns herum beschäftigen sollten, ist, dass Gott sie uns geoffenbart hat. Das allein rechtfertigt unser Interesse an diesem Thema und die Zeit, die wir mit seinem Studium verbringen. Wenn Gott in seinem Wort die geistliche Welt hinter dem Vorhang des Sichtbaren beschrieben hat, dann ist es an uns, diese Offenbarung ernst zu nehmen.

Das Studium der systematischen Theologie beinhaltet separate Kategorien für das Studium des Teufels und das der Dämonen. Das Studium des Teufels wird Satanologie und das der Dämonen Dämonologie genannt. Diese beiden Gebiete werden oft miteinander verbunden. Aber die Tatsache, dass ganze Bereiche der Theologie diesen Themen gewidmet sind, sollte unser Interesse wecken.

Wie wir in diesem Buch sehen werden, enthält die Bibel eine Menge Material über den Teufel, die Dämonen und die unsichtbare weltweite Verschwörung, die um uns herum tobt. Zum ersten Mal wird der Teufel in 1. Mose 3 erwähnt und zum letzten Mal in Offenbarung 20. Es ist keine Übertreibung zu sagen, dass man die Bibel von Anfang bis Ende nicht richtig verstehen kann, wenn man nichts über den Teufel und seine bösen Handlanger weiss. Gott hat uns vom ersten Buch Mose bis zur Offenbarung Wahrheiten über die unsichtbare Welt preisgegeben. Daher müssen sie für uns wichtig sein.

Ein dritter Grund, weshalb wir uns mit geistlicher Kampfführung beschäftigen sollten, ist, dass viele verschiedene Ansichten zu diesem Thema existieren. Verfechter der heutigen «Spiritual Warfare»-Bewegung befürworten Cosmic-Level Spiritual Warfare (geistliche Kampfführung auf kosmischer Ebene), Spiritual Mapping (geistliche Landkarte) sowie die Identifizierung und Konfrontation territorialer Geister. Viele andere treten für Befreiungsdienste ein, einschliesslich dem Tadeln und Binden des Teufels und dämonischer Geister. Sind diese Praktiken biblisch? Sollten Gläubige sich daran beteiligen? Was sagt die Schrift? Aufgrund unterschiedlicher Ansichten und Praktiken müssen Nachfolger Christi heute verstehen, was die Schrift über geistliche Kampfführung sagt, um nicht von unbiblischen Praktiken überrollt zu werden und nicht auf der Opferliste zu landen. Geistliche Kampfführung ist kein Spiel. Ein erfolgreicher Kampf gegen den Feind muss mit der Kraft Gottes und nach seinen Grundsätzen geführt werden.

Eine vierte Motivation für das Studium des Teufels, der Dämonen und der geistlichen Kampfführung ist, dass das Wirken von Dämonen und der geistliche Kampf laut Bibel in der Endzeit dramatisch zunehmen werden (s. Offb 9). Wir sind noch nicht in der Endzeit, aber wir können davon ausgehen, dass sich das dämonische Wirken beschleunigt, je näher wir ihr kommen, und genau das scheint zurzeit der Fall zu sein. Während das dämonische Wirken an Intensität zunimmt, sollten wir es nicht zulassen, dass unser Verständnis und Bewusstsein vom unsichtbaren Krieg zurückgeht. Das ist eine gefährliche Kombination. Unser Studium des geistlichen Kampfes muss seiner Ausbreitung in unserer heutigen Welt entsprechen. Wir können es uns nicht leisten, unbewaffnet zu sein.

Eine fünfte Motivation, die unsichtbare Welt um uns herum zu verstehen, ist, dass es uns hilft, einen Sinn hinter dem zu erkennen, was wir sehen können. Der Bibel zufolge tobt überall um uns herum ein unsichtbarer Weltkrieg. Diesen Krieg zu begreifen, gibt uns eine einzigartige Perspektive, die die Menschen ohne dieses Wissen nicht haben. Ray Stedman gibt uns einen wichtigen Einblick darin, warum wir den geistlichen Krieg um uns herum verstehen müssen. Lesen Sie aufmerksam das folgende Zitat.

> Während die grössten Führer der Welt mit dem Dilemma des modernen Lebens zu kämpfen haben, können sie nur sagen: «Was läuft falsch? Was ist das unbekannte Element, das dahintersteckt? Wir können es nicht verstehen noch erklären! Etwas entgeht unserem Verständnis von der menschlichen Natur und dem menschlichen Verhalten. Was ist es nur?»
>
> Die Antwort: Hinter den Kulissen der Geschichte ist ein geistlicher Krieg im Gange, und dieser geistliche Kampf in der unsichtbaren Welt treibt die Ereignisse in unserer sichtbaren Welt an. In der materiellen Welt gibt es keinen Frieden, weil in der geistlichen Welt gerade ein Krieg tobt.
>
> Nichts ist sinnvoller, wichtiger und realer, als uns an der Sache Gottes in diesem gewaltigen geistlichen Krieg zu beteiligen. Die biblische Lehre vom geistlichen Kampf zeigt uns die Wahrheit über das Grundproblem der menschlichen Existenz und Geschichte. ...
>
> «O», sagen Sie jetzt vielleicht, «das ist alles ziemlich deprimierend. Ich möchte lieber nicht daran denken.» Ich denke auch nicht gerne daran, aber ich habe festgestellt, dass man sich die Wahrheit nicht einfach wegwünschen kann. Man kann nur auf eine Weise realistisch an diesen Kampf herangehen, und das ist, stark im Herrn zu sein und in der Macht seiner Stärke.
>
> Wer diesen Aufruf und den um ihn herum tobenden Kampf ignoriert, ist verurteilt, ihm zum Opfer zu fallen. Wir können nicht neutral bleiben. Wir müssen uns für eine Seite entscheiden. Wir müssen uns hinter die Mächte Gottes, die Mächte des Guten, stellen.[2]

Wenn wir diesen unsichtbaren Krieg verstehen, können wir die Welt so sehen, wie sie wirklich ist. Eine der grundlegenden Wahrheiten des Wortes Gottes ist, dass hinter der hauchdünnen Fassade dieser Welt ein unsichtbarer und gnadenloser Kampf tobt. Die Waffen des Teufels sind geladen und entsichert, und auf seinen Kugeln steht unser Name. Wenn wir nicht zu den Opfern zählen wollen, müssen wir diesen Kampf begreifen und die mächtigen Waffen Gottes anlegen. Der Feind hat uns im Fadenkreuz.

Ich habe einmal ein *«Far Side»*-Cartoon von zwei Hirschen gesehen, die nebeneinander standen. Einer der beiden Hirsche sieht herab auf eine Zielscheibe auf seinem Bauch. Da sagt der andere Hirsch zu ihm: «Blödes Muttermal, Hal.» Ob es uns gefällt oder nicht, wenn wir für Christus und zu seiner Verherrlichung leben wollen, sind wir zur Zielscheibe geworden.

Mein Freund, Pastor Philip De Courcy, erzählte mir die Geschichte, die Jill Briscoe vor ein paar Jahren vor einer Gruppe zum Besten gab. Sie kam am 11. September 2001 zurück aus Übersee in die Vereinigten Staaten. Als die Terroristen zuschlugen, wurde ihr Flugzeug nach Reykjavík, Island, umgeleitet, wo Flugpersonal und Passagiere einige Tage verbringen mussten, bevor sie ihre Reise fortsetzen konnten.

Im Flughafen bemerkte Jill Briscoe eine junge amerikanische Soldatin. Sie wirkte sorgenvoll und erschüttert. Schliesslich sprach Jill Briscoe sie an, um herauszufinden, ob es ihr gut ging, und um ihr Mut und Trost zu geben. Die Ereignisse vom 11. September hatten die junge Dame sehr mitgenommen. Als Jill sich erkundigte, was sie so bewegte, sagte die junge Frau vorausschauend auf ihre Zukunft: «Ich bin nicht in die Armee eingetreten, um in den Krieg zu ziehen.»

Viele Gläubige sind heute wie diese junge Soldatin. Sie haben sich nicht verpflichtet, um in den Krieg zu ziehen. Viele wollen nicht einmal daran denken. Die Wahrheit ist aber, dass jeder Christ in den Krieg muss. Wir haben keine Wahl, deshalb sollten wir sichergehen, dass wir die Strategie des Feindes kennen und unsere Waffen parat haben.

Unser Feind ist gnadenlos und sucht stets nach einer günstigen Gelegenheit.

Sir William Slim war Kommandant in der britischen Armee; er wurde in beiden Weltkriegen für seinen Dienst ausgezeichnet und drei Mal verwundet. Als er einmal gefragt wurde, wo er seine wichtigste Lektion als Soldat lernte, erzählte er eine Geschichte, die so einfach und doch so entscheidend ist, dass sie heute zum Lehrbuch des US-Marineinfanteriekorps gehört.

> Vor vielen Jahren hoffte ich als Kadett, eines Tages Offizier zu werden. Ich studierte die «Grundregeln des Krieges» in den alten Aussendienstbestimmungen, als der Oberfeldwebel auf mich zukam. Er sah mich freundlich und vergnügt an. «Zerbrich dir nicht den Kopf mit all diesen Dingen, mein Junge. Es gibt nur eine Grundregel im Krieg, mehr nicht. Triff den anderen so schnell und hart du kannst, wo es ihn am meisten schmerzt und er nicht hinschaut.»[3]

Der Teufel wendet diese Strategie täglich beim Volk Gottes an.

Unsere Gedanken über den geistlichen Kampf müssen natürlich ausgewogen sein. Wir wollen nicht zu weit gehen und es mit der Satanologie und Dämonologie übertreiben. Gläubige können dazu verführt werden, den Feind entweder zu ignorieren oder sich zu sehr mit dem Teufel zu beschäftigen. Beide Extreme sind schädlich, und dem Feind sind sie beide recht. Den Teufel und seine Strategien nicht zu beachten, ist geistlicher Selbstmord. Sich hingegen zu viel mit ihm und seinem Reich zu beschäftigen, ist ebenso gefährlich. A. W. Tozer betont die Gefahr, sich zu sehr auf den Teufel zu konzentrieren, und ruft Christen auf, Christus zum Mittelpunkt aller Dinge zu machen.

> Um die Dinge zu sehen, wie die Schrift sie sieht, müssen wir stets den Herrn vor Augen haben und Christus zum Zentrum unseres Blickfelds machen. Wenn der Teufel herumschleicht, dann taucht er nur am Rand auf und wird von uns als Schatten neben einer strahlenden Helligkeit gesehen. Das umzukehren, ist immer falsch – den Teufel in den Mittelpunkt unseres Blickfelds zu rücken und Gott an den Rand zu drängen. Eine solch verdrehte Sichtweise kann nur eine Tragödie zur Folge haben.
>
> Den Feind halten wir am besten draussen, wenn Christus im Fokus steht. Die Schafe brauchen keine Angst vor dem Wolf zu haben; sie müssen nur nahe beim Hirten bleiben. Der Teufel fürchtet nicht das Gebet der Schafe, sondern die Gegenwart des Hirten.
>
> Ein in der Bibel unterrichteter Christ, dessen Fähigkeiten vom Wort Gottes und dem Heiligen Geist geschult wurden, wird den Teufel nicht fürchten. Wenn nötig, wird er sich den Mächten der Finsternis entgegenstellen und sie durch das Blut des Lammes und sein Zeugnis überwinden. Er wird die Gefahr, in der er steht, erkennen und wissen, was er zu tun hat. Er flüchtet sich in die Gegenwart Gottes und wird es nicht zulassen, dass der Teufel sein Denken bestimmt.[4]

Wir müssen uns daran erinnern, dass Paulus das Wort «Satan» nur zehn Mal und «Teufel» nur sechs Mal verwendet. Umgekehrt finden wir die Worte «Jesus» in 219 Versen, «Herr» in 272 Versen und «Christus» in 389 Versen. Klar ist, wir sollten unsere Aufmerksamkeit auf Christus lenken, nicht auf den Teufel. Wir müssen Christus in den Mittelpunkt stellen, nicht den Teufel.

Möge Gott uns helfen, diese Ausgewogenheit zu beherzigen, während wir uns gemeinsam durch dieses Buch arbeiten. Offenbarung 5,5–7 sagt uns, dass das geschlachtete Lamm im Mittelpunkt von allem im Himmel steht. Wenn das gekreuzigte und auferstandene Lamm der Fokus des Himmels ist, wie viel mehr sollte es dann das Zentrum von allem hier auf der Erde sein – in unseren Gemeinden, unseren Familien, unserer Ehe und unserem Leben. Wir dürfen es nicht zulassen, dass unsere Aufmerksamkeit abgelenkt wird von unserem teuren Lamm, das für uns geschlachtet wurde. Unser Schwerpunkt sollte auf der Anbetung liegen, nicht auf dem geistlichen Kampf.

Unsere Einstellung zu unseren geistlichen Feinden sollte dem Blick eines Kapitäns eines Footballteams für die gegnerische Verteidigung gleichen. Wenn er sich zu sehr mit den Verteidigern der anderen Mannschaft beschäftigt, wird er nie bemerken, wenn seine Mitspieler in eine günstige Position laufen. Der Spielführer muss in erster Linie auf seine eigenen Verteidiger und Angreifer achten. Gleichzeitig darf er aber nicht die gegnerischen Verteidiger aus dem Auge verlieren und muss ihre Bewegungen vorhersehen, sonst kommt sein Wurf nicht an. Ein fähiger Kapitän muss stundenlange Videoanalysen vornehmen, um die Spielweise des Gegners zu studieren. Wenn er dann aber auf dem Rasen steht, muss er sich auf sein eigenes Spiel und seine Mitspieler konzentrieren. So sollten auch wir im geistlichen Kampf agieren. Unser Blick ist auf Christus und seine Spieltaktik für unser Leben gerichtet. Wenn wir aber den Teufel und seine Pläne ignorieren, sind wir töricht.

– Teil 1 –

# Wenn man vom Teufel spricht

*Der Teufel verspricht das Beste, gibt aber das Schlechteste; er verspricht Ehre und bringt Schande; er verspricht Vergnügen und bringt Schmerzen; er verspricht Gewinn und bringt Verlust; er verspricht das Leben und bringt den Tod.*

Thomas Brooks

*Der Teufel macht keinen Urlaub; er ruht sich nie aus. Wenn er geschlagen wird, steht er wieder auf. Wenn er nicht zur Tür herein kann, versucht er es an der Hintertür. Wenn es ihm dort nicht gelingt, bricht er durchs Dach oder gräbt sich unter der Mauer durch. Er versucht es so lange, bis er drin ist. Er greift zu vielen listigen Plänen. Wenn einer scheitert, hat er schon einen anderen parat und setzt seine Bemühungen fort, bis er Erfolg hat.*

Martin Luther

## 2. Gibt es den Teufel wirklich?

Nach einer harten Runde taumelte ein blutender und verletzter Boxer zurück in seine Ecke. Sein Trainer goss kaltes Wasser über seinen Kopf und trocknete ihn ab, während ihm sein Manager Mut machte. Er sagte: «Rocky, du machst das wirklich gut. Dein Gegner kommt nicht zum Zug.»

Der halbbenommene Boxer blickte auf und meinte: «Wenn mein Gegner nicht zum Zug kommt, solltest du besser ein Auge auf den Schiedsrichter werfen, denn irgendjemand da draussen prügelt mich windelweich.»[1]

Diese Geschichte kommt mir in den Sinn, wenn Leute die Existenz des Teufels in Frage stellen. Wenn es den Teufel nicht gibt, dann greift uns jemand anders an, der genauso ist wie er. Wie sonst wäre das Ausmass des Bösen in der Welt zu erklären? Vertun Sie sich nicht. Der Teufel ist sehr real. Er mag zwar selten erkannt und seine Existenz oft geleugnet werden, aber ihn gibt es wirklich. Die Bibel ist voller direkter Bemerkungen über ihn, und Gottes Wort ist unsere einzige verlässliche Informationsquelle über den Teufel, seine Dämonen und den geistlichen Kampf. Wie E. M. Bounds feststellt: «Die Bibel ist eine Offenbarung, nicht eine Philosophie oder ein Gedicht, und auch keine Wissenschaft. Sie zeigt Dinge und Personen, wie sie sind und wie sie ausserhalb der Reichweite unseres irdischen Blickfelds oder des natürlichen Bereiches leben und handeln. Biblische Offenbarungen widersprechen nicht dem Verstand, sondern stehen über ihm.»[2] Die biblische Offenbarung enthüllt die Existenz eines bösen Wesens, das Teufel genannt wird.

Die Bibel gibt dem Teufel viele Namen und Titel. Er wird in sieben der 39 alttestamentlichen Bücher erwähnt – 1. Mose, 1. Chronik, Hiob (12 Mal), Psalmen, Jesaja, Hesekiel und Sacharja. Die ausführlichste Stelle über Satan im Alten Testament ist Hiob 1–2. Dies sind möglicherweise die ersten inspirierten Worte, die jemals aufgezeichnet wurden, denn die meisten Gelehrten glauben, dass

Hiob das erste aufgeschriebene Buch der Bibel ist. In Hiob 1–2 steht der Teufel zusammen mit den anderen Engeln vor Gott und spricht direkt mit ihm. Auch im ersten Buch Mose wird der Teufel als ein reales Wesen dargestellt. C. Fred Dickason untersucht die Anhaltspunkte für die Existenz des Teufels ausschliesslich anhand von 1. Mose und Hiob.

> Das Alte Testament geht von der Existenz des Teufels ebenso aus wie von der Existenz Gottes. Für beide wird kein formeller Beweis geliefert, aber die Vitalität der erzählten Geschichte hängt von ihrem Realitätsbezug ab.
>
> Die ganze Handlung von 1. Mose ist auf die Existenz des Teufels angewiesen, der durch die Schlange wirkt, um die Menschheit zur Sünde zu verführen (Kap. 3). Die elementaren Fakten der Schöpfung und des Sündenfalls schaffen die Grundlage für den Kampf zwischen Gut und Böse in der Bibel und der Geschichte, und für Gottes ganzen Erlösungsplan, in dessen Mittelpunkt der Gott und Mensch steht, der den Teufel besiegt.
>
> Die ganze Geschichte von der Tragödie und dem Triumph Hiobs basiert auf den ersten beiden Kapiteln, die die persönlichen Anfechtungen und den Kampf zwischen Gott und dem Teufel beschreiben. ...
>
> Wir kommen zu dem Schluss, dass es im Alten Testament einige Bücher gibt, die historisch und exegetisch wenig Sinn ergeben ohne die Existenz des Teufels und seines Einflusses als Person.[3]

Im Neuen Testament wird der Teufel von jedem neutestamentlichen Verfasser anerkannt, wenn auch nicht in jedem Buch. Der Teufel wird in 19 der 27 neutestamentlichen Bücher erwähnt, inklusive 29 Mal in den Evangelien und davon allein 25 Mal von Christus selbst.

Von 1. Mose bis zur Offenbarung macht die Bibel deutlich, dass Satan existiert. Eine seiner subtilsten und zugleich wirksamsten

Taktiken besteht jedoch darin, den Menschen glauben zu machen, dass es ihn nicht gibt. Gott möchte vor allem, dass man ihm glaubt und ihn anbetet, aber der Teufel, der Meisterbetrüger, kann am besten agieren, wenn er unterschätzt, ignoriert oder geleugnet wird. Wie Vance Havner sagte: «Gott ist der grosse ICH BIN. Der Teufel der grosse ‹Ich bin nicht›; und er ist zu keiner Zeit glücklicher, als wenn er die Menschen davon überzeugt hat, dass er gar nicht existiert.»[4] Der Teufel spielt seine eigene Existenz gerne herunter, damit er seinen Geschäften unbeachtet, ungehindert und unkontrolliert nachgehen kann. Wer nicht glaubt, dass es ihn gibt, spielt ihm direkt in die Karten.

## 3. Ist der Teufel eine reale Person oder nur eine unpersönliche Kraft?

Meine Söhne und ich sehen uns gerne Wiederholungen von *The Twilight Zone* an. Jedes Jahr laufen sie auf einem Kabelkanal 24 Stunden nonstop. Eine unserer Lieblingsfolgen aus den 1960ern beginnt mit einem Amerikaner, der durch Mitteleuropa wandert und in einen Sturm gerät. Während er gegen den prasselnden Regen ankämpft, erblickt er eine beeindruckende mittelalterliche Burg einer Mönchsbruderschaft. Die zurückgezogen lebenden Mönche lassen ihn widerwillig herein.

Später am Abend entdeckt der Amerikaner eine Zelle, in der ein Mann eingesperrt ist. Ein uralter Holzbalken verriegelt die Tür. Der Gefangene behauptet, er würde von dem geistesgestörten Mönchsleiter, Bruder Hieronymus, festgehalten. Er bittet den Amerikaner, ihn freizulassen.

Das freundliche Gesicht und die gütige Stimme des Gefangenen nehmen den Amerikaner für sich ein. Schliesslich spricht er Bruder Hieronymus darauf an. Dieser erzählt ihm, der Gefangene sei der Teufel, der Vater der Lüge, und der Balken der Wahrheit würde ihn festhalten, die einzige Schranke, die er nicht überwinden könne. Das überzeugt den Amerikaner davon, dass Hieronymus wirklich verrückt sein muss. Sobald sich ihm die Möglichkeit bietet, lässt er den Gefangenen frei – der sich augenblicklich in einen abscheulichen Dämon mit Hörnern verwandelt und in einer Rauchwolke verschwindet.

Der fassungslose Amerikaner ist schockiert über seine Tat.

Hieronymus reagiert verständnisvoll. «Es tut mir leid für dich, mein Sohn. Dein ganzes Leben lang wirst du dich an diesen Abend erinnern und an den, den du auf die Welt losgelassen hast.»

«Ich habe Ihnen nicht geglaubt», erwiderte der Amerikaner. «Ich habe ihn gesehen und ihn nicht erkannt.»

Daraufhin meinte Bruder Hieronymus: «Das ist die Schwäche des Menschen und die Stärke des Teufels.»[1]

Die Schrift sagt uns, dass der Teufel existiert, und ebenso klar ist, dass er eine reale Person ist – ein reales Wesen –, nicht bloss eine unpersönliche Kraft wie beispielsweise die Schwerkraft oder Elektrizität. Der Teufel ist nicht nur eine nebulöse, finstere Macht, sondern ein böses Wesen. In der Schrift besitzt er die grundlegenden Eigenschaften von Persönlichkeit – Intellekt, Gefühl und Willen.

Der Teufel handelt mit betrügerischer Absicht (2. Kor 2,11; 1. Petr 5,8–9; Offb 20,3). Er kannte die Stärken Hiobs (Hi 1,6–12; 2,1–7) und die Schwachpunkte von Petrus (Lk 22,31). Er zeigt Gefühle wie Stolz (Jes 14,12–14; 1. Tim 3,6) und Zorn (Offb 12,12). Er kann mit anderen kommunizieren (Sach 3,1–2), einschliesslich mit Jesus (Lk 4,1–12), was die Vorstellung unterstützt, dass er eine Persönlichkeit hat. In der ganzen Schrift werden wiederholt Personalpronomen für ihn verwendet. Die Bibel macht deutlich, dass der Teufel eine reale Person ist, das zweitmächtigste Wesen im Universum, und er ist entschlossen, alles in seiner Macht Stehende zu tun, um Gott und sein Volk zu besiegen und zu vernichten.

# 4. Woher kommt der Teufel? Wie ist er gefallen?

Zwei wesentliche Stellen in der Schrift zeigen Satans Ursprung und den Beginn des unsichtbaren Krieges: Jesaja 14,12–19 und Hesekiel 28,11–19. Diese beiden Texte berichten von seinem ursprünglichen Zustand im Himmel, seiner Sünde und seinem Fall. Sie beschreiben, was wir den kosmischen Fall aus dem Himmel nennen könnten. Sie machen die Erschaffung, Verdorbenheit und Verurteilung des Teufels deutlich.

Nicht jeder ist der Meinung, dass diese Stellen den Teufel beschreiben. Sollte er jedoch nicht gemeint sein, haben wir keinen biblischen Bericht von seinem Fall und seiner Rebellion gegen Gott. Ich glaube, dass der Teufel das Thema dieser beiden Stellen ist, und wir ihnen die Geschichte von seinem Fall entnehmen können.

## Hesekiel 28,11–19

Hesekiel 28,11–19 enthält den Aufstieg und Fall einer Person, die König von Tyrus genannt wird.

> Weiter erging das Wort des HERRN an mich folgendermassen: Menschensohn, stimme ein Klagelied an über den König von Tyrus und sprich zu ihm: So spricht GOTT, der Herr:
> O du Siegel der Vollendung,
> voller Weisheit und vollkommener Schönheit!
> In Eden, im Garten Gottes warst du;
> mit allerlei Edelsteinen warst du bedeckt:
> mit Sardis, Topas, Diamant,
> Chrysolith, Onyx, Jaspis,
> Saphir, Karfunkel, Smaragd,
> und mit Gold. Deine kunstvoll hergestellten Tamburine
> und Flöten waren bei dir;
> am Tag deiner Erschaffung
> wurden sie bereitet.

> Du warst ein gesalbter, schützender Cherub,
> ja, ich hatte dich dazu eingesetzt;
> du warst auf dem heiligen Berg Gottes,
> und du wandeltest mitten unter den feurigen Steinen.
> Du warst vollkommen in deinen Wegen
> vom Tag deiner Erschaffung an,
> bis Sünde in dir gefunden wurde.
> Durch deine vielen Handelsgeschäfte
> ist dein Inneres mit Frevel erfüllt worden,
> und du hast gesündigt.
> Darum habe ich dich von dem Berg Gottes verstossen
> und dich, du schützender Cherub,
> aus der Mitte der feurigen Steine vertilgt.
> Dein Herz hat sich überhoben wegen deiner Schönheit;
> du hast deine Weisheit um deines Glanzes willen verderbt.
> So habe ich dich auf die Erde geworfen
> und dich vor den Königen zum Schauspiel gemacht.
> Mit deinen vielen Missetaten,
> durch die Ungerechtigkeit deines Handels,
> hast du deine Heiligtümer entweiht;
> da liess ich ein Feuer von dir ausgehen,
> das dich verzehrte,
> und ich habe dich zu Asche gemacht auf der Erde,
> vor den Augen aller, die dich sahen.
> Alle, die dich kennen unter den Völkern,
> entsetzen sich über dich;
> du bist zum Schrecken geworden
> und bist für immer dahin!

Hesekiel schrieb diese Worte im 6. Jahrhundert v. Chr. während der 70-jährigen Gefangenschaft Judas in Babylon. Seine Prophezeiungen können in drei Hauptabschnitte eingeteilt werden.

| | |
|---|---|
| Hesekiel 1–24 | Gericht über Juda |
| Hesekiel 25–32 | Gericht über Judas Nachbarn |
| Hesekiel 33–48 | Wiederherstellung Judas und Israels |

Im zweiten dieser drei Abschnitte erzählt Hesekiel vom kommenden Gericht über Judas heidnische Nachbarstaaten und sagt den Fall des Führers von Tyrus voraus (28,2). Bibelkommentatoren sind sich im Allgemeinen einig, dass Hesekiel 28,2–10 vom phönizischen König Etbaal III handelt, der über die Festung von Tyrus an der Meeresküste herrschte. Er war ein überheblicher und habgieriger Monarch, und Hesekiel prophezeite das Gericht, das ihn nicht lange nach dieser Prophezeiung einholte.

Aber in Hesekiel 28,12 sehen wir einen plötzlichen Wechsel. Auf einmal wird der König von Tyrus vorgestellt. Er ist nicht dieselbe Person wie der Führer von Tyrus in Vers 2. Der Führer in 28,2–10 wird zwei Mal als Mensch bezeichnet (V. 2.9), während den König von Tyrus eine übernatürliche Beschreibung charakterisiert, die weit über das hinausgeht, was über einen Menschen gesagt werden könnte. Keine Person, insbesondere nicht der böse Führer von Tyrus, könnte mit Worten beschrieben werden wie «Vollendung, voller Weisheit und vollkommener Schönheit». Ausserdem wurde der König von Tyrus erschaffen (V. 13.15), was eine seltsame Aussage über einen menschlichen König wäre. Menschen werden geboren, nicht erschaffen. Aufgrund dieser Aussagen und Beschreibungen glaube ich, dass dieser Text vom Teufel vor seinem gefallenen Zustand spricht. Indem er zuerst den menschlichen Führer von Tyrus (V. 2–10) und anschliessend den König von Tyrus erwähnt (V. 12–19), scheint Hesekiel die übernatürliche Macht hinter dem menschlichen Führer aufzuzeigen, so wie der Teufel in der Endzeit die treibende Kraft hinter dem Antichristen sein wird (Offb 13,2–4).[1]

Wenn dieses Verständnis richtig ist, dann genoss der Teufel vor seinem Fall beispiellose Privilegien. Er war der mächtigste und majestätischste aller Engel. Der «heilige Berg Gottes» in Vers 14 könnte sich auf den Sitz des Teufels in der Gegenwart Gottes vor seinem Fall beziehen. Er erfreute sich der begehrten Nähe zu Gott selbst. Er wird auch als «gesalbter, schützender Cherub» bezeichnet (V. 14.16). Engel sind in zwei Klassen eingeteilt, und die Cherubim sind eine spezielle Klasse, die besonders verantwortlich ist, die Gegenwart und Heiligkeit Gottes zu schützen.

Die Worte «Tamburine» und «Flöten» (V. 13) unterstützen die Vorstellung, dass Satan als himmlischer Hohenpriester diente und im Himmel die Anbetung Gottes leitete. Vers 18 spricht von seinen Heiligtümern. Es ist unmöglich, sich der vollen Bedeutung all dieser Aussagen absolut sicher zu sein, aber Donald Grey Barnhouse liefert eine Erklärung, die die unterschiedlichen Teile zusammenführt.

> Die Vorstellung, die in dem Wort *schützend* zum Ausdruck kommt, wurde von Bibelkommentatoren weithin besprochen. ... Hier sehen wir ihn in seiner priesterlichen Funktion, in Verbindung mit den Cherubim, die auch heute die Anbetung im Himmel leiten (Offb 4,9.10; 5,11–14) und sich nahe des Thrones Gottes aufhalten.
>
> Die Tatsache, dass Luzifer Heiligtümer hatte, deutet auf Anbetung und Priesterschaft hin. Es scheint, als hätte er die Anbetung des Universums unter ihm empfangen und sie dem Schöpfer über ihm gebracht. ...
>
> Hier in der Gegenwart Gottes brachte Luzifer die Anbetung eines Universums voller Geschöpfe dar und empfing seine Befehle vom Allmächtigen als der Prophet Gottes und übermittelte sie der anbetenden Schöpfung.[2]

Vor seinem Fall war der Teufel anscheinend der Pförtner der Herrlichkeit Gottes, der himmlische Hohenpriester und Anbetungsleiter. Doch der tragische Wendepunkt kam in Vers 15: «Du warst vollkommen in deinen Wegen vom Tag deiner Erschaffung an, *bis*

*Sünde in dir gefunden wurde*» (Hervorhebung durch den Autor). An keiner Stelle erklärt die Bibel den Ursprung der Sünde deutlicher. Satan war vollkommen in allen seinen Merkmalen und Taten bis zu dem furchtbaren Augenblick, als Sünde in ihm gefunden wurde. Im einen Moment gab es sie noch nicht und im nächsten war sie da. Der Teufel war der erste Sünder im Universum.

Der Fall des Teufels wird in den Versen 16–19 geschildert. Zuerst heisst es: «Durch deine vielen Handelsgeschäfte ist dein Inneres mit Frevel erfüllt worden, und du hast gesündigt.» Arnold Fruchtenbaum erklärt, was das bedeutet.

> Diese Aussage findet sich auch bei dem menschlichen Fürsten von Tyrus in den Versen 1–10. Bei dem Fürsten von Tyrus bedeutete das, dass er von Hafen zu Hafen ging und Reichtum anhäufte (V. 5). Für den König von Tyrus, den Teufel, bedeutete es, dass er von Engel zu Engel ging und Gott verleumdete, um ihre Loyalität zu gewinnen. ... Dass ihn seine *vielen Handelsgeschäfte ... mit Frevel erfüllten*, bezieht sich darauf, dass er mit den Engeln handelte und über Gott lästerte. In seinem Frevel führte er im Himmel einen Aufstand gegen Gott an.[3]

Der Teufel begann eine Verleumdungskampagne, indem er von Engel zu Engel ging und Gott schlechtmachte. In Bezug auf den Versuch des Teufels, Gott zu besiegen und die Herrschaft im Himmel an sich zu reissen, sagte mal jemand: «Satan würfelte und hatte nur zwei Einsen.» Oder wie Erwin Lutzer bemerkt: «Er hat seine Zukunft an einem Spielautomaten verzockt, der keinen Gewinn ausschüttet.»[4]

Vers 17 zeigt, dass die Sünde des Teufels, die erste jemals begangene Sünde, Stolz war. «Dein Herz hat sich überhoben wegen deiner Schönheit; du hast deine Weisheit um deines Glanzes willen verderbt.» Diese Sünde hat den Teufel verdorben, und er wurde gestürzt. Sein beängstigender Fall war vollständig.

## Jesaja 14,12–19

Die zweite Stelle, die meines Erachtens den ursprünglichen Fall des Teufels schildert, ist Jesaja 14,12–19. Hier wird eine ähnliche Geschichte erzählt wie in Hesekiel.

> Wie bist du vom Himmel herabgefallen,
> du Glanzstern, Sohn der Morgenröte!
> Wie bist du zu Boden geschmettert,
> du Überwältiger der Nationen!
> Und doch hattest du dir in deinem Herzen vorgenommen:
> «Ich will zum Himmel emporsteigen
> und meinen Thron über die Sterne Gottes erhöhen
> und mich niederlassen auf dem Versammlungsberg
> im äussersten Norden;
> ich will emporfahren auf Wolkenhöhen,
> dem Allerhöchsten mich gleichmachen!»
> Doch ins Totenreich bist du hinabgestürzt,
> in die tiefste Grube!
> Die dich sehen, schauen dich verwundert an,
> sie betrachten dich und sagen:
> Ist das der Mann, der die Erde erzittern liess,
> der Königreiche erschütterte;
> der den Erdkreis zur Wüste machte
> und seine Städte niederriss;
> der seine Gefangenen nicht nach Hause entliess?
> Alle Könige der Völker, sie ruhen in Ehren,
> jeder in seinem Haus;
> du aber bist hingeworfen fern von deiner Grabstätte,
> wie ein verabscheuter Schössling,
> bedeckt mit Erschlagenen, vom Schwert Durchbohrten,
> die in eine mit Steinen bedeckte Grube hinabfahren,
> wie ein zertretenes Aas.

Bibelkommentatoren sind sich einig, dass Jesaja 14,4–11 den historischen, irdischen König von Babylon beschreibt, doch wie in Hesekiel 28 herrscht Uneinigkeit darüber, ob die Stelle danach weiter von einem menschlichen Führer spricht oder zu der Macht wechselt, die ihn antrieb. Ich glaube, der Begriff «Glanzstern» in Vers 12 bezieht sich auf den Teufel vor seinem gefallenen Zustand. Die Verse 12–14 führen seine Sünden an und in den Versen 15–19 wird sein Fall beschrieben.

Jesaja 14 ähnelt Hesekiel 28 in mindestens zwei Punkten. Erstens wird der Teufel in beiden Texten als die Macht hinter einem bösen menschlichen König dargestellt. In Jesaja 14 ist er die Macht hinter dem König von Babylon, und in Hesekiel 28 steht er hinter dem König von Tyrus. Zweitens zeigen beide Passagen, dass Stolz die ursprüngliche Sünde des Teufels war. Jesaja 14,13–14 wird oft als die fünf «Ich will» des Teufels bezeichnet. Unerklärlicherweise stellte er seinen Willen über den Willen Gottes.

- «Ich will zum Himmel emporsteigen.» Der Teufel wollte seinem Schöpfer gleich sein.
- Ich will «meinen Thron über die Sterne Gottes erhöhen». Die Sterne Gottes sind die anderen Engel. Der Teufel wollte über der ganzen Schöpfung stehen und ihre Anbetung empfangen.
- Ich will «mich niederlassen auf dem Versammlungsberg im äussersten Norden». Der Versammlungsberg wird normalerweise gleichgesetzt mit dem Ort, an dem Gott herrscht. Der Teufel wollte den Gipfel der Autorität besetzen.
- «Ich will emporfahren auf Wolkenhöhen.» Wolken symbolisieren in der Schrift häufig die Herrlichkeit Gottes. Der Teufel wollte die Herrlichkeit, die allein Gott zusteht.
- Ich will «mich dem Allerhöchsten gleichmachen»! Der Teufel wollte Gott ersetzen.

Kurz gesagt, der Teufel wollte Besitz von Gottes Schöpfung ergreifen und alleinige Autorität über sie haben. Er versuchte, nach oben zu kommen, wurde aber hinabgestürzt.

Der Teufel verlor für immer seinen Platz im Himmel. Wie Erwin Lutzer festhält: «Kein Wunder, dass der Teufel wütend ist. ... Denken Sie nur an all das, was er aufgegeben hat. Er kann nicht länger ein Prophet sein, der für Gott spricht. Er kann kein Priester mehr sein, der die Anbetung an Gott weitergibt. Er, der wie Gott sein wollte, ist ihm schliesslich am unähnlichsten geworden. Kurz gesagt, er hat alles verloren und nichts gewonnen.»[5]

Das ist das Gegenteil von dem, was der Sohn Gottes tat. Er verliess den höchsten Platz im Universum zur Rechten Gottes, erniedrigte sich und ging den ganzen Weg bis zur Schande am Kreuz. Deshalb hat Gott ihn über alle Massen erhöht (Phil 2,5–11). Für Jesus gab es nur Gewinn und keinen Verlust. Nach Gottes Gedanken führt der Weg nach oben nach unten und der nach unten nach oben. Es soll uns Mut machen, dass Gott die Demütigen erhöht (Jak 4,10; 1. Petr 5,6).

Um zusammenzufassen, was wir bis hierhin über Satans Erschaffung und Verdorbenheit gesagt haben, möchte ich sieben wichtige Punkte herausstellen.

1. Der Teufel ist ein erschaffenes Wesen.
2. Bei seiner Erschaffung war er vollkommen.
3. Er hatte eine hohe Stellung, möglicherweise die höchste nach Gott.
4. Er lästerte über Gott vor den anderen Engeln, um sie für seine Rebellion zu gewinnen.
5. Er sündigte, indem er mit Stolz erfüllt wurde.
6. Er führte im Himmel einen Aufstand gegen Gott an.
7. Er wurde von Gott gestürzt.

## 5. Wann wurde der Teufel zum Teufel? Wann ist er gefallen?

Wenn Jesaja 14 und Hesekiel 28 tatsächlich den Fall des Teufels beschreiben, wissen wir, dass er ein gefallener Engel ist, der von dieser hohen Stellung gefallen ist. Aber wann war das? Alle sind der Meinung, dass der Teufel irgendwann vor 1. Mose 3 fiel, als er Adam und Eva zum Ungehorsam gegenüber Gott verführte. Die Frage ist, wann genau sündigte und fiel er vor 1. Mose 3?

Zu diesem Thema gibt es zwei grundlegende Ansichten.[1] Einige glauben, sein Fall fand vor 1. Mose 1,1 statt und Gott beabsichtigte die Schöpfung als Bühne, auf der bewiesen werden sollte, wer das Recht zu herrschen hat. Andere meinen, er fiel irgendwann nach der Erschaffung der Himmel und der Erde, aber noch vor 1. Mose 3. Das bedeutet, dass es zwischen 1. Mose 1,31 und 3,1 gewesen sein müsste.

In dieser Frage kann man sich unmöglich sicher sein. Allerdings können uns einige Hinweise helfen, den Zeitpunkt zu rekonstruieren. Wir beginnen mit der Tatsache, dass der Teufel ein erschaffener Engel war und wir in Hiob 38,7 erfahren, dass sich die Engel über Gottes überwältigendes Meisterwerk freuten, als er das Universum erschuf. Das bedeutet, dass Gott die Engel vor der Erschaffung des Universums gemacht hat. Es macht auch deutlich, dass zu diesem Zeitpunkt noch kein Engel gefallen war und Harmonie herrschte, da sie sich zusammen freuten. Als Nächstes wissen wir, dass Gott sein Sechstagewerk für sehr gut befand (1. Mo 1,31). Auch das lässt erkennen, dass in Gottes neuem Universum alles in Ordnung war, was mit der Existenz von vielen gefallenen Geschöpfen unvereinbar sein dürfte.

Daher erscheint es am besten, wenn wir den Fall Satans und seiner Schar nach dem siebten Tag datieren, als Gott ruhte und alle Dinge für gut erklärte (1. Mo 1,31), aber noch bevor der Teufel in 1. Mose 3,1 als Versucher auftrat. Auch wenn wir uns nicht sicher sein können, ist es denkbar, dass der Teufel, als er seinen makellosen Zustand nach der Vollendung der Schöpfung sah, einschliesslich Adam und Eva und ihre Anbetung Gottes, eifersüchtig wurde und diese Anbetung für sich selbst begehrte. Als Pförtner der Herrlichkeit Gottes und Anbetungsleiter im Himmel sehnte er sich nach dieser Anbetung. In ihm wurde Sünde gefunden und sein Fall war endgültig.

## 6. Warum lässt Gott es zu, dass der Teufel und seine Dämonen existieren?

Der Schrift zufolge hat Gott alle Dinge erschaffen, einschliesslich der Engel (Kol 1,16). Da Gott heilig und sündlos ist, waren ursprünglich auch alle Engel heilig und sündlos. Wir dürfen nicht vergessen, dass Gott nicht den Teufel und seine Dämonen erschaffen hat. Gott erschuf einen wunderschönen und gesalbten, schützenden Cherub und eine Schar von vollkommenen, nicht gefallenen Engeln. Der gesalbte Cherub führte einen Aufstand gegen seinen Schöpfer an, was seinen Fall und den von einem Drittel der Engel nach sich zog (Offb 12,4). Dennoch bleibt die Frage: Warum liess Gott das zu? Da Gott allwissend ist, war ihm klar, was passieren würde. Und er ist souverän, er hätte das verhindern können. Warum tat er es nicht?

Das ist eine der schwierigsten Fragen überhaupt, zusammen mit einer ähnlichen Frage: Warum lässt Gott Leid und Böses in der Welt zu? In gewisser Hinsicht können wir diese Fragen nicht vollständig beantworten, aber trotzdem können wir wissen, dass auch die Anwesenheit des Teufels und seiner Dämonen auf irgendeine Weise zur Verherrlichung Gottes dient, d. h., um ihn bekannt zu machen. Gott lässt den Teufel aus seinen souveränen Gründen existieren, von denen viele zweifellos nur er allein kennt. Wir aber können in der Tatsache ruhen, dass Gott unendlich weise und liebevoll ist und seinen Plan ausführt – den besten Plan zu seiner maximalen Verherrlichung.

## 7. Welche Verbindung hat der Teufel zu der Schlange im Garten Eden?

Der Teufel erscheint auf der Bühne der Menschheitsgeschichte in 1. Mose 3. Er tritt als Versucher und Verführer des Menschen auf.

> Aber die Schlange war listiger als alle Tiere des Feldes, die Gott der HERR gemacht hatte; und sie sprach zu der Frau: Sollte Gott wirklich gesagt haben, dass ihr von keinem Baum im Garten essen dürft? Da sprach die Frau zur Schlange: Von der Frucht der Bäume im Garten dürfen wir essen; aber von der Frucht des Baumes, der in der Mitte des Gartens ist, hat Gott gesagt: Esst nicht davon und rührt sie auch nicht an, damit ihr nicht sterbt! Da sprach die Schlange zu der Frau: Keineswegs werdet ihr sterben! Sondern Gott weiss: An dem Tag, da ihr davon esst, werden euch die Augen geöffnet, und ihr werdet sein wie Gott und werdet erkennen, was Gut und Böse ist! (V. 1–5)

Nach Adams und Evas Sündenfall belegte Gott alle Hauptbeteiligten mit einem Fluch.

> Da sprach Gott der HERR zur Schlange:
> Weil du dies getan hast,
> so sollst du verflucht sein mehr als alles Vieh
> und mehr als alle Tiere des Feldes!
> Auf deinem Bauch sollst du kriechen
> und Staub sollst du fressen dein Leben lang!
> Und ich will Feindschaft setzen zwischen dir und der Frau,
> zwischen deinem Samen und ihrem Samen:
> Er wird dir den Kopf zertreten,
> und du wirst ihn in die Ferse stechen. (V. 14–15)

1. Mose 3 erwähnt nicht den Teufel oder nennt ihn bei seinem Namen, aber der Kontext und andere Bibelstellen machen deutlich, dass er hinter der Schlange stand (Offb 12,3.9). In den ersten fünf Versen von 1. Mose 3 ist drei Mal von der «Schlange» die Rede. Diese Begebenheit wirft viele Fragen auf, inklusive dem beständigen Problem, die Beziehung zwischen dem Teufel und der Schlange zu bestimmen. Ist das alles nur symbolisch gemeint und aus der heidnischen Mythologie abgeleitet? Verwandelte sich der Teufel tatsächlich in eine Schlange, um sich hinter ihr zu verstecken? Oder fuhr der Teufel in eine echte Schlange?

Ich glaube, diese Geschichte hat sich wirklich so ereignet und ist keine Mythologie. Nichts in dem Text weist den Leser darauf hin, dass er mythologisch zu verstehen ist, und das Neue Testament sieht den Bericht über Adam und Eva und den Teufel im Garten Eden als historisch an (Mt 19,4–6; Joh 8,44). Der ganze Schöpfungsbericht wird als Aufzeichnung tatsächlich geschehener Ereignisse betrachtet. Andere Bibelstellen sprechen davon, dass der Teufel andere Geschöpfe verkörperte und durch sie wirkte: der König von Babylon (Jes 14), der Fürst von Tyrus (Hes 28) und schliesslich der Antichrist (Offb 13). Aus der Schrift wissen wir auch, dass Dämonen in Menschen fahren und die Kontrolle über ihren Körper übernehmen können. Wenn wir dies berücksichtigen, können wir annehmen, dass der Teufel den Körper der Schlange für geeignet ansah, um sich zu tarnen, als er Eva versuchte. Später bezeichnet die Schrift den Teufel auf unterschiedliche Weise, einschliesslich Schlange und Drache (2. Kor 11,3; Offb 12,4.7.9.13).

Natürlich wirft dieser Bericht viele weitere Fragen auf. Wie sah die Schlange vor dem Fluch ursprünglich aus? Sie wurde verflucht, Staub zu fressen und auf dem Bauch zu kriechen – bedeutet das, dass sie sich vorher aufrecht fortbewegte? Und warum kam es Eva nicht seltsam vor, als sie eine Schlange sprechen hörte? Konnten die Tiere vor dem Sündenfall reden? Die Antworten auf diese Fragen überschreiten den Rahmen dieses Buches, aber Henry Morris liefert uns einen interessanten und hilfreichen Kommentar.

> Es gibt tatsächlich keinen Grund, weshalb wir nicht annehmen sollten, dass die Schlange in ihrem ursprünglichen Schöpfungszustand nicht ein wunderschönes, aufrecht gehendes Tier gewesen war und mit den Menschen kommunizieren konnte. Eine solche Auslegung würde diese Passage zumindest leichter verständlich machen, auch wenn sie dadurch schwer zu glauben ist. ...
>
> Des Weiteren ist es möglich, dass alle Tiere (ausser den Vögeln) Vierfüsser waren, nur die Schlange nicht, die – mit einem starken Wirbelsäulenskelett und der Unterstützung von kleinen Gliedmassen – die beachtliche Fähigkeit besass, sich aufzurichten und sich aufrecht zu halten, während sie mit Adam oder Eva sprach. Nach der Versuchung und dem Sündenfall veränderte Gott die stimmlichen Fähigkeiten der Tiere, inklusive der Struktur des Sprachzentrums in ihrem Gehirn. ... Der Körper der Schlange wurde sogar noch grösseren Veränderungen unterzogen, indem ihr die Fähigkeit genommen wurde, aufrecht zu stehen und den Menschen direkt in die Augen sehen zu können.
>
> Es sollte noch einmal betont werden, dass diese Auslegung nicht dogmatisch zu verstehen ist. Die Bibel macht keine eindeutigen Aussagen zu diesen Dingen und derartige Erklärungen sind für den «modernen Verstand» nur schwer zu akzeptieren. Nichtsdestotrotz sind sie nicht unmöglich oder völlig abwegig im Kontext der ursprünglichen Schöpfung und scheinen sogar direkt aus der natürlichsten und wörtlichsten Lesart dieser Stelle hervorzugehen.[1]

Eine weitere damit verwandte Frage ist: Warum verfluchte Gott die Schlange für etwas, was der Teufel getan hatte? Warum musste die Schlange für die Taten des Teufels auf dem Bauch kriechen? Wir können dieses Thema unmöglich mit absoluter Sicherheit behandeln, denkbar ist aber, dass die niedrige Stellung der Schlange seit diesem Tag als ein Musterbeispiel gedacht war. Der auf der Schlange lastende Fluch war ein Bild oder ein Schatten dessen, was letzten Endes mit dem Teufel geschieht, wenn er von Gott unterworfen worden ist. Durch den Fluch über die Schlange sagte Gott zum Teufel: «Du wolltest dich als Schlange ausgeben? So soll es sein! Ich werde das Wesen der stolzen Schlange verändern und sie zu einem niedrigen Tier machen, und in gleicher Weise wirst auch du schliesslich als ein niedriges, unterworfenes Geschöpf angesehen werden, und der Nachkomme Evas wird dir den Kopf zertreten!»[2]

Welche Antworten wir auf diese Details im Text auch geben, wir können uns sicher sein, dass der Teufel real ist und sich bei seiner ersten Versuchung verstellte, um seine Verführung schmackhafter zu machen. Auch heute noch ist er der Meisterbetrüger. Täuschung ist seine Visitenkarte.

# 8. Welche unterschiedlichen Namen und Titel gibt die Bibel dem Teufel?

So wie Jesus viele verschiedene Titel hat, die uns helfen, seine Majestät zu begreifen, trägt auch der Teufel viele Namen und Titel in der Schrift, die seine Bosheit aufdecken. Einige Leute haben bis zu 28 verschiedene Namen und Titel für den Feind Gottes und des Menschen gezählt. Hier sind 15 der wichtigsten Bezeichnungen.

- Satan («Widersacher» oder «Feind») (Hi 1,6–7; 1. Thes 2,18) – Das ist der häufigste Titel des Teufels in der Schrift. Er findet sich 18 Mal im Alten und 34 Mal im Neuen Testament.
- Teufel (*diabolos*, «Verleumder» oder «Verkläger») (1. Petr 5,8) – Das ist der zweithäufigste Name für unseren Erzfeind. Er taucht 36 Mal im Neuen Testament auf.
- Versucher (Mt 4,3; 1. Thes 3,5)
- Der Böse (Mt 13,38)
- Drache (Offb 12,3.9)
- Verkläger (Offb 12,10)
- Schlange (1. Mo 3,1–4.14–15; Offb 12,9)
- Vater der Lüge (Joh 8,44)
- Glanzstern (Jes 14,12)
- Beelzebul (Mt 12,24)
- Oberster der Dämonen (Mt 12,24)
- Belial (2. Kor 6,15)
- Fürst dieser Welt (Joh 12,31; 14,30)
- Gott dieser Weltzeit (2. Kor 4,4)
- Fürst der Gewalt der Luft (Eph 2,2; s. Elberfelder 2003)

## 9. Warum wird der Teufel Luzifer genannt?

Der Titel Luzifer geht auf Jesaja 14,12 zurück, wo Satan als «Glänzender» oder «Stern» (hebr. *heylel*) bezeichnet wird. In der Vulgata, einer lateinischen Übersetzung, wurde das Wort *heylel* mit «Luzifer» übersetzt, was «Morgenstern» oder «Lichtbringer» bedeutet. Später wurde dieses Wort als Eigenname für den Teufel übernommen. Der Name unterstreicht die Vorstellung, dass der Teufel vor seinem Fall das Schönste in Gottes ganzer Schöpfung war. Er war ein glänzender Stern. Wir dürfen nicht vergessen, dass er sich auch heute noch als ein Engel des Lichts ausgeben kann, um ahnungslose und naive Menschen anzuziehen und zu verführen (2. Kor 11,14).

# 10. Was bedeutet Beelzebul?

In Matthäus 12,24 nennen die Pharisäer den Teufel Beelzebul (manchmal auch Beelzebub geschrieben). Dieses griechische Wort leitet sich von dem hebräischen *Baalzebul* her, was «Herr der Fliegen» oder «Herr der Wohnung» bedeutet. Dieser Titel wurde einer heidnischen Gottheit der Philisterstadt Ekron gegeben, die seine Anbeter angeblich vor Fliegenschwärmen schützte. Baalzebul stammt von einem anderen hebräischen Wort, das «Herr des Drecks» bedeutet. Zusammengenommen lassen diese Worte «an die Fliegen denken, von denen es auf der Müllhalde ausserhalb der Stadt Jerusalem nur so wimmelte».[1] Das ist eine passende Beschreibung für unseren Erzwidersacher, der über einen Schwarm von Dämonen herrscht und dessen endgültiges Schicksal der Feuersee ist.

## 11. Worin besteht das Hauptwirken des Teufels heute?

Man erzählt sich die Geschichte eines Farmers, der sich über Diebe ärgerte, die ständig seine Wassermelonen stahlen. Schliesslich dachte er sich einen genialen Plan aus, wie er die Diebe davon abhalten konnte. Er vergiftete eine Wassermelone und stellte dann ein Schild auf sein Feld mit der Aufschrift: «Warnung – eine dieser Wassermelonen ist vergiftet.»

Am nächsten Tag ging der Farmer aufs Feld und stellte fest, dass keine seiner Melonen gestohlen wurde, weil die Diebe nicht wussten, welche vergiftet war. Er war zufrieden, dass seine Idee funktionierte und das Problem gelöst war.

Doch zwei Tage später kam der Farmer auf sein Feld zurück und bemerkte, dass sein Schild verändert wurde. Jemand hatte darauf geschrieben: «*Zwei* dieser Wassermelonen sind vergiftet.» Der Farmer musste seine ganze Ernte vernichten, weil er nicht wusste, welche die andere Wassermelone war.

So ist es oft auch im Umgang mit dem Teufel. Wenn wir einen Plan haben, scheint er sich noch etwas Besseres auszudenken. Wenn wir ein Schild aufstellen, verändert er den Wortlaut. Ganz gleich, zu welcher Strategie wir greifen, wir können den Teufel einfach nicht austricksen.[1] E. M. Bounds hat eine hilfreiche Perspektive anzubieten.

> Der Teufel ist ein sehr beschäftigtes Wesen. Er hat eine grosse und sehr üble Sache am Laufen, aber er macht sie gut, d. h., so gut wie eine üble Sache getan werden kann. Er hat eine Menge Erfahrung, einen scharfen Verstand, ein schwarzes Herz, grosse Macht, unermüdliche Energie und riesigen Einfluss. Alle seine Mittel werden zum Bösen eingesetzt.[2]

Ob es uns bewusst ist oder nicht: «Wir stehen einem lebendigen, intelligenten, einfallsreichen und gerissenen Feind gegenüber, der den ältesten Christen überleben, den Fleissigsten übertreffen, den Stärksten schlagen und den Weisesten austricksen kann.»[3]

Epheser 6,11 spricht von «den listigen Kunstgriffen des Teufels». Der mit «listigen Kunstgriffen» übersetzte griechische Ausdruck ist *methodeias*. Er steht im Plural, daher wissen wir, dass der Teufel viele Methoden und Pläne anwendet, um unser Leben und unseren Dienst zu schädigen.

> Die Gedanken des Teufels sind voller Pläne. Er hat viele Möglichkeiten, viele Dinge zu tun. Vielleicht verfügt er sogar in jeder Sache über viele Möglichkeiten. Bei ihm ist nichts stereotyp. Er verfällt nie in den immer gleichen Trott. Produktiv, vielfältig und immer neu ist seine Handlungsweise. Indirekt, raffiniert und elegant sind seine Pläne. Er agiert betrügerisch und stets arglistig.[4]

Auch in 2. Korinther 2,10–11 ist von den Plänen des Teufels die Rede, aber hier wird das griechische Wort *noema* benutzt, was «Gedanke» oder «Absicht» bedeutet. Der Teufel arbeitet fieberhaft an seinen Methoden, Plänen und Absichten. Die Bibel macht deutlich, dass er einer Vielzahl von schändlichen Tätigkeiten nachgeht. Er zerstört, betrügt, entmutigt, demoralisiert und verfälscht. Er macht nach, verkleidet sich, täuscht und sät Zweifel.

Satans Hauptmethode ist es, die Sünde zu verharmlosen, um sie für die Menschen attraktiv zu machen. Er lässt die Sünde gut aussehen und verführt uns zu dem Glauben, dass wir unsere Sünde und ihre Konsequenzen beherrschen können. Der Teufel versucht, uns unsere Zufriedenheit in Christus zu nehmen und uns zu überzeugen, dass er etwas Besseres anzubieten hat. Er lockt ahnungslose Personen mit dem Versprechen auf Glück, versteckt aber den Preis, den sie zahlen müssen. Erwin Lutzer brachte diese Strategie eindringlich zum Ausdruck.

> Das Beste, was er tun kann, ist, unsere Gemeinschaft mit Gott zu unterbrechen; er will, dass wir uns mit Sünde verunreinigen und so den direkten Kontakt zu Gott verlieren. ... Wenn er uns schon nicht vom Himmel fernhalten kann, kann er es zumindest verhindern, dass wir auf der Erde von Nutzen sind.
>
> Er würde nur allzu gerne beweisen, dass er unsere tiefsten Bedürfnisse besser befriedigen kann als Gott. Wenn wir auf ihn hören, so argumentiert er, haben wir mehr Möglichkeiten, Erfüllung und Glück. Er will das für uns tun, was Gott nicht kann. Wir müssen nicht demütig sein, um gesegnet zu werden. Wir brauchen auch nicht unsere Sünde bekennen oder uns dem Allmächtigen unterwerfen. Wir müssen uns nur mit uns selbst beschäftigen und auf uns selbst konzentrieren. Das, zischt die Schlange, ist es, worum es im Leben wirklich geht. ...
>
> Am meisten fürchtet der Teufel Christen, die ihre Freude an Gott haben. Er hat nichts, was damit vergleichbar wäre.[5]

Gegen dieses Handeln unseres Widersachers kommen wir nur an, wenn wir uns an unserem Herrn erfreuen.

Georg Müller, bekannt für den Bau und die Leitung von Waisenhäusern in England, verbrachte jeden Morgen beträchtliche Zeit mit Gebet und Bibellesen. Er glaubte, es sei die erste Pflicht eines jeden Christen, seine Seele in Gott zu stillen. Müller erzählt, wie er sich an jedem Morgen mit dem Herrn beschäftigte, bis seine Seele «in Gott glücklich» war.[6] Unsere Freude am Herrn ist von weitaus grösserem Wert als alles, was der Teufel anzubieten hat.

Wir könnten noch viele weitere Strategien des Teufels beschreiben, aber wir wollen uns mit dieser einfachen Liste begnügen.

- Er unterstützt falsche Philosophien (Kol 2,8).
- Er steckt hinter falschen Religionen (1. Kor 10,20).
- Er steht hinter falschen Lehrern (2. Kor 11,14–15).
- Er erfindet falsche Lehren (1. Tim 4,1).

- Er bringt falsche Jünger hervor (Mt 13,24–30).
- Er beeinflusst Regierungen (Dan 10,13; Offb 16,13–16; 20,3).
- Er täuscht und blendet die Verlorenen (2. Kor 4,4; 2. Tim 2,26).
- Er verfolgt die Gläubigen (Offb 2,10.13).
- Er verklagt das Volk Gottes (Sach 3,1; Offb 12,10).
- Er behindert Christen im Dienst für Gott (1. Thes 2,18).
- Er fördert Spaltung und Disharmonie (2. Kor 2,10–11).
- Er sät Zweifel (1. Mo 3,1–5).
- Er versucht die Menschen zu
    - Sünde (1. Mo 3,1–6)
    - Zorn (Eph 4,26–27)
    - Stolz (1. Tim 3,6)
    - Selbstvertrauen (1. Chr 21,1)
    - sexueller Unmoral (1. Kor 7,5)
    - Lügen (Apg 5,3)
    - Mutlosigkeit (1. Petr 5,6–10)

Hier noch eine ähnlich hilfreiche Liste, die einige Pläne des Teufels enthält.

- Er ist ein gerissener Betrüger (2. Kor 11,3).
- Er ist der Widersacher (1. Petr 5,8).
- Er ist der Vater aller Lügen (Joh 8,44).
- Er ist der Verleumder (Offb 13,6).
- Er ist der Versucher (Mt 4,3).
- Er ist der Dieb, der kommt, um zu töten und zu zerstören (Joh 10,10).
- Er ist der Menschenmörder (Joh 8,44).
- Er ist der Böse (Mt 13,19).
- Er verblendet den Verstand der Ungläubigen (2. Kor 4,4).
- Er berauscht und fängt die Verlorenen (2. Tim 2,26).
- Er verkleidet sich als ein Engel des Lichts (2. Kor 11,14).

- Er geht auf der Erde umher und sucht nach Personen, die er verschlingen kann (1. Petr 5,8).
- Er schmiedet listige Pläne, um die Gläubigen zu täuschen (2. Kor 2,11).

Seine grösste Täuschung ist sicherlich, die Menschen davon zu überzeugen, dass sie Jesus Christus nicht als ihren Erlöser von der Sünde brauchen. Lassen Sie sich nicht vom Teufel täuschen. Fallen Sie nicht auf diesen grossen Betrug herein. Wenn Sie es noch nicht getan haben, so kommen Sie heute zu Christus und glauben Sie an ihn.

## 12. Warum ist der Teufel heute noch aktiv, wenn Jesus ihn doch am Kreuz besiegt hat?

Die Bibel sagt klar, dass der Teufel ein besiegter Feind ist. Der siegreiche König, unser Herr Jesus Christus, hat seinen Kopf am Kreuz zertreten. Das Neue Testament liefert hinreichende Beweise für diese Tatsache: Römer 8,37; 2. Korinther 2,14–16; Kolosser 2,15; Offenbarung 3,21; 5,5; 12,11. Aber das führt uns zu der praktischen Frage: Warum toben nach wie vor geistliche Kämpfe? Warum ist der Teufel noch immer ein so erbitterter Feind, wenn er doch besiegt wurde?

In seinem klassischen Buch *The Cross of Christ* hilft uns John Stott zu verstehen, warum wir noch immer in einen Konflikt verwickelt sind, nachdem Christus den Teufel vernichtend geschlagen hat. Stott sagt: «Das Neue Testament bestätigt auf seine eigene klare Weise, dass Jesus den Teufel am Kreuz entwaffnete und besiegte, und ebenso alle ‹Fürstentümer und Gewalten› unter seinem Kommando.»[1] Anschliessend teilt er den Sieg über den Teufel gekonnt in sechs Phasen ein.[2]

1. Der Sieg, der im Garten Eden *vorhergesagt* wurde (1. Mo 3,15).
2. Der Sieg, der mit dem irdischen Dienst Jesu *begann*.
3. Der Sieg, der am Kreuz *errungen* wurde (Kol 2,13–15; Hebr 2,14).
4. Der Sieg, der bei der Auferstehung *bestätigt und verkündet* wurde (Eph 1,20–23; 1. Petr 3,22).
5. Der Sieg, der sich *ausbreitet*, wenn die Gemeinde ihrem Auftrag nachkommt (Apg 26,18; Kol 1,13; 1. Thes 1,9).
6. Der Sieg, der beim zweiten Kommen Christi *vollendet* wird (Ps 110,1; Phil 2,9–11; Offb 20,10).

Laut Hebräer 2,14 ist die Macht des Teufels gebrochen. Er wurde bezwungen.

Der Tod und die Auferstehung Christi waren der entscheidende Wendepunkt im Kampf zwischen dem Teufel und Gott. David Jeremiah erzählt eine Geschichte, die diese aufregende Wahrheit sehr schön illustriert.

> Von Napoleon Bonaparte erzählt man sich, dass er bei dem Versuch, alle Reiche der bekannten Welt zu erobern, eine Karte auf dem Tisch ausbreitete, auf einen konkreten Punkt zeigte und zu seinen Offizieren sagte: «Meine Herren, wäre da nicht dieser rote Fleck, könnte ich die ganze Welt erobern.» Die Stelle, auf die er zeigte, waren die Britischen Inseln – genau die Nation, die sich Napoleon bei Waterloo entgegenstellte und ihn zusammen mit einigen alliierten Staaten besiegte.
>
> Wenn der Teufel mit seinen Handlangern über die Eroberung der Welt redet, sagt er zweifellos dasselbe über den roten Hügel von Golgatha, wo das Blut Christi vergossen wurde: «Wäre da nicht dieser rote Fleck, könnte ich die ganze Welt beherrschen!» Aber dieser rote Fleck macht den entscheidenden Unterschied in unserem geistlichen Kampf. Wir müssen nicht in Furcht vor dem Teufel leben. Wir müssen uns nur dem geistlichen Kampf anschliessen, zu dem wir berufen worden sind, in dem Bewusstsein, dass er real und subtil ist, und bewaffnet mit der Wahrheit, dass der endgültige Sieg über den Teufel bereits errungen wurde.[3]

Wir leben heute in der Zeit zwischen der Errungenschaft und Verkündigung des Sieges vom Kreuz und dem leeren Grab und seiner Verwirklichung beim zweiten Kommen Christi.

Erwin Lutzer beschreibt die Situation des Teufels folgendermassen: «Heute ist er gegen Kaution frei. Bis zu seinem endgültigen Gericht darf er umherziehen. Die Strafe im Feuersee ist nur aufgeschoben. Das Urteil ist bereits verlesen worden. Wir haben den Blitz gesehen. Der Donner kommt noch.» Der Blitz war auf Golgatha sichtbar. Der Donner wird bei der Rückkehr Christi zu hören sein.[4]

Unser Auftrag heute ist es, den Sieg zu erweitern, indem verlorene Männer und Frauen in das Licht Christi geführt werden. Wie John Stott sagt: «Daher ist jedes christliche Gespräch ein Machtkampf, bei dem der Teufel gezwungen wird, seinen Griff auf das Leben eines Menschen zu lockern, und sich zeigt, dass Christus grössere Macht hat.»[5] Er sagt weiter:

> Mit der von Jesus verwendeten Metapher möchte ich sagen, dass der Starke entwaffnet und gebunden wurde und die Zeit reif ist, seinen Palast anzugreifen und seinen Hausrat zu rauben.
>
> Natürlich ist es nicht ganz so einfach. Denn obwohl der Teufel besiegt wurde, hat er sich noch nicht geschlagen gegeben. Auch wenn seine Niederlage feststeht, wurde er noch nicht gänzlich ausgeschaltet. Er hat nach wie vor grosse Macht. Das ist der Grund für die Spannungen in unserer Theologie und unserer Erfahrung. ...
>
> Der Teufel wurde bezwungen und entthront. Doch anstatt seinem Wirken ein Ende zu bereiten, lässt ihn sein Zorn, weil er um sein nahe bevorstehendes Schicksal weiss, seine Anstrengungen verdoppeln.[6]

Der Teufel ist ein besiegter Feind, aber er gibt sich nicht kampflos geschlagen. Er wird sich auch weiter gegen Gott und sein Volk stellen, bis er für 1000 Jahre im Abgrund gebunden und letztlich in den Feuersee geworfen wird.

## 13. Kann der Teufel körperliche Krankheiten bewirken?

An mehreren Stellen der Schrift wird deutlich, dass der Teufel und seine Dämonen Menschen mit körperlichen Leiden heimsuchen können. In dem Buch der Bibel, das wahrscheinlich als erstes aufgeschrieben wurde, wurde Hiob vom Teufel mit schrecklichen Krankheiten geplagt.

> Der Satan aber antwortete dem HERRN und sprach: Haut für Haut! Ja, alles, was der Mensch hat, gibt er hin für sein Leben; aber strecke doch deine Hand aus und taste sein Gebein und sein Fleisch an, so wird er dir sicher ins Angesicht absagen! Da sprach der HERR zum Satan: Siehe, er ist in deiner Hand; nur schone sein Leben! Da ging der Satan vom Angesicht des HERRN hinweg; und er plagte Hiob mit bösen Geschwüren von der Fusssohle bis zum Scheitel, sodass Hiob eine Scherbe nahm, um sich damit zu kratzen, während er mitten in der Asche sass (Hi 2,4–8).

Der Teufel konnte Hiob nur mit der Erlaubnis Gottes plagen, sein Leben aber durfte er ihm nicht nehmen. Dennoch hatte er die Macht, Hiob mit einer furchtbaren und schmerzhaften Krankheit heimzusuchen.

Die Evangelien enthalten andere Beispiele für Krankheiten, die von Dämonen verursacht wurden.

- *Stummheit.* «Als sie aber hinausgingen, siehe, da brachte man einen Menschen zu ihm, der stumm und besessen war. Und nachdem der Dämon ausgetrieben war, redete der Stumme. Und die Volksmenge verwunderte sich und sprach: So etwas ist noch nie in Israel gesehen worden!» (Mt 9,32–33).

- *Blindheit und Stummheit.* «Da wurde ein Besessener zu ihm gebracht, der blind und stumm war, und er heilte ihn, sodass der Blinde und Stumme sowohl redete als auch sah» (Mt 12,22).
- *Taubheit.* «Da nun Jesus eine Volksmenge herbeilaufen sah, befahl er dem unreinen Geist und sprach zu ihm: Du sprachloser und tauber Geist, ich gebiete dir: Fahre aus von ihm und fahre nicht mehr in ihn hinein!» (Mk 9,25).
- *Körperliche Missbildung.* «Und siehe, da war eine Frau, die seit 18 Jahren einen Geist der Krankheit hatte, und sie war verkrümmt und konnte sich gar nicht aufrichten. ... Diese aber, eine Tochter Abrahams, die der Satan, siehe, schon 18 Jahre gebunden hielt, sollte sie nicht von dieser Bindung gelöst werden am Sabbattag?» (Lk 13,11.16).

In der zukünftigen Drangsalszeit werden dämonische Geister die Ungläubigen fünf Monate lang mit schrecklichen körperlichen Qualen heimsuchen (Offb 9,7–10).

In Bezug auf den Teufel und Krankheiten fügen Robert Dean und Thomas Ice den folgenden wichtigen Vorbehalt hinzu.

> Obwohl Krankheiten eine dämonische Ursache haben können, muss der Teufel dennoch innerhalb und durch die biologischen Gesetze wirken, die Gott eingerichtet hat. Diese Leiden sind keine mystischen Krankheiten, die Ärzte verwirren und Folgen eines magischen Zauberspruchs sind wie im Heidentum. Eine vom Teufel verursachte Krankheit weist nach wie vor das vollständige Krankheitsbild einer natürlich entstandenen Krankheit auf; dasselbe Heilmittel, das bei der zweiten wirkte, würde auch bei der ersten helfen.[1]

Ausserdem sollten wir immer daran denken, dass der Teufel nicht ausserhalb des souveränen Willens Gottes handeln kann.

## 14. Was war der «Pfahl fürs Fleisch», den der Teufel dem Apostel Paulus zufügte?

In 2. Korinther 12,1–6 erzählt der Apostel Paulus von einer Begebenheit vor 14 Jahren, als er in den dritten Himmel, ins Paradies, in die Gegenwart Gottes entrückt wurde. Danach sagt er, dass Gott ihm aufgrund dieser ausserordentlichen Offenbarung einen «Pfahl fürs Fleisch gegeben [hat], ein Engel Satans», um ihn vor Stolz und Überheblichkeit zu bewahren. Die Beschreibung in 2. Korinther 12 wechselt vom dritten Himmel zum Pfahl im Fleisch. Was für ein Gegensatz!

> Und damit ich mich wegen der ausserordentlichen Offenbarungen nicht überhebe, wurde mir ein Pfahl fürs Fleisch gegeben, ein Engel Satans, dass er mich mit Fäusten schlage, damit ich mich nicht überhebe. Seinetwegen habe ich dreimal den Herrn gebeten, dass er von mir ablassen soll. Und er hat zu mir gesagt: Lass dir an meiner Gnade genügen, denn meine Kraft wird in der Schwachheit vollkommen! Darum will ich mich am liebsten vielmehr meiner Schwachheiten rühmen, damit die Kraft des Christus bei mir wohne (2. Kor 12,7–9).

Das Wort «Pfahl» (griech.: *skolops*) ist sehr anschaulich. Es kann sich auf einen kleinen, scharfen Gegenstand, z. B. Dorn, beziehen oder auf ein grösseres, spitzes Objekt wie einen Pfahl und betont den schmerzhaften Charakter dessen, was Paulus plagte (wie ein Pfahl, der durch sein Fleisch getrieben wurde). Der Ausdruck «mit Fäusten schlage» ist die wörtliche Übersetzung des verwendeten griechischen Begriffs und macht ebenfalls die Schwere des Leidens deutlich.

Es finden sich drei grundlegende Ansichten hinsichtlich der Natur dieses Pfahls im Fleisch des Apostels.

1. Einige glauben, der Pfahl war ein dämonischer Geist («ein Engel Satans»), der speziell Paulus zugeteilt wurde, um ihn auf verschiedene Weise zu quälen.

2. Andere meinen, der Pfahl war die Gruppe, von der Paulus in Korinth verleumdet wurde und die der Teufel benutzte, um die Korinther zur Rebellion gegen ihn anzustacheln. Diese Ansicht passt gut zum Kontext von 2. Korinther 10–13, wo Paulus seinen Rivalen in Korinth widersprach, die seine apostolische Autorität in Frage stellten und die dortigen Christen in die Irre führen wollten. Diese falschen Lehrer und das Chaos, das sie anrichteten, waren für Paulus sicherlich ebenso schmerzhaft wie ein Pfahl in seiner Seite.

Ich habe mal einen Prediger im Spass sagen hören, dass Paulus einmal verheiratet gewesen war und seine nörgelnde Frau der Pfahl in seinem Fleisch war.

3. Die dritte und passendere Sicht, die auch ich vertrete, besagt, dass dieser Pfahl ein körperliches Leiden war. Die Tatsache, dass dieser Pfahl in seinem Fleisch war (seinem Körper), weist für mich darauf hin, dass der Teufel ihm eine Art körperliches Gebrechen zugefügt hatte. Galater 4,13 stützt die Sicht, dass Paulus unter ernsten körperlichen Problemen litt. Viele haben vermutet, dass das Problem Epilepsie oder Malaria gewesen sein könnte. In Galater 4,15 lobt Paulus die Galater dafür, dass sie bereit gewesen wären, sich ihre Augen auszureissen und sie ihm zu geben. Später in Galater 6,11 spricht er davon, dass er ihnen mit eigener Hand in grossen Buchstaben geschrieben hat. Aufgrund dieser Hinweise haben einige angenommen, dass Paulus ein Augenleiden hatte, das sein Sehvermögen einschränkte.

Unter welchen Beschwerden er auch zu leiden hatte, Paulus wusste, dass Gott es dem Teufel gestattete, ihn zu seinem eigenen Nutzen mit diesem Pfahl zu quälen, um ihn vor Stolz zu bewahren. Sowohl Gott als auch der Teufel waren daran beteiligt. Gott benutzte den Teufel, um grössere Ziele zu erreichen, und Hiob und Petrus profitierten davon, und hier macht er dasselbe mit Paulus. Gott ist souverän, auch über unsere Leiden.

## 15. Kann der Teufel psychische Störungen verursachen?

Wir haben gesehen, wie die Schrift deutlich macht, dass der Teufel körperliche Leiden verursachen kann, und das scheint auch auf psychische Krankheiten zuzutreffen. Anhand der Fälle von dämonisch besessenen Personen ist erkennbar, dass auch geistige und psychische Abnormitäten auf sein Konto gehen. (Das Thema dämonische Besessenheit und seine Folgen wird in den Fragen 69–74 besprochen.) Die von Dämonen bewirkten psychischen Störungen kommen zum Ausdruck in solch bizarren Verhaltensweisen wie Gewalt (Mt 8,28), dem Auftreten ungewöhnlicher Kraft (Mk 5,4), Schreien (V. 5), Selbstverstümmelung (auch V. 5), Schaum vor dem Mund (Mk 9,20), Nacktheit (Lk 8,27) und Zähneknirschen (Mk 9,18). In Matthäus 17,15–18 brachten dämonische Geister einen jungen Mann dazu, völlig die Kontrolle über sich zu verlieren.

> Herr, erbarme dich über meinen Sohn, denn er ist mondsüchtig und leidet schwer; er fällt nämlich oft ins Feuer und oft ins Wasser! Und ich habe ihn zu deinen Jüngern gebracht, aber sie konnten ihn nicht heilen. Da antwortete Jesus und sprach: O du ungläubiges und verkehrtes Geschlecht! Wie lange soll ich bei euch sein? Wie lange soll ich euch ertragen? Bringt ihn her zu mir! Und Jesus befahl dem Dämon, und er fuhr von ihm aus, und der Knabe war gesund von jener Stunde an.

Natürlich dürfen wir nicht vergessen, dass diese Zustände wahrscheinlich nur selten vom Teufel oder Dämonen verursacht werden. Wir leben in einer gefallenen Welt, in der sowohl körperliche als auch seelische Probleme einen ebenso natürlichen wie übernatürlichen Ursprung haben können. Aber manche psychische Leiden können auf das Wirken von Dämonen zurückgeführt werden, und wir sollten diese biblische Lehre nicht ignorieren.

## 16. Kann der Teufel echte Wunder tun?

Der Teufel ist ein mächtiges Geistwesen – das mächtigste Wesen im Universum nach Gott. Er besitzt die Macht, übernatürliche Dinge zu tun, einschliesslich echter Wunder. Seine Wunder sind nicht bloss clevere Tricks oder gekonnte Fälschungen. Er bedient sich echter, übernatürlicher Taten, um die Menschen zu täuschen. Dafür gibt es mehrere Beispiele in der Schrift.

In 2. Mose waren die Zauberer des Pharaos bis zu einem gewissen Punkt in der Lage, die Wunder Moses nachzumachen. Sie verwandelten ihre Holzstäbe in Schlangen (auch wenn Aarons Schlange ihre Schlangen frass), machten aus Wasser Blut und kopierten das Wunder der Froschplage. Als Mose jedoch mit seinem Stab auf den Boden schlug und Stechmücken das Land bedeckten, mussten selbst die Zauberer anerkennen: «Das ist der Finger Gottes!» (2. Mo 8,15).

Direkt vor dem zweiten Kommen Christi wird der Teufel in der zukünftigen Drangsalszeit alle Register ziehen und zum letzten Mal seine ganze betrügerische Macht einsetzen.

> Und dann wird der Gesetzlose geoffenbart werden, den der Herr verzehren wird durch den Hauch seines Mundes, und den er durch die Erscheinung seiner Wiederkunft beseitigen wird, ihn, dessen Kommen aufgrund der Wirkung des Satans erfolgt, unter Entfaltung aller betrügerischen Kräfte, Zeichen und Wunder und aller Verführung der Ungerechtigkeit bei denen, die verlorengehen, weil sie die Liebe zur Wahrheit nicht angenommen haben, durch die sie hätten gerettet werden können (2. Thes 2,8–10).

Offenbarung 13,11–15 berichtet von der letzten Täuschung des Teufels durch seine Wunder wirkende Macht, die seine Abgesandten, der Antichrist und sein falscher Prophet, demonstrieren werden.

> Und ich sah ein anderes Tier aus der Erde aufsteigen, und es hatte zwei Hörner gleich einem Lamm und redete wie ein Drache. Und es übt alle Vollmacht des ersten Tieres aus vor dessen Augen und bringt die Erde und die auf ihr wohnen dazu, dass sie das erste Tier anbeten, dessen Todeswunde geheilt wurde. Und es tut grosse Zeichen, sodass es sogar Feuer vom Himmel auf die Erde herabfallen lässt vor den Menschen. Und es verführt die, welche auf der Erde wohnen, durch die Zeichen, die vor dem Tier zu tun ihm gegeben sind, und es sagt denen, die auf der Erde wohnen, dass sie dem Tier, das die Wunde von dem Schwert hat und am Leben geblieben ist, ein Bild machen sollen. Und es wurde ihm gegeben, dem Bild des Tieres einen Geist zu verleihen, sodass das Bild des Tieres sogar redete und bewirkte, dass alle getötet wurden, die das Bild des Tieres nicht anbeteten.

Der Teufel ist ein manipulativer Wunderwirker. Aus diesem Grund werden wir aufgefordert: «Prüft die Geister, ob sie aus Gott sind!» (1. Jo 4,1). Wunder allein sind kein zwingender Beweis, dass etwas von Gott kommt. Jesus sagte, einige dieser Wunderwirker, die am letzten Tag zu ihm kommen, werden nicht in den Himmel gelassen.

> Nicht jeder, der zu mir sagt: Herr, Herr! wird in das Reich der Himmel eingehen, sondern wer den Willen meines Vaters im Himmel tut. Viele werden an jenem Tag zu mir sagen: Herr, Herr, haben wir nicht in deinem Namen geweissagt und in deinem Namen Dämonen ausgetrieben und in deinem Namen viele Wundertaten vollbracht? Und dann werde ich ihnen bezeugen: Ich habe euch nie gekannt; weicht von mir, ihr Gesetzlosen! (Mt 7,21–23).

Wunder sind kein Beweis für Gottesfurcht, vielmehr zeigen unsere Botschaft und die Art, wie wir leben, was in unserem Herzen ist.

## 17. Kann der Teufel Menschen töten?

Jesus sagte, der Teufel «war ein Menschenmörder von Anfang an» (Joh 8,44). Das bezieht sich wahrscheinlich auf Kains Mord an seinem Bruder Abel. Diese grosse Sünde wurde vom Teufel veranlasst (1. Jo 3,12). Im Buch Hiob löste Satan einen grossen Sturm aus, der die zehn Kinder Hiobs tötete. Später sagte Gott dem Teufel, dass er Hiob mit einer Krankheit plagen, ihm aber nicht das Leben nehmen durfte. Das bedeutet, dass er Hiob gerne getötet hätte und dazu auch in der Lage gewesen wäre, hätte Gott ihn nicht zurückgehalten. E. M. Bounds beschreibt anschaulich den heimtückischen Angriff auf Hiob und seine Familie.

> Ohne jegliche Vorwarnung waren seine zehn Kinder plötzlich allesamt tot und sein fürstlicher Reichtum weg, ein verheerender Schicksalsschlag. In einer dunklen Stunde wurde er seiner Familie und seines Besitzes beraubt. Von der Geschwindigkeit und dem Ausmass seiner Verluste überwältigt, stand er ohne Zuhause, Kinder und Freunde da. ...
>
> Der Teufel stürzte Hiob aus wolkenloser, himmlischer Höhe hinab in einen düsteren Albtraum.[1]

Der Teufel kann das Leben von Menschen auslöschen. Er ist ein abscheulicher Mörder. Aber wir dürfen nicht vergessen, dass Gott das letzte Wort hat, auch über den Tod.

> Seht nun, dass Ich, Ich allein es bin
> und kein Gott neben mir ist!
> Ich bin's, der tötet und lebendig macht,
> ich zerschlage und ich heile,
> und niemand kann aus meiner Hand erretten! (5. Mo 32,39).

> Und als ich ihn sah, fiel ich zu seinen Füssen nieder wie tot. Und er legte seine rechte Hand auf mich und sprach zu mir: Fürchte dich nicht! Ich bin der Erste und der Letzte und der Lebende; und ich war tot, und siehe, ich lebe von Ewigkeit zu Ewigkeit, Amen! Und ich habe die Schlüssel des Totenreiches und des Todes (Offb 1,17–18).

Zum schrecklichen Waffenarsenal des Teufels gehört Mord, aber nur unter den souveränen, wachsamen Augen Gottes. Jesus hat die Schlüssel des Todes, und der Teufel kann sie seiner allmächtigen Hand nicht entreissen.

## 18. Kann der Teufel das Wetter kontrollieren?

In den letzten Jahren hat unsere Welt einige der verheerendsten Stürme in der Geschichte erlebt. Manchmal wird den Sünden der Menschen in den betroffenen Gebieten die Schuld dafür gegeben. Wir sollten uns jedoch daran erinnern, dass wir in einer gefallenen Welt leben, die seufzt, bis der Herr wiederkommt. Unwetter gehören zu dem Fluch, unter dem wir leben, und sie treffen sowohl Gerechte als auch Ungerechte. Die Schrift macht aber auch deutlich, dass der Teufel in einem bestimmten eingeschränkten Masse vernichtende Stürme auslösen kann. Das Buch Hiob liefert dafür ein anschauliches Beispiel.

> Da sprach der HERR zum Satan: Hast du meinen Knecht Hiob beachtet? Denn seinesgleichen gibt es nicht auf Erden, einen so untadeligen und rechtschaffenen Mann, der Gott fürchtet und das Böse meidet! Der Satan aber antwortete dem HERRN und sprach: Ist Hiob umsonst gottesfürchtig? Hast du nicht ihn und sein Haus und alles, was er hat, ringsum eingehegt? Das Werk seiner Hände hast du gesegnet, und seine Herden breiten sich im Land aus. Aber strecke doch einmal deine Hand aus und taste alles an, was er hat; lass sehen, ob er dir dann nicht ins Angesicht absagen wird! Da sprach der HERR zum Satan: Siehe, alles, was er hat, soll in deiner Hand sein; nur nach ihm selbst strecke deine Hand nicht aus! Und der Satan ging vom Angesicht des HERRN hinweg. ...
>
> Während dieser noch redete, kam ein anderer [Bote zu Hiob] und sagte: Deine Söhne und Töchter assen und tranken Wein im Haus ihres erstgeborenen Bruders; und siehe, da kam ein heftiger Wind drüben von der Wüste her und erfasste die vier Ecken des Hauses, sodass es auf die jungen Leute stürzte und sie starben; ich aber bin entkommen, nur ich allein, um es dir zu berichten! (Hi 1,8–12.18–19).

Aus Hiob 1 geht deutlich hervor, dass Gott dem Teufel erlaubte, den grossen Sturm oder Tornado zu entfachen, der Hiobs Familie dezimierte. Ein weiteres mögliches Beispiel für Satans Macht, das Wetter zu kontrollieren, sehen wir in Markus 4,37–39.

> Und es erhob sich ein grosser Sturm, und die Wellen schlugen in das Schiff, sodass es sich schon zu füllen begann. Und er war hinten auf dem Schiff und schlief auf einem Kissen. Und sie weckten ihn auf und sprachen zu ihm: Meister, kümmert es dich nicht, dass wir umkommen? Und er stand auf, befahl dem Wind und sprach zum See: Schweig, werde still! Da legte sich der Wind, und es entstand eine grosse Stille.

Jesus befahl dem Sturm und sprach direkt zu den tobenden Wellen. Das erinnert an seine Begegnungen mit dämonischen Mächten. Jesu Worte («Schweig, werde still!») weisen stark darauf hin, dass hinter diesem Sturm Dämonen standen. D. Edmond Hiebert bemerkt: «Die dramatische Form des Befehls gegenüber leblosen Dingen könnte darauf schliessen lassen, dass Jesus dämonische Mächte hinter den tobenden Elementen erkannte. Wir sollten anmerken, dass die griechischen Worte für ‹befahl› und ‹werde still› in Markus 1,25 bei der Austreibung eines bösen Geistes verwendet wurden.»[1] Ich glaube, der Teufel entfachte diesen plötzlichen Sturm, um Christus oder zumindest einige seiner Jünger zu töten. Aber Jesus sagte ein paar einfache Worte und der Wind beruhigte sich und der See wurde augenblicklich spiegelglatt. Die Einfachheit und Kürze seines Befehls künden von seiner absoluten Kontrolle. Der Teufel kann Stürme auslösen, aber Jesus ist der Herrscher über sie.

## 19. Kann der Teufel Tote auferwecken?

Die Antwort lautet Nein. Der Teufel besitzt nicht die Macht, Leben zu geben. Das kann nur der Schöpfer. In der Zukunft kommt aber eine Zeit, wenn Gott dem Teufel die Macht geben wird, den Antichristen aus den Toten aufzuerwecken. Offenbarung 13,3–4 beschreibt die tödliche Wunde und die Heilung des Antichristen (des Tieres).

> Und ich sah einen seiner Köpfe wie zu Tode verwundet, und seine Todeswunde wurde geheilt. Und die ganze Erde sah verwundert dem Tier nach. Und sie beteten den Drachen an, der dem Tier Vollmacht gegeben hatte, und sie beteten das Tier an und sprachen: Wer ist dem Tier gleich? Wer vermag mit ihm zu kämpfen?

Es gibt drei Hauptsichtweisen hinsichtlich der Bedeutung dieser Worte. Manche glauben, Tod und Auferstehung in dieser Stelle würden sich auf den Untergang des Römischen Reiches im Jahr 476 n. Chr. beziehen sowie auf seine Rückkehr in der Endzeit. Mit anderen Worten, hier ist die Rede von einem Reich, das aus den Toten zurückkehrt, nicht von einem Menschen. Das grösste Problem dieser Sicht ist die Reaktion auf die Wiederherstellung des Tieres. Würde das Wiederaufleben des Römischen Reiches die ganze Welt wirklich in Verwunderung versetzen, wie es in Offenbarung 13,3 beschrieben wird? Diese Reaktion dürfte viel wahrscheinlicher sein, wenn hier ein Mensch gemeint ist, nicht ein Reich. Eine Rückkehr des Römischen Reiches würde die Welt kaum sprachlos zurücklassen und jeden zum Anhänger machen. Sollte aber ein grosser Weltführer an einer tödlichen Kopfverletzung sterben und ein paar Tage später aus den Toten auferstehen, wäre diese Reaktion verständlich.

Die zweite Sicht ist, dass das Tier in Offenbarung eine Einzelperson ist, die nur scheinbar tödlich verletzt wird. Vertreter dieser Sichtweise glauben, dass die Wiederherstellung eine vorgetäuschte oder falsche Auferstehung ist. Sie wehren sich gegen die Vorstellung, dass das Tier wirklich sterben und wieder zum Leben erweckt werden könnte, weil der Teufel nicht die Macht dazu hat.

Alle Christen sind sich einig, dass nur Gott die Toten auferwecken kann. Das setzen wir voraus. Allerdings könnte Gott dem Teufel diese Fähigkeit vorübergehend verleihen, wenn er will. Ich glaube, genau das wird in der zukünftigen Drangsalszeit passieren. Dass Gott dem Teufel die Erlaubnis dazu gibt, wird Teil der grossen Verführung sein, die Gott über die Menschen kommen lassen wird, die ihn ablehnen (2. Thes 2,9–12).

Offenbarung 13,15 zufolge wird der falsche Prophet «dem Bild des Tieres einen Geist verleihen, sodass das Bild des Tieres sogar redete». Wenn der Teufel die Macht besitzt, ein totes Götzenbild zum Leben zu erwecken, warum sollte es ihm dann nicht auch möglich sein (mit Gottes Erlaubnis), einen Menschen aus den Toten aufzuerwecken?[1] Ausserdem sind die griechischen Worte, die in der Offenbarung für den Tod und die Auferstehung Christi verwendet werden, identisch mit denen für den Tod und die Auferstehung des Antichristen (vgl. Offb 2,8; 5,6; 13,3.12). Wie Charles Ryrie bemerkt: «Wenn Christus tatsächlich gestorben ist, dann sieht es ganz danach aus, als würde auch dieser Herrscher wirklich sterben. Aber seine Wunde wird geheilt werden, was nur bedeuten kann, dass er wieder zum Leben erweckt wird.»[2]

Aufgrund der deutlichen Sprache der Offenbarung glaube ich, dass der Antichrist wirklich sterben und wieder auferstehen wird, was eine verblüffende Ähnlichkeit zu Tod und Auferstehung Jesu Christi aufweist. Dieses unglaubliche Ereignis wird zur Mitte der 7-jährigen Drangsalszeit stattfinden und mit dem Rauswurf des Teufels aus dem Himmel zusammentreffen, dem dann nur noch eine kurze Zeit bleibt (Offb 12,12). In dem Wissen, dass ihm die Zeit ausgeht, wird der Teufel (mit Gottes Erlaubnis) die Auferstehung Christi nachahmen und den Antichristen persönlich kontrollieren. Das wird Teil der Verführung und Täuschung sein, die Gott am Ende des Zeitalters zulassen wird.

Von da an wird der Antichrist, angetrieben vom Teufel in ihm, die Macht besitzen, alle Arten von Zeichen und Wundern zu tun, und seine letzte grosse Täuschung ausführen. J. B. Smith beschreibt die Wirkung, die dieses unglaubliche Ereignis in der Endzeit auf die Welt haben wird.

> So wie die frühe Ausbreitung und Erhaltung des christlichen Glaubens auf der Auferstehung Christi basieren, ist die universelle Anbetung und Huldigung des Tieres in der zweiten Hälfte der Drangsalszeit nur mit der Auferstehung des Herrschers Roms zu erklären.[3]

## 20. Ist der Teufel allwissend?

Vergessen Sie nicht: Der Teufel ist ein Geschöpf, und er ist von bestimmten Merkmalen begrenzt, die allen Geschöpfen eigen sind. Daher weiss er nicht alles. Allein Gott ist allwissend (Jes 46,9–10). Allerdings weiss der Teufel eine ganze Menge. Wir dürfen ihn nicht unterschätzen, er weiss mehr als wir. Wir dürfen ihn aber auch nicht überschätzen, indem wir ihm göttliche Merkmale zuschreiben. Erwin Lutzer sorgt für Klarheit.

> Gott würde nie ein Wesen erschaffen, das so gross und schön ist wie er selbst. Jedes erschaffene Wesen würde zwangsläufig nicht die uneingeschränkten Vollkommenheiten des Allmächtigen aufweisen. Daher war Luzifer viel weniger als Gott, aber offensichtlich das «Beste», was der Allmächtige tun konnte.[1]

## 21. Kennt der Teufel die Gedanken der Menschen? Kann er Gedanken lesen?

Ich glaube nicht, dass der Teufel unsere Gedanken lesen kann. Der Schrift zufolge kennen nur die Personen der Dreieinheit die Gedanken aller Menschen (1. Kö 8,39; Mt 9,1–4; Joh 2,24). In der Schrift lassen sich auch keine Beispiele dafür finden, dass der Teufel oder die Dämonen die Gedanken einer Person lesen oder sie kennen.

Der Teufel und seine dämonischen Handlanger (die verschiedenen Gebieten und vielleicht sogar einzelnen Gläubigen zugeteilt sind) leben jedoch schon seit Jahrtausenden und kennen die menschliche Natur sehr gut. Wir können sicher sein, dass sie unser Leben studieren und beobachten und unsere Neigungen kennen. So wie wir unseren Ehepartner oder unsere Kinder manchmal so gut kennen, dass wir wissen, was sie denken, bekommen Dämonen hin und wieder sicherlich ein Gespür für unsere Gedanken, wenn sie unser Handeln beobachten.

Dennoch findet sich keine biblische Rechtfertigung für die Annahme, dass sie unsere Gedanken lesen können.

## 22. Kann der Teufel den Menschen Gedanken eingeben?

Diese Frage ist eng verbunden mit der vorangegangenen, und ich glaube, die Antwort ist identisch. Wenn der Teufel nicht unsere Gedanken lesen kann, scheint man daraus schliessen zu können, dass er uns auch keine eingeben kann. In Hiob 1–2 wird der Teufel auf Hiob losgelassen und greift ihn von jeder Seite an, nur sein Leben ist für ihn tabu. Allerdings ist nicht die Rede davon, dass der Teufel Hiob Gedanken oder Wünsche eingibt. Er greift ihn nur äusserlich an. Dieses Argument beruht darauf, dass die Schrift nichts darüber sagt. Aber hätte der Teufel die Macht, den Menschen Gedanken einzugeben, hätte er Hiob bestimmt auch in diesem Bereich angegriffen. Die Tatsache, dass er Hiob keine Gedanken eingab, zeigt mir, dass er dazu nicht berechtigt ist.

Im Wesentlichen werden zwei Stellen angeführt für die Behauptung, dass der Teufel die Macht hat, uns Gedanken einzugeben. Die erste ist Matthäus 16,23. Nachdem Petrus Christus getadelt hatte, weil er von seinem kommenden Tod durch die Hand der jüdischen Führer sprach, sagte Jesus zu ihm: «Weiche von mir, Satan! Du bist mir ein Ärgernis; denn du denkst nicht göttlich, sondern menschlich!» Meiner Ansicht nach wollte Jesus damit nicht sagen, dass der Teufel ihm diesen Gedanken eingegeben hatte. Jesus sagte nur, dass Petrus' Äusserung mit der Denkweise und den Wünschen des Teufels übereinstimmte. Petrus brachte die Absichten des Feindes zum Ausdruck.

Die zweite Stelle ist Apostelgeschichte 5,3, wo Petrus zu Ananias sagte: «Warum hat der Satan dein Herz erfüllt, sodass du den Heiligen Geist belogen hast ...?» Das mit «erfüllt» übersetzte griechische Wort bedeutet «kontrollieren oder beeinflussen». Der Teufel beeinflusste Ananias, sodass er gegen den Herrn sündigte, aber das bedeutet nicht, dass er ihm böse Gedanken eingab. Wir wissen nicht, wie der Teufel Ananias beeinflusste, aber vielleicht appellierte er an seinen Stolz oder seinen Wunsch nach Anerkennung. Nichts in diesem Text lässt deutlich erkennen, dass der Teufel ihm Gedanken eingab.

Die einzige Ausnahme, die ich hinzufügen würde, sind die Personen, die von Dämonen besessen sind. Es scheint, als habe der Teufel ihnen böse, zerstörerische Gedanken eingegeben. Doch ausser dieser sehr begrenzten Ausnahme finde ich keinen Beweis in der Schrift, dass er die Fähigkeit besitzt, den Menschen Gedanken einzugeben.

## 23. Können der Teufel und seine Dämonen Menschen dazu bringen zu sündigen?

Ich mag die Geschichte des kleinen Mädchens, das von ihrer Mutter bestraft wurde, weil es seinem kleinen Bruder gegen das Schienbein getreten und ihn anschliessend an den Haaren gezogen hatte. «Sally», sagte die Mutter, «wie konntest du dich vom Teufel nur verleiten lassen, deinen Bruder zu treten und ihn an den Haaren zu ziehen?»

«Der Teufel hat dafür gesorgt, dass ich ihn trete», meinte sie, «aber das An-den-Haaren-ziehen war meine Idee!»[1]

Wahrscheinlich klingt uns diese Geschichte nur allzu vertraut. Ich würde dem Teufel gerne die Schuld für alle meine Sünden geben oder zumindest für einen Teil von ihnen, aber ich glaube nicht, dass er und seine Dämonen einen Menschen dazu bringen können zu sündigen. Sie können Menschen nicht zum Handeln zwingen. Häufig würden wir gerne dem Teufel die ganze Verantwortung zuschieben. Jakobus 1,13–15 zeichnet jedoch ein realistischeres Bild.

> Niemand sage, wenn er versucht wird: Ich werde von Gott versucht. Denn Gott kann nicht versucht werden zum Bösen, und er selbst versucht auch niemand; sondern jeder Einzelne wird versucht, wenn er von seiner eigenen Begierde gereizt und gelockt wird. Danach, wenn die Begierde empfangen hat, gebiert sie die Sünde; die Sünde aber, wenn sie vollendet ist, gebiert den Tod.

Der Teufel wird in dieser Handlungsfolge an keiner Stelle erwähnt. Natürlich ist er ein meisterhafter Versucher, und er und seine Dämonen stehen manchmal hinter der Versuchung. Aber oftmals ist er nicht einmal an der Versuchung beteiligt, ganz zu schweigen von der Sünde.

Jakobus sagt uns, dass alle menschliche Sünde letzten Endes dem Willen des Menschen entspringt. Das sündige menschliche Herz ist der Motor der Sünde. Dennoch sollten wir daran denken, dass der Teufel unser Denken und Handeln stark beeinflussen kann. 2. Korinther 11,3 sagt: «Ich fürchte aber, es könnte womöglich, so wie die Schlange Eva verführte mit ihrer List, auch eure Gesinnung verdorben und abgewandt werden von der Einfalt gegenüber Christus.» Der Teufel und seine Handlanger können uns nicht dazu bringen zu sündigen, aber sie täuschen und verführen uns und führen unser Denken in die Irre.

Es gibt eine lustige und scharfsinnige Geschichte über eine Frau, die sich ein sehr teures Kleid kaufte. Als sie damit nach Hause kam und ihrem Mann erzählte, wie viel es gekostet hatte, sagte er: «Warum in aller Welt hast du ein so teures Kleid gekauft? Du weisst, wir können uns das nicht leisten.»

Die Frau erwiderte: «Aber Schatz, du verstehst das nicht – der Teufel ist schuld daran. Ich habe es anprobiert, und der Teufel sagte zu mir: ‹Du siehst so umwerfend in diesem Kleid aus, Mädchen. Das bist ganz du ... du musst dieses Kleid haben.›»

«Warum hast du dem Teufel dann nicht gesagt: ‹Geh hinter mich, Satan›?», fragte ihr Mann.

Daraufhin meinte seine Frau: «Habe ich – aber als er das tat, sagte er mir, dass ich auch da gut aussehe.»[2]

Der Teufel und seine Dämonen können uns sagen, dass etwas gut aussieht, aber sie können uns nicht dazu bringen, es zu tun.

## 24. Kontrolliert und beeinflusst der Teufel die Führer und Staaten der Welt?

Der Teufel liebt die Politik. Er ist der grösste Politiker aller Zeiten. Er taktierte im Himmel und überzeugte ein Drittel der Engel davon, sich seiner rebellischen politischen Partei anzuschliessen. Seitdem hat er andere unermüdlich beeinflusst, seinem bösen Willen zu folgen.

Die Bibelstellen, die den Ursprung des Teufels enthüllen, stellen ihn als König von Tyrus (Hes 28) und König von Babylon dar (Jes 14). So ist von Anfang an klar, dass der Teufel die Führer dieser Welt beeinflusst. Dasselbe Handlungsmuster zeigt sich in Daniel 10, wo dämonische Geister als «der Fürst des Königreichs Persien» und «der Fürst von Griechenland» bezeichnet werden. Diese Dämonen sollen Einfluss auf die Führer dieser Staaten nehmen, damit sie auf ihr Kommando hören, vor allem was die Verfolgung des jüdischen Volkes angeht, über das die Perser zu jener Zeit herrschten.

In Offenbarung 16,13–16 sendet der Teufel dämonische Geister aus, die die Staatsoberhäupter der Welt dazu bringen sollen, ihre Armeen bei Harmageddon im Norden Israels zu versammeln zur letzten grossen militärischen Offensive in diesem Zeitalter. Offenbarung 20,3 sagt, nach der Rückkehr Christi auf die Erde wird der Teufel für 1000 Jahre in den Abgrund geworfen, «damit er die Völker nicht mehr verführen kann». Das deutet an, dass die Verführung der Nationen eines seiner Hauptziele im gegenwärtigen Zeitalter sein muss.

Merrill Unger sagt über das Thema Teufel, Dämonen und menschliche Regierung.

> Zu jeder Zeit in der Menschheitsgeschichte und in jeder Phase des täglichen Lebens haben Dämonen eine überaus wichtige Rolle gespielt. In keinem Bereich ist ihr Wirken von grösserer Bedeutung als in dem der menschlichen Regierung. ... [Die meisten

> Menschen] sehen auf der historischen Bühne nur menschliche Akteure. Böse Herrscher, skrupellose Diktatoren, Tyrannen, Unterdrücker, Könige, Regierungen und Präsidenten sind für sie die wahren und einzigen Figuren im grossen Drama des politischen Lebens. Sie haben keine Ahnung vom unsichtbaren Bereich mit seinen bösen Charakteren, die ihre menschlichen Stellvertreter antreiben und motivieren. ...
>
> Die Menschheitsgeschichte darf nicht ausschliesslich als eine Folge menschlicher Taten und Ereignisse gesehen werden, auf die geistliche Kräfte keinen Einfluss haben, sondern als eine kontinuierliche Interaktion von geistlichen und menschlichen Akteuren, bei dem Dämonen eine wichtige Rolle spielen.[1]

Wenn Sie also sehen, wie gottlose Staatsführer schlimme Schäden anrichten, Drohungen aussprechen, ihr eigenes Volk umbringen, auf fundamentalen Menschenrechten herumtrampeln und Antisemitismus schüren, dann sollten Sie sich daran erinnern, dass – auch wenn sie letzten Endes für ihr Handeln verantwortlich sind – hinter ihnen und durch sie böse Kräfte am Werk sind, die versuchen, die Welt unter die Herrschaft des Teufels zu bringen.

# 25. Kennt der Teufel die Zukunft?

Gott weiss alles, was geschehen wird, und wie und wann es passiert. Er kennt sogar alle Möglichkeiten – was passieren wird oder könnte, wenn bestimmte Ereignisse eintreffen. Aus diesem Grund kann er die Zukunft mit hundertprozentiger Genauigkeit vorhersagen (Jes 41,21–23; 42,8–9; 44,6–7). Der Teufel hingegen weiss eine ganze Menge, aber er kann nur fundierte Vermutungen anstellen, basierend auf seiner eigenen Erfahrung und dessen, was er sieht. Deshalb trafen die Vorhersagen von falschen, vom Teufel beeinflussten Propheten im Alten Testament auch nicht ein. Allein Gott kann die Zukunft fehlerfrei vorhersagen. Ein echter Prophet Gottes liegt immer zu 100 Prozent richtig (5. Mo 18,22).

Dass der Teufel die Zukunft nicht kennt, zeigt sich am deutlichsten darin, dass er nicht wusste, was nach seiner Rebellion mit ihm passieren würde. Er durfte seine eigene Entscheidung treffen, aber die Konsequenzen waren ihm offensichtlich nicht bewusst.

## 26. Ist der Teufel allgegenwärtig? Ist er überall gleichzeitig?

Martin Luther warnte: «Der Teufel ist dir so nahe wie deine eigenen Kleider.»[1]

Das klingt richtig, ist es aber nicht. Der Teufel ist nicht Gott, daher kann er nur an einem Ort gleichzeitig sein. Das wird in Offenbarung 12,7–12 deutlich – eine Szene aus der zukünftigen Drangsalszeit, in der der Teufel für immer aus dem Himmel verbannt wird. Sein Herrschaftsbereich wird dann ausschliesslich auf die Erde beschränkt sein, und auch nur auf einen Ort gleichzeitig. Das bedeutet, wenn er in Japan ist, kann er nicht in Washington D. C. sein. Wenn er in New York kämpft, kann er nicht eine Erweckung in Indien stören. Als Geistwesen kann er zweifellos schnell von einem Ort zum anderen wechseln. Er kann sicherlich an vielen verschiedenen Orten sein Unwesen treiben, aber er wird nie allgegenwärtig sein. Ihm wird es nie gelingen, das Universum mit seiner Gegenwart zu erfüllen.

Oft geben wir dem Teufel die Schuld für Dinge, die uns passieren, aber wir dürfen nicht vergessen, dass er nur an einem Ort gleichzeitig sein kann. Daher kann er nur eine Person gleichzeitig direkt versuchen, täuschen und bedrücken. R. C. Sproul meint, dies wäre ein Trost für uns, auch wenn wir bedenken müssen, dass er über Heerscharen von Dämonen verfügt, die seinen Willen auf der ganzen Erde tun.

> Ich finde den Gedanken tröstlich, dass wir dem Teufel in unserem Leben wahrscheinlich nie begegnen. Er hat Wichtigeres zu tun. Er ist nicht hinter den kleinen Fischen her. Aber er hat eine Schar von Handlangern, seine Dämonen, die die Arbeit für ihn erledigen. Sie sind uns möglicherweise so nahe wie unsere Kleidung und belagern uns, und wir sollten uns dessen bewusst sein. Es ist jedoch unwahrscheinlich, dass Sie und ich dem Fürst der Fins-

ternis persönlich begegnen werden. Das sage ich, weil er nicht allgegenwärtig ist. Das ist ein Merkmal, das ausschliesslich Gott gehört.[2]

## 27. Ist der Teufel allmächtig? Hat er so viel Macht wie Gott?

Häufig fällt auf, dass die Menschen hinsichtlich des Teufels zu Extremen neigen. Die ganze Kirchengeschichte hindurch haben sich hartnäckig zwei falsche Ansichten über die Person und Macht des Teufels gehalten. Erstens wurde seine Existenz oft geleugnet, oder er wurde als mächtiger geistlicher Gegner nicht ernst genommen. Zweitens wurde ihm eine grössere Macht und Autorität zugeschrieben, als er tatsächlich besitzt. Gerade so, als wären Gott und der Teufel zwei ebenbürtige Kontrahenten, die bis zum Schluss um die Vormachtstellung kämpfen. Nichts könnte weiter von der Wahrheit entfernt sein. Der Kampf zwischen Gott und dem Teufel ist ein ungleicher Kampf. Gott ist allmächtig, der Teufel nicht. So einfach ist das. Der Teufel ist ein erschaffenes Wesen und Gott in keiner Weise ebenbürtig. Nicht einmal annähernd. Das beweisen mindestens sieben Punkte.

1. Der Teufel konnte Gott mit seiner Rebellion nicht vom Thron verdrängen. Als er sich auflehnte, vertrieb Gott ihn aus seiner Gegenwart.
2. Offensichtlich liefern alle gefallenen und nicht gefallenen Engel Gott regelmässig Bericht ab (Hi 1,6; 2,1). Das beweist Gottes Autorität über den Teufel und seine Engel.
3. In Hiob 1–2 legt Gott dem Teufel klare Grenzen und Beschränkungen auf. Der Teufel konnte Hiob nicht ohne Gottes Erlaubnis peinigen, und Gott begrenzte das Ausmass der Leiden, die der Teufel ihm zufügen durfte.
4. Der Teufel konnte Jesus nicht zur Sünde verführen (Mt 4,1–11).
5. Der Teufel wird Gott am Ende nicht besiegen können (Offb 19,11–21).

6. Der Teufel wird 1000 Jahre lang im Abgrund gebunden werden (Offb 20,1–3).
7. Gott wird den Teufel für immer im Feuersee bestrafen (Offb 20,10).

Robert Lightner bringt es treffend zum Ausdruck:

> Der Teufel sollte nie so gesehen werden, als wäre er Gott ebenbürtig und könnte mit ihm um die Kontrolle über die Welt konkurrieren. Gott und der Teufel ähneln nicht der hellen und der dunklen Seite der «Macht» wie in den Star-Wars-Filmen. ... Sie befinden sich nicht in einem kosmischen Kampf, um die Kontrolle über die Welt zu gewinnen, denn Gott allein hat die souveräne Kontrolle. Der Teufel ist wie ein Hund an der Leine seines Herrn. Ohne Gottes Erlaubnis kann er nichts tun – nirgendwo, zu keiner Zeit und niemandem. Ja, er ist Gottes und unser Feind, aber ein Feind, der Gott gehorchen muss, auch wenn er es hasst.[1]

Erwin Lutzer stimmt dem zu.

> Der Teufel ist in seiner Rebellion ebenso Gottes Diener, wie er es in den Tagen seines Gehorsams war. Auch heute kann er nicht ohne Gottes ausdrückliches Einverständnis handeln; ohne Gottes Einwilligung und Zustimmung kann er weder jemanden versuchen noch zu etwas zwingen oder auch nur einen einzigen Plan ausführen.[2]

Wie Martin Luther bekanntlich sagte: «Der Teufel ist Gottes Teufel.»

Um die Grenzen der Macht und des Einflusses des Teufels zusammenzufassen: «Er ist mächtig, aber nicht allmächtig. Er ist schlau, aber nicht allwissend. Er kann durch das Universum reisen, aber er ist nicht allgegenwärtig.»[3]

## 28. Sollten sich Christen vor dem Teufel fürchten?

Wenn wir über das Thema Angst nachdenken, müssen wir uns bewusst machen, dass nicht jede Angst schlecht ist. Manche Formen von Angst sind gut, andere nicht. Eine nützliche Angst dient einem guten Zweck. Sie ist ein Schutzmechanismus. Angst ist eine angemessene Reaktion auf ein brennendes Gebäude oder einen knurrenden Hund. Ein gesundes Mass an Angst kann ein Kind davor bewahren, über eine stark befahrene Strasse zu rennen. Eine gesunde Angst schützt uns. Und jeder Mensch braucht eine bestimmte Form von Angst – die Furcht Gottes oder Ehrfurcht vor ihm.

Die Furcht Gottes ist der Schlüssel im Kampf gegen schädliche Ängste. Wenn wir Gott fürchten, brauchen wir keine Angst vor anderen Dingen zu haben. Wer Gott fürchtet, muss nichts anderes fürchten. Wenn Christus in uns gross ist, sind unsere Ängste klein. Wenn die Gottesfurcht in uns zunimmt, verringern sich die Angst vor dem Leben und dem Sterben, einschliesslich der Angst vor dem Teufel.

Der Teufel ist zweifellos ein mächtiges Geistwesen. Er ist ein erbitterter Feind. Aber Gläubige sollten keine Angst vor ihm haben. Ihn zu fürchten, ist eine schlechte oder falsche Angst. In Matthäus 10,28 sagte Jesus: «Und fürchtet euch nicht vor denen, die den Leib töten, die Seele aber nicht zu töten vermögen; fürchtet vielmehr den, der Seele und Leib verderben kann in der Hölle!» Gläubige haben nicht einen Geist der Furchtsamkeit empfangen (2. Tim 1,7).

Das gibt uns aber nicht die Freiheit, ins andere Extrem auszuschlagen und uns über den Teufel lustig zu machen, ihn zu lästern oder zu beleidigen. Ein solches Verhalten ist töricht und unbiblisch (2. Petr 2,10; Jud 1,8–9). Wir sollen vor dem Teufel nicht zittern, aber ebenso wenig dürfen wir ihn bagatellisieren. Das ganze Volk Gottes würde gut daran tun, sich an die beruhigenden Worte von Martin Luther zu erinnern.

Und obwohl diese Welt mit Teufeln erfüllt,
die drohen, uns zugrunde zu richten;
Werden wir uns nicht fürchten, denn Gott hat bestimmt,
dass seine Wahrheit durch uns triumphiert.

## 29. Wie bekommt der Teufel Zugang zum Leben eines Menschen?

In Epheser 4,26–27 finden wir Hinweise, dass Dämonen durch unser Verhalten Zutritt zu unserem Leben bekommen. «Zürnt ihr, so sündigt nicht; die Sonne gehe nicht unter über eurem Zorn! Gebt auch nicht Raum dem Teufel!» Anhaltender Zorn wird als eine Sünde herausgestellt, die dem Teufel die Gelegenheit bietet, uns zum Scheitern zu bringen und uns zu besiegen. Dämonen nutzen sie, um in uns Groll und Verbitterung zu nähren, was sich verheerend auf unsere Seele auswirkt.

Es wäre jedoch kurzsichtig zu glauben, dass Zorn die einzige Sünde ist, die sich Dämonen zunutze machen. Wir können mit Sicherheit davon ausgehen, dass sie auf jede sündige Einstellung oder Handlung Einfluss haben, inklusive Homosexualität, Pornografie, Habgier, grenzenlosen Ehrgeiz, Unversöhnlichkeit und Eifersucht. Wir müssen der Sünde gnadenlos widerstehen, da sie uns angreifbar macht und es dem Feind gestattet, uns so nahe zu kommen, dass er seine brennenden Pfeile auf uns abfeuern kann.

Ein haitianischer Pastor machte seiner Gemeinde einmal deutlich, wie wichtig es ist, dem Feind keinen Ansatzpunkt zu geben. Er erzählte ihnen von einem Mann, der sein Haus für 2000 Dollar verkaufen wollte. Eine andere Familie wollte es unbedingt haben, konnte aber nicht den vollen Preis bezahlen. Nach ernsthaftem Feilschen willigte der Besitzer ein, das Haus für die Hälfte des geforderten Preises zu verkaufen, unter einer Bedingung: Er würde die Eigentumsrechte an einem kleinen Nagel direkt über der Tür behalten.

Nach mehreren Jahren entschloss sich der ursprüngliche Besitzer, dass Haus zurückzuverlangen, aber die neuen Eigentümer waren nicht bereit, es ihm zu verkaufen. So nahm er den Kadaver eines toten Hundes und hängte ihn an den Nagel, der noch ihm gehörte. Schon bald wurde das Haus unbewohnbar, und die Familie sah sich gezwungen, es dem Besitzer des Nagels zu verkaufen.

Der haitianische Pastor kam zu dem Schluss: «Wenn wir dem Teufel nur einen kleinen Haken in unserem Leben überlassen, kommt er zurück und hängt seinen fauligen Abfall daran und macht es für einen Christen unbewohnbar.»[1] Der Haken in unserem Herzen verschwindet, wenn wir der Sünde widerstehen oder sie bekennen, wenn wir ihr nachgeben.

## 30. In welcher Verbindung steht der Teufel zu okkulten Dingen?

Das Wort «okkult» stammt von dem Lateinischen *occultus*, dem Verb *occulere*, was verdecken oder verbergen bedeutet. Es bezieht sich auf Dinge, die mysteriös, verborgen, dunkel und versteckt sind. Es umfasst ein breites Spektrum an Praktiken, die angeblich über das menschliche Wissen hinausgehen. Menschen, die sich des Okkulten bedienen, machen sich geheime Mächte nutzbar, um andere Personen oder Umstände zu manipulieren.[1]

Okkulte Praktiken werden im Allgemeinen in drei Hauptkategorien eingeteilt: Wahrsagerei (das Vorhersagen der Zukunft), Magie (Zauberei) und Spiritismus (Kontaktaufnahme zu den Geistern der Verstorbenen). Der Teufel ist der Urheber aller falschen Religionen, inklusive des Okkultismus. In gewisser Weise trat der Teufel ursprünglich mit einer okkulten Versuchung an Adam und Eva heran und versprach ihnen verborgene Informationen, die Gott nicht geoffenbart hatte.

Die Bibel verurteilt eindeutig jede Art von okkulter Praktik (5. Mo 18,9–14), was auch heutige Praktiken einschliesst wie Wahrsagerei, fernöstliche Meditation, Handlesen, Tarotkarten, Channeling, Astralreisen, Astrologie, Ouijabretter, spiritistische Sitzungen, Kristallkugeln und jede andere ähnliche Tätigkeit. Apostelgeschichte 16,16–18 und 19,11–20 bringen das Okkulte in Verbindung mit Dämonismus.

C. Fred Dickason zeigt die Beziehung des Teufels zum Okkulten auf.

> Nicht der ganze Okkultismus ist wirklich satanischen Ursprungs. Habgier und Selbstsucht des Menschen sind für einen Grossteil verantwortlich. 90 Prozent aller Wahrsagerei könnte wohlmöglich auf das Konto von Betrügern und Schwindlern gehen. Dennoch steht der Teufel bereit, um sich auf seine Opfer zu stürzen,

die Interesse am Okkulten zeigen, da dies sein Einflussbereich ist.[2]

Gläubige sollten natürlich nie okkulte Dinge praktizieren oder sich in irgendeiner Form darauf einlassen.

## 31. Sind UFOs das Werk des Teufels und seiner Dämonen?

Meine Familie und ich haben viele Jahre lang Urlaub in Ruidoso, New Mexico, gemacht. Auf dem Weg von Edmond, Oklahoma, nach Ruidoso kommen wir durch Roswell, die UFO-Hauptstadt der Welt. Ich habe die UFO-Museen vor Ort besucht und bin sogar mit dem Eigner des Grundstücks zur angeblichen Absturzstelle vom Juli 1974 nahe Roswell gefahren. Dort drehte gerade eine Gruppe aus Los Angeles einen Dokumentarfilm, und ich sprach einige Zeit mit einem Mann, der zu denen gehörte, die damals an der Absturzstelle waren. Es war ein faszinierendes Gespräch.

Ich habe mich oft gefragt, wie sich die seltsamen Dinge erklären lassen, die die Menschen die Jahrhunderte hindurch gesehen haben. Vielen anderen scheint es genauso zu gehen. Die Popkultur zeigt ein riesiges Interesse an UFOs und Aliens. Filme bombardieren uns permanent mit der Vorstellung von Ausserirdischen und Aliens, die die Erde besuchen.

Am Anfang jeder Diskussion über UFOs steht der entscheidende Punkt, dass die überwältigende Mehrheit der UFO-Sichtungen leicht mit Naturphänomenen zu erklären ist. Bei etwa 95 Prozent aller UFO-Meldungen handelt es sich um IFOs (identifizierte Flugobjekte). Sie stellen sich irrtümlicherweise heraus als identifizierte Planeten (insbesondere die Venus), Sterne, Landelichter von entfernten Flugzeugen, Gase in der Atmosphäre, Wetterballons, Satelliten, Zeppeline oder Luftschiffe, ungewöhnliche Lichter, Raketenstarts und mehrere andere Phänomene. Manche sind auch nur Halluzinationen. Das bedeutet, dass es meistens eine natürliche Erklärung gibt, wenn jemand behauptet, ein UFO gesehen zu haben. Die überwältigende Mehrheit ist auf Naturphänomene zurückzuführen. Wenn wir also über das Wesen von UFOs sprechen, sind nur fünf Prozent aller Sichtungen strittig.

Einige Leute glauben, die Bibel würde Hinweise auf UFOs enthalten. Die am häufigsten angeführten Stellen sind die Wolken- und die Feuersäule, die die Israeliten durch die Wüste begleiteten (2. Mo 13,21–22; 14,19–20), die Theophanie in Hesekiel 1 und der Stern von Bethlehem. Natürlich kann keine dieser Stellen als Hinweis auf UFOs ausgelegt werden.

Manche Christen und viele Nichtchristen glauben, dass es auf anderen Planeten Leben gibt. Alle sind sich einig, dass die Bibel nichts zu diesem Thema sagt. Das häufigste Argument für intelligentes Leben auf anderen Planeten sind die endlosen Weiten des Weltalls: Warum sollte Gott so viele Galaxien erschaffen, wenn er nicht die Absicht hat, sie mit lebendigen Wesen zu bevölkern? Die biblische Antwort findet sich in Psalm 19: Gott nutzt das Universum, um seine Macht und Herrlichkeit zu zeigen. Ron Rhodes liefert folgende Erklärung.

> Wir können sagen, dass das ganze Universum Gottes «Kindergarten» ist, der uns das ABC der Realität Gottes lehren soll. ... Darum hat Gott so viele Sterne und Planeten gemacht – nicht um sie mit zahlreichen Lebensformen zu bevölkern, sondern zum Zeugnis seiner Macht und Herrlichkeit. Es gibt keinen Grund zu behaupten, dass auf diesen Planeten Leben *existiert*, nur weil auf vielen von ihnen Leben *möglich wäre*.[1]

Niemand kann ausserirdisches Leben mit Sicherheit beweisen oder widerlegen, aber ich glaube nicht, dass es auf anderen Planeten intelligentes Leben gibt.

Etwa fünf Prozent aller UFO-Sichtungen entziehen sich einer natürlichen Erklärung und den Gesetzen der Physik. Zu ihnen gehören:

1. Hochgeschwindigkeitsbewegungen ohne die Erzeugung eines Überschallknalls

2. Umdrehen im rechten Winkel oder Stopps während des Flugs bei einer Geschwindigkeit von bis zu 25 000 km/h
3. entsprechend der menschlichen Wahrnehmung wurden im 19. Jahrhundert fliegende Seeschiffe oder Pfeile gesichtet
4. scheinbares Verschwinden im Nichts
5. manchmal können Radar, Fotos oder andere technische Mittel keinen Nachweis erbringen
6. scheinbar beliebiger Wechsel von Form, Grösse oder Farbe

Einige begeisterte Anhänger meinen natürlich, die Regierung habe mit geheimer Technologie hoch entwickelte Raumfahrzeuge hergestellt. Aber dieser Art von Verschwörungstheorie mangelt es an Beweisen, und sie bringt uns nicht weiter. Man möchte annehmen, dass uns mindestens ein Wissenschaftler oder Regierungsbeamter davon berichten würde![2]

Die meisten UFO-Sichtungen haben kein Objekt oder ein Raumschiff zum Inhalt. Es sind Berichte von riesigen, mehrfarbigen, starken, pulsierenden und hypnotischen Lichtern, die oftmals von seltsamen Geräuschen begleitet werden. Mit anderen Worten, UFOs verhalten sich nicht immer wie materielle Objekte. Viele bekannte Forscher merken zudem an, dass UFOs nicht aus dem Weltraum zu kommen scheinen, sondern plötzlich auftauchen, als kämen sie aus einer anderen Dimension. Es wurde nicht beobachtet, dass UFOs sich der Erde von anderen Planeten nähern, sondern ganz plötzlich auftreten, scheinbar aus dem Nichts. Aus diesem Grund werden sie häufig als «interdimensional» klassifiziert. Eine grosse Zahl von hoch angesehenen UFO-Forschern (die Nichtchristen sind) behauptet, dass UFOs und Aliens aus parallelen Dimensionen kommen, nicht von anderen Planeten. Die UFOs springen einfach in unsere Dimension und wieder heraus.

Aufgrund meiner eigenen Nachforschungen komme ich zu dem Schluss, dass es keine echten UFOs, Aliens oder Ausserirdischen gibt. Die fünf Prozent von unerklärbaren Manifestationen lassen sich wahrscheinlich am besten auf dämonische Mächte zurückführen, die sich als ausserirdische Wesen ausgeben, um die Menschen vom wahren Gott wegzuziehen und abzulenken.

Das wirft die Frage auf, warum Dämonen auf diese Weise erscheinen? Was versprechen sie sich davon? Diesen Punkt mit abschliessender Sicherheit zu behandeln, ist unmöglich, und das Interesse an Ausserirdischen, Leben auf anderen Planeten und der Lüge, dass sich das Leben auf der Erde aus fremden Lebensformen entwickelte, lenkt viele Menschen nur ab. Möglicherweise wird die Welt auf diese Weise auch auf verschiedene Formen der Täuschung in der Endzeit vorbereitet. Der Glaube an UFOs stillt den spirituellen Hunger vieler Menschen durch angebliche höhere Quellen der Erkenntnis und Erfahrung. Das alles entspricht dem biblischen Porträt des Teufels als verkleideter Betrüger (2. Kor 11,14).

Kurz gesagt, der Teufel wird alles tun, um die Menschen von ihrer wahren geistlichen Not und Gottes Antwort darauf in Jesus Christus abzulenken. Als UFOs oder Ausserirdische getarnte, dämonische Erscheinungen sind nur eine weitere Taktik des Teufels, um die Menschen zu täuschen, zu betrügen, in Angst zu versetzen, durcheinanderzubringen und irrezuführen.

## 32. Können der Teufel und die Dämonen errettet werden?

Die Bibel macht unmissverständlich deutlich, dass der Teufel und seine Dämonen nicht erlöst werden. Offenbarung 20,10 sagt, dass ihr letzter Bestimmungsort der Feuersee ist (s. auch Mt 8,29; Mk 1,24). Obwohl sie diese Tatsache anerkennen, fragen sich manche Leute, ob der Teufel und die Dämonen nicht doch errettet werden könnten. Ist das möglich, auch wenn wir wissen, dass sie keine Busse tun werden? Gibt es eine Möglichkeit für sie, Busse zu tun und erlöst zu werden? In Hebräer 2,14–16 gibt uns die Bibel die Antwort.

> Da nun die Kinder an Fleisch und Blut Anteil haben, ist er gleichermassen dessen teilhaftig geworden, damit er durch den Tod den ausser Wirksamkeit setzte, der die Macht des Todes hatte, nämlich den Teufel, und alle diejenigen befreite, die durch Todesfurcht ihr ganzes Leben hindurch in Knechtschaft gehalten wurden. Denn er nimmt sich ja nicht der Engel an, sondern des Samens Abrahams nimmt er sich an.

Diese Stelle sagt uns, dass Jesus Fleisch und Blut annahm. Er wurde ganz Mensch. Er wurde einer von uns, um uns von der Macht der Sünde und des Teufels zu befreien. Er nahm menschliche Gestalt an und starb stellvertretend für Sünder. Der eine starb für die vielen. Aber Hebräer 2,16 macht klar, dass Jesus sich nicht um die Engel kümmerte – er traf keine Vorkehrung für ihre Errettung.

Das heisst, Jesus wurde kein Engel, um für die Engel zu sterben. Wir dürfen auch nicht vergessen, dass Engel keine Rasse sind wie Menschen. Alle Menschen stammen von einem Mann und einer Frau ab. Als Adam in Sünde fiel, wurde die ganze menschliche Rasse in Sünde gestürzt (Röm 5,12). Engel hingegen heiraten nicht und pflanzen sich auch nicht fort (Mk 12,25). Jeder Engel ist eine besondere Schöpfung Gottes. Jeder hat seine eigene Entscheidung getroffen, ob er sich der Rebellion des Teufels anschliesst oder Gott treu bleibt. Nicht alle sind mit dem Teufel gefallen.

Da Menschen eine Rasse sind, konnte Jesus ein Mensch werden und für alle Menschen sterben. Er konnte kein Engel werden und für alle Engel sterben. Es gibt kein Sühneopfer für die Sünde des Teufels und der gefallenen Engel, daher ist für ihre Übertretung keine Vergebung möglich.

## 33. Was bedeutet «dem Satan übergeben»?

Die Gemeinde in Korinth war die fleischlichste und uneinigste Gemeinde, an die sich der Apostel Paulus wandte. Die Gemeinde litt unter Unordnung, Spaltungen und anderen Schwierigkeiten. Sexuelle Unmoral hatte sich ungezügelt ausgebreitet. Eines der schwerwiegenderen Probleme der Gemeinde war das sexuelle Verhältnis zwischen einem Gemeindeglied und der Frau seines Vaters. «Überhaupt hört man von Unzucht unter euch, und zwar von einer solchen Unzucht, die selbst unter den Heiden unerhört ist, dass nämlich einer die Frau seines Vaters hat!» (1. Kor 5,1). Die Frau war seine Stiefmutter, nicht seine leibliche Mutter. Nichtsdestotrotz war das in Gottes Augen eine inzestuöse Beziehung (3. Mo 18,7–8). Statt über diese skandalöse Sünde zu trauern, nahmen die Korinther sie leider hin und waren mit ihr vielleicht sogar einverstanden. Paulus' Reaktion war eindeutig und entschlossen.

> Denn ich als dem Leib nach abwesend, dem Geist nach aber anwesend, habe schon, als wäre ich anwesend, über den, der dies auf solche Weise begangen hat, beschlossen, den Betreffenden im Namen unseres Herrn Jesus Christus und nachdem euer und mein Geist sich mit der Kraft unseres Herrn Jesus Christus vereinigt hat, dem Satan zu übergeben zum Verderben des Fleisches, damit der Geist gerettet werde am Tag des Herrn Jesus (1. Kor 5,3–5).

Was bedeutete es, dass dieser Mann dem Teufel übergeben wurde? «Es bedeutet, dass der Schuldige aus der Gemeinde ausgeschlossen und ihm so der Schutz der Gemeinschaft genommen wurde. In Vers 2 sagte Paulus klar, dass der Sünder aus ihrer Mitte entfernt werden sollte. Er sollte von der Gemeinschaft der Kinder Gottes und dem Tisch des Herrn ausgeschlossen werden.»[1] Den unbussfertigen Sünder dem Teufel zu übergeben, bedeutete im Grunde, ihn aus der

Gemeinde zu entfernen und ihn dem Herrschaftsbereich des Teufels zu überantworten. Das «Verderben des Fleisches» bezieht sich wahrscheinlich auf körperliche Krankheiten und sogar den Tod.

> In jedem Fall unterscheidet sich Paulus' Anweisung deutlich von der Praxis der heutigen «Spiritual Warfare»-Bewegung. Statt Menschen aus der Macht des Teufels zu befreien, sagte er, hat die Gemeinde hin und wieder die Verantwortung, ihm eine Person zu übergeben! Das ist eine Form des Dienstes, über den heute nur wenige Menschen reden.[2]

1. Timotheus 1,18–20 ist die einzige andere Bibelstelle, in der erwähnt wird, dass jemand dem Teufel übergeben wurde.

> Dieses Gebot vertraue ich dir an, mein Sohn Timotheus, gemäss den früher über dich ergangenen Weissagungen, damit du durch sie gestärkt den guten Kampf kämpfst, indem du den Glauben und ein gutes Gewissen bewahrst. Dieses haben einige von sich gestossen und darum im Glauben Schiffbruch erlitten. Zu ihnen gehören Hymenäus und Alexander, die ich dem Satan übergeben habe, damit sie gezüchtigt werden und nicht mehr lästern.

Diese beiden Männer waren in der Gemeinde von Ephesus zweifellos führend in der Verbreitung falscher Lehre. Sie sollten als Zuchtmassnahme aus der Gemeinde ausgeschlossen werden, «damit sie gezüchtigt werden und nicht mehr lästern». Das mit «gezüchtigt» übersetzte griechische Wort meint strafende, körperliche Züchtigung (s. 1. Kor 11,32). Homer Kent erklärt uns:

> Der Ausschluss aus der Gemeinde [Gemeindezucht] entlässt den Sünder zurück in die Welt, den Herrschaftsbereich des Teufels. Jemanden dem Teufel zu übergeben, kann folglich als eine Entlassung in die Welt verstanden werden. ... Ein solcher Gemeinde-

> ausschluss hatte eine erzieherische Absicht. Wäre den falschen Lehrern erlaubt, ihre bösen Praktiken weiter zu betreiben, würden sie nicht nur andere in die Irre führen, sondern sich auch selbst in dem Gefühl falscher geistlicher Sicherheit wiegen. Durch die Entlassung in den Bereich des Teufels müssen sich die Sünder jedoch mit dem Problem auseinandersetzen. Wenn sie wirklich errettet sind, bekommen sie so die Chance, ihren Fehler zu erkennen und ihre Sünde aufzugeben.[3]

Diese Texte zeigen die ernüchternde Wahrheit, dass Gott den Teufel als Instrument benutzt, um Menschen in der Gemeinde zu richten. Dasselbe tat er im Alten Testament mit König Saul. Als Saul sich entschloss, seinen eigenen Weg zu gehen, statt dem Herrn zu folgen, erlaubte Gott es einem Dämon, ihn zu quälen und in Angst und Schrecken zu versetzen (1. Sam 16,14). Viele fragen sich, ob Saul ein echter Gläubiger war, aber 1. Samuel 28,19 lässt erkennen, dass er nach seinem Tod zum Propheten Samuel ging, der eindeutig ein Gläubiger war.

Ausserdem lag bei Saul keine dämonische Besessenheit vor, daher kann er auch nicht als Beispiel für einen dämonisch besessenen Gläubigen verwendet werden. Er wurde von ihnen beunruhigt und beeinflusst, aber nicht besessen. Gott übergab ihn dem Teufel als Gericht für seine Sünden, und der Dämon brachte ihn dazu, David aus Eifersucht töten zu wollen. Zuweilen benutzt Gott den Teufel, um bekennende Christen für ihre Sünden zu züchtigen und sie zur Vernunft zu bringen.

## 34. Warum stritt der Teufel mit dem Erzengel Michael über den Leib Mose?

Das Buch Judas, das einige als Vorzimmer oder Einleitung zur Offenbarung betrachten, enthält eine interessante Bemerkung über die Konfrontation zwischen Michael und dem Teufel anlässlich des toten Körpers von Mose. «Der Erzengel Michael dagegen, als er mit dem Teufel Streit hatte und über den Leib Moses verhandelte, wagte kein lästerndes Urteil zu fällen, sondern sprach: Der Herr strafe dich!» (Jud 1,9).

Judas zitiert aus einem Buch des 1. Jahrhunderts mit dem Titel *The Assumption of Moses* (Moses Himmelfahrt). In Italien fand man eine Kopie dieses Werkes, die zum ersten Mal 1861 veröffentlicht wurde. Dass Judas einen kleinen Ausschnitt aus diesem Buch zitiert, heisst nicht, dass er das ganze Buch für inspiriert und für einen Teil der Schrift hielt. Die biblischen Schreiber zitieren hin und wieder ausserbiblische Texte, um ein Argument zu untermauern, aber das bedeutet nicht gleich, dass das ganze Werk inspiriert ist (s. Tit 1,12). Judas 1,14 zitiert ein weiteres nichtkanonisches Buch, das als 1. Henoch bekannt ist.

Es bleibt jedoch die Frage: Warum wollte der Teufel den Leib Moses? *The Assumption of Moses* führt zwei Gründe dafür an, warum der Teufel meinte, dass der Leib ihm gegeben werden sollte: weil Mose einen Ägypter umgebracht hatte und weil der Teufel der König des Todes ist und ein Recht auf alle toten Körper hat.

Beide Erklärungen könnten richtig sein, aber Bibellehrer und Theologen haben zwei andere Gründe angeführt.

1. Möglicherweise wollte der Teufel den Leib, um Mose eine Art Heiligtum oder ein heiliges Relikt zu schaffen, das er verwenden konnte, um das Volk zum Götzendienst zu verleiten. Da das Volk zum Götzendienst neigte, macht das durchaus Sinn.

Dieser Gedanke ist umso glaubwürdiger, da die Israeliten später die eherne Schlange anbeteten, die Mose gemacht hatte, um die Schlangenplage in Schranken zu halten (2. Kö 18,4).

2. Vielleicht wollte der Teufel aber auch verhindern, dass Mose mit Elia und Jesus auf dem Berg der Verklärung erscheint (Mt 17,1–8). Das Hauptproblem bei dieser Sicht ist: Sie setzt voraus, dass der Teufel wusste, dass Mose zukünftig einmal auf dem Berg erscheinen würde. Das scheint dem Teufel zu viel Wissen einzuräumen.

Wir können nicht mit Sicherheit sagen, aus welchem Grund sich der Erzengel Michael und der Teufel über den Leib Mose stritten. Allerdings dient diese Begebenheit als eine weitere Erinnerung an die Macht des Teufels und seine Bereitschaft, alles zu nutzen, um seine verschlagenen Absichten zu erreichen.

## 35. Was ist die «Synagoge des Satans» in Offenbarung 2,9?

Der leidenden Gemeinde in Smyrna schrieb Jesus: «Ich kenne deine Werke und deine Drangsal und deine Armut – du bist aber reich! – und die Lästerung von denen, die sagen, sie seien Juden und sind es nicht, sondern eine Synagoge des Satans» (Offb 2,9). Die Gläubigen in der Stadt Smyrna im Westen Kleinasiens (der heutigen Türkei) wurden offensichtlich von einer Gruppe jüdischer Agitatoren verfolgt. Christenverfolgungen durch Juden waren zu neutestamentlichen Zeiten weit verbreitet (Apg 13,50; 14,2.5.19; 17,5; 26,2; 1. Thes 2,14–15).

Diese Gegner der Gemeinde in Smyrna werden physisch und äusserlich als Juden identifiziert, aber Jesus sagte, innerlich wären sie keine wahren Juden – d. h., sie hatten keine echte Beschneidung des Herzens durch den Glauben an Christus erlebt. Robert Thomas erklärt den Ausdruck «Synagoge des Satans», den Jesus für sie verwendet.

> Nach den Worten Jesu sind sie vielmehr eine Synagoge des Satans. Natürlich ist nicht das Gebäude gemeint, sondern die Menschen, die sich dort versammelten. Sie trafen sich und planten ihren Angriff auf die Gemeinde und stellten sich dem Teufel zur Verfügung, um seinen Willen zu tun. Möglicherweise behaupteten sie, sie wären die Versammlung des Herrn ... aber in den Augen des Himmels waren die Leute keine echten Juden, sondern Abgesandte des Hauptgegners Gottes und seines Volkes, des Teufels oder Satans.[1]

Wie die Juden in Johannes 8,31–44 behaupteten diese Juden in Smyrna, Nachkommen Abrahams zu sein, waren aber eigentlich Kinder des Teufels und verfolgten die Gemeinde.

## 36. Was ist der «Thron des Satans» in Offenbarung 2,13?

In seinem Sendschreiben an die Gemeinde in Pergamus sagte Jesus: «Ich ... weiss, wo du wohnst: da, wo der Thron des Satans ist, und dass du an meinem Namen festhältst und den Glauben an mich nicht verleugnet hast, auch in den Tagen, in denen Antipas mein treuer Zeuge war, der bei euch getötet wurde, da, wo der Satan wohnt.» Zwei Mal spricht Jesus in diesem Vers davon, dass der Teufel in Pergamus ist. Es gibt vier wesentliche Ansichten, warum Pergamus Satans Thron genannt wird:

1. Pergamus war der Sitz der Anbetung Asklepios, ein griechischer Gott, dessen Bildnis eine Schlange beinhaltete. Dort stand ein Tempel, der Asklepios gewidmet war. In den Augen der Gläubigen stand Asklepios aufgrund der Schlangen mit dem Teufel in Verbindung.
2. Der grosse Altar von Zeus, mit einer Höhe von 12 Metern, stand auf der Akropolis in Pergamus. Es ist ein überwältigender Anblick. Zeus war der König der Götter, das könnte Pergamus zum «Thron des Satans» gemacht haben.
3. Pergamus war voller Tempel und Götzen von Göttern: Asklepios, Zeus, Athene, Dionysius und Demeter. Sie war äusserlich wohlmöglich die heidnischste der in Offenbarung 2–3 erwähnten Städte.
4. Auch die Anbetung des Kaisers war in Pergamus deutlich sichtbar. Es war ein offizielles Zentrum des Kaiserkults.

Jede dieser Ansichten ist denkbar, oder sogar eine Kombination aus ihnen, ich jedoch ziehe den zweiten vor. Die Anwesenheit dieses eindrucksvollen Altars von Zeus und seine herausragende Position in der Stadt machten Pergamus zu einem besonders heidnischen Ort, so als hätte der Teufel sein Hauptquartier dort aufgeschlagen.

## 37. Lebt der Teufel in der Hölle?

Karikaturisten zeichnen den Teufel mit Hörnern, einem roten Kostüm und einer Heugabel. Ein anderer verbreiteter Irrglaube ist, dass er gegenwärtig in der Hölle verweilt. Der endgültige Bestimmungsort des Teufels ist die Hölle oder der Feuersee (Offb 20,10), aber im Augenblick ist er noch «der Gott dieser Weltzeit» (2. Kor 4,4) und der «Fürst, der in der Luft herrscht» (Eph 2,2), der umhergeht «wie ein brüllender Löwe und sucht, wen er verschlingen kann» (1. Petr 5,8). Der Teufel und seine Dämonen durchstreifen ruhelos Himmel und Erde. Laut Hiob 1–2 haben sie sogar begrenzten Zutritt zum dritten Himmel, wo der Teufel die Gläubigen vor dem Thron Gottes anklagt, so wie er es mit Hiob tat (s. auch Offb 12,10). Der Teufel ist für die Hölle bestimmt, aber zurzeit lebt er noch in der unsichtbaren Geisterwelt und auf dem Planeten Erde.

## 38. War Jesus nach seinem Tod drei Tage lang in der Hölle, um vom Teufel gequält zu werden?

Schon immer haben sich Menschen gefragt, wo Jesus zwischen seinem Tod und seiner Auferstehung war und was er getan hat. Sein Körper lag offensichtlich im Grab, aber wo war sein Geist? Das Apostolische Glaubensbekenntnis unterstützt die Vorstellung, dass Jesus in diesem Zeitabschnitt die Unterwelt besuchte. Das wird oftmals als *descensus ad infernus* (der Abstieg ins Inferno) bezeichnet.

> Ich glaube an Gott, den Vater, den Allmächtigen,
> den Schöpfer des Himmels und der Erde;
> und an Jesus Christus, seinen einzigen Sohn, unseren Herrn,
> der empfangen wurde vom Heiligen Geist,
> geboren von der Jungfrau Maria,
> gelitten hat unter Pontius Pilatus,
> gekreuzigt, gestorben und begraben ist,
> *niedergefahren ist zur Hölle,*
> am dritten Tage wieder auferstanden ist von den Toten,
> aufgestiegen ist zum Himmel,
> sitzt zur Rechten Gottes, des allmächtigen Vaters,
> von wo er kommen wird,
> zu richten die Lebendigen und die Toten.
> Ich glaube an den Heiligen Geist,
> die heilige katholische Kirche,
> die Gemeinschaft der Heiligen,
> Vergebung der Sünden,
> Auferstehung des Fleisches (und) ewiges Leben.[1]
> *(Hervorhebung durch den Autor)*

Die Worte «niedergefahren ist zur Hölle» sind die umstrittensten. Dieser Satz stand nicht in den frühsten Versionen, sondern wurde im 3. Jahrhundert hinzugefügt.

Eine irrige Ansicht darüber, wo Jesus nach seinem Tod war und was mit ihm passierte, besagt, dass er in die Hölle ging, um vom Teufel gequält zu werden und das Lösegeld für Sünder zu bezahlen. Es wird häufig die Lösegeld-Theorie der Sühnung genannt. Die von Origenes (185–254 n. Chr.) entwickelte und von Augustinus vertretene Theorie lehrt, dass der Teufel Menschen gefangen hält als Sieger im Krieg und ihm daher ein Lösegeld zusteht. Um den Rechtsanspruch zufriedenzustellen, dass der Teufel über die Menschheit gesiegt hat, bezahlte Christus ihm das Lösegeld, indem er in der Hölle von ihm gequält wurde. Diese Sichtweise ist unter vielen «Word of Faith»-Predigern, die sie bis zum Äussersten treiben, auch heute noch ziemlich populär.

Fünf ernsthafte Probleme machen diese Sicht biblisch inakzeptabel.

1. Vor seinem Kreuzestod machte Jesus klar, dass er anschliessend ins Paradies gehen würde (Lk 23,43). Das Paradies ist die Gegenwart Gottes im Himmel (s. 2. Kor 12,4; Offb 2,7). Daher wissen wir, dass der Geist Jesu in den Himmel ging, als er starb, nicht in die Hölle.
2. Die Schrift deutet nicht an, dass der Teufel irgendeinen rechtlichen Anspruch auf Sünder hat. Diese Sicht erkennt ihm eine viel zu wichtige Rolle zu.
3. Der Teufel ist nicht derjenige, der zufriedengestellt werden muss, damit Sünder erlöst werden können. Sünde richtet sich gegen Gott, und er ist derjenige, dessen Gerechtigkeit, Heiligkeit und Zorn gestillt und besänftigt werden müssen.
4. Die Schrift lehrt, dass das Sühneopfer Christi für Gott den Vater war. Epheser 5,2 sagt: «Wandelt in der Liebe, gleichwie auch Christus uns geliebt und sich selbst für uns gegeben hat als Darbringung und Schlachtopfer, zu einem lieblichen Geruch für Gott.»

5. Bevor Jesus am Kreuz den Geist aufgab, rief er triumphierend aus: «Es ist vollbracht!» Das Erlösungswerk war durch den Tod Christi vollbracht. Um das Sühnewerk zum Abschluss zu bringen, musste er nicht in die Hölle gehen und vom Teufel gepeinigt werden.

Ich glaube, dass Jesus zwischen seinem Tod und seiner Auferstehung kurz in der Unterwelt war, um den dort befindlichen dämonischen Geistern seinen Sieg zu verkünden. Darauf werden wir aber in Frage 64 noch zu sprechen kommen.

## 39. Wird der Antichrist der Teufel in Person sein?

Die Schrift stellt den Antichrist als vollständige Fälschung des wahren Christus dar. Er ist das Alter Ego Christi. Ist es möglich, dass er auch das Ergebnis einer vorgetäuschten Jungfrauengeburt ist? Dass er der Sohn des Teufels sein wird? Der Teufel in Person? Einige Studenten der biblischen Prophetie behaupten, so wie Christus das Produkt einer menschlichen Mutter und des Heiligen Geistes war (der Gott und Mensch), wird der Antichrist das Ergebnis einer menschlichen Mutter und des Teufels selbst sein (der falsche Gott und Mensch, bzw. der Teufel und Mensch). Das war die Sichtweise von Hieronymus im 4. Jahrhundert nach Christus. Als falscher Sohn würde er einen übernatürlichen Ursprung haben. Er würde buchstäblich der Sohn des Teufels sein. Hollywood hat die Vorstellung aufgegriffen und sie populär gemacht in Filmen wie *Rosemaries Baby* (1968) und *Das Omen* (1976). In *Rosemaries Baby* geht ein römisch-katholisches Paar (gespielt von Mia Farrow und John Cassavetes) einen Pakt mit dem Teufel ein. Als Folge bringt die Frau den menschgewordenen Teufel zur Welt. Der Film ist dunkel und verstörend – gibt es eine biblische Grundlage für diese Sicht über den Mensch der Sünde?

Biblische Unterstützung für diese Vorstellung wird in erster Linie aus 1. Mose 3,15 gezogen, wo der Herr die Schlange verfluchte und sagte:

> Und ich will Feindschaft setzen
> zwischen dir und der Frau,
> zwischen deinem Samen und ihrem Samen:
> Er wird dir den Kopf zertreten,
> und du wirst ihn in die Ferse stechen.

Der Nachkomme der Frau in dieser Stelle ist eindeutig der kommende Messias oder Befreier, der der Schlange ein für allemal den Kopf zertreten würde. Aber beachten Sie, dass hier auch von «deinem Samen» die Rede ist, oder dem des Teufels, der der Erzfeind des Nachkommens der Frau sein wird. Jene, die an einem übernatürlichen Ursprung des Antichristen festhalten, sehen in 1. Mose 3,15 gleichermassen die erste Prophezeiung über den kommenden Messias wie die erste Prophezeiung über den Antichristen.

Eine übernatürliche Abstammung des Antichristen ist sicherlich möglich, es scheint aber besser, den Antichristen nicht für den buchstäblichen Sohn des Teufels zu halten, sondern für einen Mann, der vom Teufel vollständig kontrolliert wird. Der Antichrist wird in der Schrift durchgehend als Mensch dargestellt. In 2. Thessalonicher 2,9 lesen wir über seine Person und sein Werk: «Ihn, dessen Kommen aufgrund der Wirkung des Satans erfolgt, unter Entfaltung aller betrügerischen Kräfte, Zeichen und Wunder.» Der Antichrist wird als ein böser Mann beschrieben, der von der Macht des Satans angetrieben wird und sein böses Werk ausübt.

Offenbarung 13,4 sagt, dass der Drache (der Teufel) seine Macht dem Tier (dem Antichristen) gibt. Dieser Vers lehrt, dass der Antichrist tun kann, was er tut, nicht weil er der Nachkomme des Teufels ist, sondern weil der Teufel ihn bevollmächtigt und antreibt als sein auserwähltes menschliches Instrument, durch das er die Weltherrschaft anstrebt.

Ein Mann namens Adso schrieb um 950 n. Chr. ein Buch mit dem Titel *Letter on the Origin and Time of the Antichrist* (Brief über die Herkunft und Zeit des Antichristen). In seinem Werk widersprach er der Sicht vieler seiner Zeitgenossen, dass der Antichrist von einer Jungfrau geboren wird. Er meinte, der Antichrist würde aus der Vereinigung eines menschlichen Vaters mit einer menschlichen Mutter hervorgehen. Doch Adso behauptete, «er würde vollkommen in Sünde gezeugt, empfangen und geboren werden. Der Teufel wird im Augenblick der Empfängnis in den Leib seiner Mutter dringen.

Er wird von der Macht des Teufels herangezogen und im Mutterleib beschützt werden».

Adsos Sicht, die zur vorherrschenden in der Kirchengeschichte wurde, scheint mit der Art und Weise, wie der Antichrist in der Bibel beschrieben wird, am ehesten übereinzustimmen. Ob Satan im Augenblick der Empfängnis in den Antichrist kommen wird, ist strittig, aber der wesentliche Punkt bleibt bestehen: Der Antichrist wird vollständig menschlich und doch gleichzeitig ganz und gar vom Teufel besessen sein. Der Drache wird dem Antichristen «seine Kraft und seinen Thron und grosse Vollmacht» geben (Offb 13,2.4).

In Offenbarung 12 wird der Teufel als grosser, feuerroter Drache dargestellt, der als Folge eines grossen kosmischen Krieges aus dem Himmel geworfen wird. Das Kapitel endet mit den Worten «der Drache wurde zornig ... Und er stand auf dem Sand des Meeres», und am Anfang von Kapitel 13 lesen wir: «Und ich sah aus dem Meer ein Tier aufsteigen» (Rev. Elberfelder). Das ist eine dramatische Szene. Satan, der zornige Drache, steht am Strand, wahrscheinlich des Mittelmeeres, und ruft das Tier oder den Antichristen aus dem Völkermeer heraus, sodass er in ihn fahren und seinen Plan zur Weltherrschaft umsetzen kann. Über den Antichristen und seine Beziehung zum Teufel liefert John Phillips folgende anschauliche Beschreibung.

> Die Welt wird bei seinem Auftreten ausser sich vor Freude sein. Er wird scheinbar auf alle ihre Bedürfnisse eine Antwort haben und ganz vom Teufel erfüllt sein. Er wird zum Götzenbild für die ganze Menschheit: gut aussehend, mit einer charmanten, verwegenen, sorglosen Persönlichkeit, ein Genie, völlig bewandert in allen wissenschaftlichen Fachgebieten, mutig wie ein Löwe und umgeben von einer geheimnisvollen Aura, die die Vorstellungskraft anregt oder das Blut gefrieren lässt, so wie die Situation es erfordert, ein brillanter Gesprächspartner in einer ganzen Reihe von Sprachen, ein faszinierender Redner, der die Menschen für sich gewinnt.[1]

An anderer Stelle schreibt Phillips:

> Der Antichrist wird eine anziehende und charismatische Gestalt sein, ein Genie, ein von Dämonen beherrschter und vom Teufel unterrichteter Charmeur, der die Menschen für sich gewinnt. Er wird Antworten auf die gewaltigen Probleme der Menschheit haben. Er wird alles für alle Menschen sein: ein politisch erfahrener Staatsmann, ein Salonlöwe, ein finanzieller Zauberer, ein intellektueller Gigant, ein religiöser Betrüger, ein meisterlicher Redner, ein begnadeter Organisator. Er wird das trügerische Meisterwerk des Teufels und der falsche Messias der Welt sein. Mit grenzenlosem Enthusiasmus werden die Massen ihm folgen und ihm bereitwillig den Thron ihres Herzens überlassen als dem Erlöser und Gott der Welt.[2]

Bei all den Entwicklungen, die wir gegenwärtig erleben, fragen sich viele, ob das Meisterwerk des Teufels heute schon lebt. Ed Hindson warnt uns: «Eine unheilvolle Person zieht drohend am Horizont der menschlichen Existenz herauf. Im Augenblick mag er noch im Schatten lauern, aber er könnte jederzeit plötzlich hervortreten.»[3] Der Prophetielehrer Gary Frazier zeichnet das folgende erschreckende Bild:

> In diesem Augenblick reift möglicherweise irgendwo ein junger Mann heran. Aller Wahrscheinlichkeit nach ist er ein aufmerksamer, nachdenklicher junger Mann. In seinem Herzen jedoch tobt eine mörderische Wut. Sie brodelt wie ein Kessel voll geschmolzenem Blei. Er hasst Gott. Er verachtet Jesus Christus. Er verabscheut die Gemeinde. In seinen Gedanken träumt er von Eroberung. In seiner Verschlagenheit wird er sich als ein Freund Jesu und der Gemeinde darstellen. Und doch ... wird er, ist er erst einmal an der Macht, die Hölle selbst über die Welt ausschütten. Kann die Welt einen solchen Menschen hervorbringen? Hitler

> war einmal ein kleiner Junge. Stalin ein Knabe. Nero ein Kind. Der Teufel wird die Zartheit der Kindheit in den Schrecken des *Antichristen* verwandeln.[4]

Jesus könnte schon bald zurückkommen. Danken Sie Gott, dass wir auf Christus warten, nicht auf den Antichristen!

## 40. Was ist die «unheilige Dreieinheit»?

Die Existenz der heiligen Dreieinheit ist die Grundlage aller Dinge. Gott – der grosse Drei-in-Einem – existiert, hat schon immer existiert und wird immer existieren. Gott ist trinitarisch – er ist eins in seinem Wesen und besteht doch aus drei Personen. Auf einfache Weise wurde oft gesagt: Gott ist ein *Was* und drei *Wer*. Es gibt einen ewigen, unendlichen Gott, der als drei gleichrangige und genauso ewige Personen existiert – Vater, Sohn und Heiliger Geist.

Der Teufel ist der Meisterfälscher. In der Endzeit wird er die wahre Dreieinheit mit seinem eigenen schrecklichen Trio nachahmen. In Offenbarung 13 finden wir zwei Tiere, die zusammen über die Welt herrschen und vollständig unter dem Einfluss des Teufels stehen werden. Das erste Tier, das aus dem Meer aufsteigt, ist der politische und militärische Führer. Das ist der endgültige Antichrist. Das zweite Tier, das aus der Erde kommt, ist der religiöse und wirtschaftliche Kopf. Es ist auch als der falsche Prophet bekannt (Offb 16,13; 19,20; 20,10). Zusammen mit dem Teufel bilden diese beiden Führer die unheilige Dreieinheit der Endzeit. Der Teufel ist der falsche Vater (der Antivater), das erste Tier der falsche Sohn (der Antichrist) und der falsche Prophet der falsche Geist (der Antigeist). Donald Grey Barnhouse liefert folgende Erklärung:

> Der Teufel unternimmt seinen letzten und grössten Versuch, einen wütenden Versuch, die Macht an sich zu reissen und sein Reich auf der Erde zu errichten. Ihm fällt nichts Besseres ein, als Gott zu imitieren. Da Gott seinen Plan durch die Menschwerdung seines Sohnes und das Werk des Heiligen Geistes erfolgreich ausgeführt hat, wird der Teufel die Menschwerdung in Person des Antichristen und den unheiligen Geist als Mittel wählen.[1]

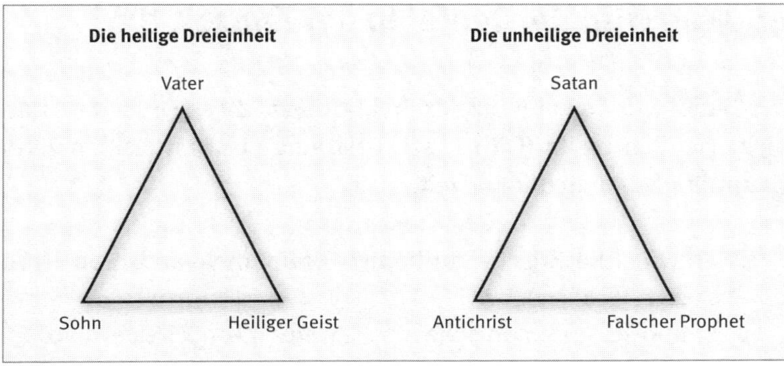


So wie es der Dienst des Heiligen Geistes ist, Christus zu verherrlichen und Menschen zum Glauben an ihn und zur Anbetung seiner Person zu führen, wird es die Hauptaufgabe des falschen Propheten sein, den Antichrist zu verherrlichen und die Menschen dazu zu bringen, ihm zu vertrauen und ihn anzubeten. Die folgende Tabelle enthält fünf wichtige Punkte, die zeigen, wie der falsche Prophet den Dienst des Heiligen Geistes nachahmen wird.

| **Heiliger Geist** | **Falscher Prophet** |
|---|---|
| Weist die Menschen auf Christus hin | Weist die Menschen auf den Antichristen hin |
| Instrument der Offenbarung Gottes | Instrument der Offenbarung des Teufels |
| Versiegelt die Gläubigen für Gott | Kennzeichnet die Ungläubigen mit der Zahl des Antichristen |
| Baut den Leib Christi | Baut das Reich des Antichristen |
| Erleuchtet die Menschen durch die Wahrheit | Täuscht die Menschen mit Wundern |

Die falsche Dreieinheit wird die Welt für eine kurze Zeit beherrschen, aber ihr gemeinsames Schicksal wird der Feuersee sein (Offb 20,10). Sie sind dem grossen Drei-in-Einem nicht ebenbürtig.

## 41. Was wird der Teufel in der Endzeit tun?

Der Teufel wird in der Endzeit sehr aktiv sein, da er weiss, dass ihm nicht viel Zeit bleibt (Offb 12,12). Hier eine Liste mit seinen zehn Hauptttätigkeiten in der Endzeit.

1. Er wird die falsche, unheilige Dreieinheit anführen (Offb 13,2.11–12; 16,13).
2. Er und seine dämonische Armee werden von Michael aus dem Himmel geworfen (Offb 12,7–9).
3. Er wird das jüdische Volk gnadenlos verfolgen (Offb 12,13–15).
4. Er weiss, dass er nur wenig Zeit hat, daher wird er seinen Zorn über der Erde ausschütten (Offb 12,12).
5. Er wird Gottes Volk vor dessen Thron anklagen (Offb 12,10).
6. Er wird die Welt verführen (Offb 12,9; 20,8.10).
7. Er wird die Armeen der Erde bei Harmageddon versammeln (Offb 16,13–14).
8. Er wird 1000 Jahre lang im Abgrund festgehalten werden (Offb 20,3).
9. Er wird aus dem Abgrund freigelassen und einen letzten Aufstand gegen Gott organisieren (Offb 20,7–10).
10. Er wird in den Feuersee geworfen (Offb 20,10).

## 42. Warum ist der Teufel so entschlossen, das jüdische Volk zu vernichten?

In einem Gespräch über Religion fragte Friedrich II., König von Preussen (1740–1786), Joachim von Zieten, ein Kavalleriegeneral, den er als Christen für seine klaren und kompromisslosen Ansichten sehr schätzte: «Geben Sie mir in zwei Worten einen Beweis, dass die Bibel wahr ist!»

Daraufhin erwiderte von Zieten: «Eure Majestät, die Juden!»

General von Zietens Aussage spiegelte nicht nur sein Verständnis von der wundersamen Erhaltung des jüdischen Volkes wider, sondern ebenso seine Überzeugung, dass sie auch deshalb bewahrt wurden, um Gottes unerfüllte Verheissungen einzulösen. Für ihn bewies die Existenz des jüdischen Volkes, dass Gottes Wort wahr war. Denn die Schrift hatte verheissen, dass sie überleben würden, bis sich alles, was über sie prophezeit ist, erfüllt hat. Erstaunlicherweise traf er diese Glaubensaussage zu einer Zeit, als die Juden nicht in ihrem Land Israel lebten und die Mehrheit noch immer unter den Nationen verstreut war.[1]

Das jüdische Volk hat eine lange und sagenumwobene Geschichte, in der es wiederholt Verfolgungen und Pogrome überlebte. Wo immer sie auch lebten, wurden die Juden zweitausend Jahre lang gejagt und gehetzt. Ihr Überlebenskampf reicht weit über alles hinaus, was sich auf rein natürliche Ursachen zurückführen liesse. Hinter dieser unendlich langen Misshandlung einer bestimmten Volksgruppe muss etwas Übernatürliches stehen. Der letztendliche Grund für den Widerstand gegen Israel ist nicht blosse Voreingenommenheit – es ist der Teufel. In Offenbarung 12 wird der Vorhang zurückgezogen und uns die wahre Macht hinter allem Antisemitismus gezeigt. Die Bibel sagt, der Teufel ist der Erzfeind des jüdischen Volkes und Christus, ihrem Messias. Da der Teufel gegen das jüdische Volk Krieg führt, hat Gott den Erzengel Michael zum Beschützer Israels ernannt. Manche haben ihn auch den «Schutzengel Israels» genannt. In Daniel 12,1 wird Daniel gesagt, dass «Michael ... für die Kinder deines Volkes einsteht».

Als Gott Abraham die Verheissung gab, dass der Messias aus seiner Abstammungslinie kommen sollte, begann der Teufel, die Nachkommen Abrahams, das jüdische Volk, zu vernichten, um so das Kommen des Messias zu verhindern. Der Teufel unternahm mehrere gescheiterte Versuche, das jüdische Volk auszurotten.

- Der Pharao initiierte die Tötung der männlichen hebräischen Säuglinge in Ägypten.
- Haman versuchte die Juden zur Zeit Esthers auszulöschen (ca. 480 v. Chr.).
- Der syrische Monarch Antiochus Epiphanes versuchte sie um 165 v. Chr. zu vernichten.

Als es dem Teufel nicht gelang, das Kommen des Messias zu verhindern, versuchte er Christus selbst zu töten. Durch den bösen König Herodes wollte er ihn direkt nach seiner Geburt umbringen lassen (Mt 2,13–16; Offb 12,1–5). Als auch dies fehlschlug, benutzte er die jüdischen und römischen Führer, um den Sohn Gottes zu töten. Allerdings hatte er die Auferstehung Christi nicht auf der Rechnung.

Der Teufel konnte das Kommen des Messias nicht verhindern (Plan A) oder ihn töten (Plan B), daher wird er weiterhin versuchen, das jüdische Volk zu vernichten, über das der Messias einmal herrschen soll (Plan C). Seine grössten Anstrengungen unternahm er in der Zeit des Dritten Reiches. Während seiner Schreckensherrschaft liess Adolf Hitler sechs Millionen Juden umbringen. Ich habe mal jemanden sagen hören, jedes Mal wenn der Teufel versucht, die Juden auszulöschen, kommt ein neuer jüdischer Feiertag hinzu. Der Pharao wollte sie vernichten und das Ergebnis war das Passahfest. Haman versuchte es zur Zeit Esthers, und die Juden bekamen das Purimfest. Antiochus erhob sich gegen sie, und die siegreichen

Juden feierten das Lichterfest oder Chanukka. Hitlers diabolischer Plan führte letztlich zur Gründung des modernen Staates Israel im Mai 1948.

Der amerikanische Autor und Humorist Mark Twain unterstrich das erstaunliche Überleben der Juden 1899 im *Harper's Magazine.*

> Die Ägypter, Babylonier und Perser kamen mit grossem Getöse an die Macht und erfüllten den Planeten mit Pracht. Doch dann verschwanden sie wieder und erscheinen uns heute wie ein Traum. Ihnen folgten die Griechen und Römer; auch sie machten viel Lärm, aber dann waren sie auch schon wieder weg. Andere Völker sind aufgetaucht und hielten ihre Fackel eine Zeitlang hoch, aber sie brannte ab und nun sitzen sie im Halbdunkel oder sind ganz verschwunden. Der Jude hat sie alle kommen und gehen sehen und sie alle überwunden. Er ist, was er immer war; er zeigt keinen Verfall, keine Altersgebrechen, kein Auseinanderfallen. Seine Energie lässt nicht nach und seine Wachsamkeit und sein Verstand nehmen nicht ab. Alle Dinge sind sterblich, ausser dem Juden. Alle anderen Kräfte verschwinden, nur er nicht. Was ist das Geheimnis seiner Unsterblichkeit?[2]

Da Mark Twain ein Agnostiker und Zweifler war, konnte er das Wunder der Erhaltung Israels nur erkennen, nicht aber den Grund dafür verstehen.

Die Juden haben die Jahrhunderte nicht nur als Volk überlebt – trotz grosser Widerstände sind sie auch in ihr altes Heimatland zurückgekehrt und haben ihre tote Sprache wieder aufleben lassen. Seit der Gründung des modernen Staates Israel im Jahr 1948 wird Israel von den umgebenden Nationen permanent schikaniert und häufig angegriffen. Die Weltgemeinschaft stellt sich oft auf die Seite der Feinde Israels, selbst wenn Israel nur auf grundlosen Terror reagiert. Israel steht unter dem ständigen Druck, Land für Frieden aufzugeben, obwohl diese Strategie noch nie funktioniert hat.

Der Schrift zufolge wird Satans Krieg gegen Israel in der Endzeit weitergehen. Der Antichrist wird anfangs als Israels grosser Freund auftreten, in der Drangsalszeit wird er die Juden aber hintergehen und sie erbarmungslos abschlachten (Dan 7,25; 8,24; 11,44). Er wird vom Teufel angetrieben, kontrolliert und motiviert werden. Daher bringt die Verfolgung Israels zum Ausdruck, wie sehr der Teufel die Juden hasst. Offenbarung 12 stellt den Teufel als grossen, feuerroten Drachen dar und Israel als eine Frau, die vor ihm in die Wüste flieht, wo Gott sie in den letzten dreieinhalb Jahren der Drangsalszeit auf übernatürliche Weise beschützt. Der Teufel ist der grösste Antisemit. Er hasst das jüdische Volk, weil es von Gott geliebt wird und Gott ihnen spezielle Verheissungen (Bündnisse) gegeben hat, die er erfüllen wird. Arthur Bloomfield beschreibt den Plan des Teufels zur Auslöschung der Juden.

> Satan versucht schon seit langer Zeit, die Juden zu vernichten. Die Juden sind in der Geschichte schon einige Male nur knapp entkommen; in der Tat ist die Geschichte Israels eine Geschichte des knappen Entkommens. ...
>
> Sie ist eine Geschichte der Vertreibung aus einem Land nach dem anderen. Immer wenn der Teufel die Oberhand gewinnt, sind die Juden in Schwierigkeiten. ...
>
> Der ganze zukünftige Plan Gottes dreht sich um Israel. ...
>
> Der ganze Plan, den Gott mit seinem Reich hat, dreht sich um Israel. Wenn Christus wiederkommt, werden seine Füsse dem Propheten Sacharja zufolge auf dem Ölberg vor Jerusalem stehen. Die Juden werden den Kern des neuen Reiches bilden. Um diesen Kampf und die Kontrolle über die Erde zu gewinnen, muss der Teufel unbedingt alle Juden vernichten. Das würde die Aufrichtung des Reiches Gottes in der Welt verhindern. Das ist der wesentliche Plan des Teufels.[3]

Das wichtigste Instrument, das der Teufel in der Endzeit zur Ausführung seines Auslöschungsprogramms einsetzen wird, ist sein Jünger und Meisterwerk – der Antichrist. Er wird der letzte in einer langen Reihe von Verfolgern sein, die versucht haben, die Juden loszuwerden. Doch wie alle vor ihm wird auch er scheitern, weil Gott seine Verheissungen an seinem Volk erfüllen wird.

## 43. Wann werden der Teufel und seine Engel für immer aus dem Himmel gestossen?

Die Leute sind oft überrascht, wenn sie erfahren, dass der Teufel und seine dämonische Schar gegenwärtig Zutritt zum dritten Himmel haben, wo Gott wohnt. Diese Wahrheit wird in Hiob 1 gelehrt. Als alle «Söhne Gottes» (Engel) vor Gott traten, mischte sich auch der Teufel unter sie. Zurzeit hat der Teufel eingeschränkten Zutritt zum Himmel. Die Schrift lehrt jedoch, dass eine Zeit kommen wird, in der der Teufel und seine Engel für immer aus dem Himmel geworfen werden, als Folge eines kosmischen Kampfes mit dem Erzengel Michael und den nicht in Sünde gefallenen Engeln (Offb 12,7–9). Der Teufel und seine Engel werden den Kampf verlieren und von da an nie wieder in den Himmel hineinkommen.

Dieser kosmische Krieg wird zur Mitte der 7-jährigen Drangsalszeit stattfinden, denn nachdem er aus dem Himmel geworfen wurde, wird der Teufel seinen Zorn gegen die Frau richten, die den gläubigen Überrest Israels repräsentiert, und sie 1260 Tage lang oder «eine Zeit und zwei Zeiten und eine halbe Zeit» verfolgen (Offb 12,6.14), also die letzten dreieinhalb Jahre der Drangsalszeit. Der Beginn der Verfolgung Israels passt auch zu Matthäus 24,15, das die Mitte der zukünftigen Drangsalszeit markiert.

Wenn der Teufel aus dem Himmel geworfen wird, wird er voller Zorn sein, weil ihm klar ist, dass ihm wenig Zeit bleibt, nur noch dreieinhalb Jahre. Er wird versuchen, so viel Schaden anzurichten, wie ihm in dieser kurzen Zeit möglich ist. John Walvoord sagt dazu:

> Ab diesem Punkt in der Offenbarung sind der Teufel und seine Schar vom dritten Himmel, der Gegenwart Gottes, ausgeschlossen, auch wenn ihre zeitweilige Herrschaft über den zweiten Himmel (das Weltall) und den ersten Himmel (der Himmel) bestehen bleibt. Satans Niederlage im Himmel ist jedoch der An-

lass, dass er auf die Erde geworfen wird, was die besondere Härte der grossen Drangsalszeit erklärt.[1]

Ein Faktor, der die grosse Drangsalszeit so schrecklich macht, ist der unverminderte Zorn des Teufels.

## 44. Warum wird der Teufel die Armeen der Welt bei Harmageddon versammeln?

Der Schrift zufolge wird sich eine riesige Armee zur letzten Schlacht in diesem Zeitalter in einem breiten Tal in Nordisrael versammeln, das man von einem kleinen Hügel namens Harmageddon (Berg Megiddo) überblicken kann. Diese Armeen werden unter der Führung des Teufels von dämonischen Geistern mobilisiert.

> Und ich sah aus dem Maul des Drachen und aus dem Maul des Tieres und aus dem Maul des falschen Propheten drei unreine Geister herauskommen, gleich Fröschen. Es sind nämlich dämonische Geister, die Zeichen tun und ausgehen zu den Königen der Erde und des ganzen Erdkreises, um sie zum Kampf zu versammeln an jenem grossen Tag Gottes, des Allmächtigen. ... Und er versammelte sie an den Ort, der auf Hebräisch Harmageddon heisst (Offb 16,13–14.16).

Der Grund, warum der Teufel die Streitkräfte ausgerechnet dort versammeln wird, ist nicht völlig klar. Die Schrift sagt an keiner Stelle ausdrücklich, warum sie alle ins Land Israel gerufen werden. Manche meinen, sie werden aus der ganzen Welt dort versammelt, um den Antichristen herauszufordern. Schliesslich wird die Welt am Ende der Drangsalszeit und nach all den Gerichten Gottes in einem schrecklichen Zustand sein. Da sie den Antichristen für die Ursache der Schwierigkeiten halten, könnten sich die Nationen gemeinsam gegen ihn erheben, um ihn zu vernichten.

Andere glauben, die Armeen würden sich dort zu einem letzten Angriff versammeln, um das jüdische Volk auszulöschen. Dieser von Satan angetriebene Feldzug wird der letzte Versuch sein, die Juden loszuwerden und die Verheissungen Gottes zunichtezu machen. Von diesen beiden Möglichkeiten scheint mir die zweite mehr Sinn zu machen, da Offenbarung 16,13–16 deutlich sagt, dass die unreinen Geister (Dämonen), die die Armeen versammeln werden, vom Teufel, dem Antichristen und dem falschen Propheten ausgehen. Es scheint doch eher unplausibel, dass der Antichrist die Armeen zu seiner eigenen Vernichtung sammelt. Deshalb glaube ich, dass die Armeen in Israel zu einem entscheidenden antisemitischen, teuflischen Angriff zusammengezogen werden, um die Welt vom jüdischen Volk zu säubern.

Was auch immer der anfängliche Grund für das Versammeln der Armeen sein mag, die Bibel zeigt, dass sie schliesslich den Herrn Jesus aus dem Himmel kommen sehen und ihre Anstrengungen und Feindseligkeit gegen ihn richten werden. «Und ich sah das Tier und die Könige der Erde und ihre Heere versammelt, um Krieg zu führen mit dem, der auf dem Pferd sitzt, und mit seinem Heer» (Offb 19,19). Ihr Widerstand wird jedoch töricht und vergeblich sein. Ein Wort von Jesus und alles wird vorbei sein. Er wird sie mit dem Atem seines Mundes vernichten (2. Thes 2,8). Ihre Niederlage ist besiegelt, noch bevor sie sich sammeln können.

## 45. Glaubt der Teufel wirklich, er könnte Gott besiegen?

Die Bibel lässt keinen Zweifel, dass der Versuch des Teufels, Gott zu besiegen, kläglich scheitern wird. Sein Schicksal ist sicher (Offb 20,10). Glaubt er wirklich, er hätte eine Chance, Gott zu besiegen? Diese Frage ist nicht leicht zu beantworten, da die Bibel uns nicht mitteilt, was der Teufel über seine eigene Macht in Bezug auf Gott denkt. Natürlich könnte der Teufel von seinem Stolz so geblendet sein, dass er tatsächlich annimmt, er könnte Gott austricksen und ihn letzten Endes besiegen.

Möglicherweise ist ihm aber auch klar, dass er ein besiegter Feind ist. Vielleicht weiss er, dass sein Schicksal besiegelt ist, und weigert sich einfach nur, kampflos aufzugeben. Wir können nicht genau wissen, was er wirklich denkt. Sicher können wir uns aber sein, dass er absolut keinen Erfolg haben wird. Letzten Endes wird er von Gott besiegt und in den Feuersee geworfen werden.

## 46. Wann wird der Teufel für 1000 Jahre im Abgrund gebunden werden?

Offenbarung 19,11–21 beschreibt das zweite Kommen Jesu auf die Erde und seinen Sieg über die bei Harmageddon versammelten Streitkräfte, den Antichristen und den falschen Propheten. Anschliessend finden wir in Offenbarung 20,1–3, wie der Teufel gebunden und für 1000 Jahre in den Abgrund geworfen wird.

Es gibt zwei wesentliche Ansichten über den Zeitpunkt der Gefangenschaft des Teufels. Manche meinen, dass das gegenwärtig der Fall wäre. Sie glauben, die 1000 Jahre symbolisieren eine sehr lange Zeitspanne, die begann, als Jesus auf der Erde war und den Teufel band. Dieser Standpunkt wird sowohl von Amillennialisten als auch von Postmillennialisten vertreten. Sie meinen, die tausendjährige Herrschaft Christi wäre ein heute gegenwärtiges, geistliches Reich, und der Teufel sei zurzeit gebunden und könnte die Nationen nicht verführen. Das Binden des Teufels in Offenbarung 20,1–3 setzen sie oft gleich mit Matthäus 12,29, Markus 3,27 und Kolosser 2,15.

Prämillennialisten, die an eine buchstäbliche, zukünftige tausendjährige Herrschaft Christi auf Erden glauben, meinen hingegen, die Einkerkerung des Teufels würde erst in der Zukunft stattfinden. Drei zentrale Punkte im Text und Kontext von Offenbarung 20 unterstützen die Sicht, dass dieses Ereignis noch zukünftig ist. Der erste ist der Fluss des Kontextes. Das Binden des Teufels im Abgrund für 1000 Jahre folgt direkt auf das zweite Kommen Christi in Offenbarung 19,11–21. Der wiederholt vorkommende Ausdruck «und ich sah» (32 Mal im Buch der Offenbarung) zeigt eine chronologisch fortschreitende Handlung an, während Johannes neue Visionen bekommt (Offb 19,11.19; 20,1.4.11; 21,1). Das Binden des Teufels kommt bei der Abfolge der Ereignisse direkt im Anschluss an die Rückkehr Christi. Die natürliche Lesart des Textes in seinem Zusammenhang zieht es vor, das Binden des Teufels nach dem zweiten Kommen Christi zu verstehen. Nichts im Text signalisiert dem Leser, dass er nach der Beschreibung des zweiten Kommens Christi direkt zu seinem ersten Kommen zurückgehen muss.

Der zweite Punkt, der das zukünftige Einsperren des Teufels unterstützt, ist die Übereinstimmung dieser Sicht mit der Art, wie der Teufel im Neuen Testament präsentiert wird. Er wird dargestellt als ...

- der Fürst dieser Welt (Joh 12,31; 14,30).
- der Gott dieser Weltzeit (2. Kor 4,4).
- ein Engel des Lichts (2. Kor 11,14).
- der Fürst, der in der Luft herrscht (Eph 2,2).
- ein brüllender Löwe, der umhergeht und sucht, wen er verschlingen kann (1. Petr 5,8).

Des Weiteren sagt das Neue Testament, dass der Teufel Pläne gegen die Gläubigen schmiedet (2. Kor 2,11; Eph 6,11), uns hindert (1. Thes 2,18), uns verklagt (Offb 12,10) und die Sinne der Verlorenen verblendet (2. Kor 4,4). Das spricht deutlich gegen die Vorstellung, dass der Teufel heute schon gebunden ist. Amillennialisten halten das Argument entgegen, dass die Macht des Teufels zur Verführung der Nationen heute eingeschränkt ist. Kim Riddlebarger, ein amillennialistischer Gelehrter, erklärt diese Sicht.

> Die amillennialistische Auslegung des Bindens des Teufels ist Folgende: Beim ersten Kommen Jesu Christi und seinem Reich wurde der Teufel in gewisser Weise am Anfang des messianischen Dienstes unseres Herrn gebunden. ... Das Binden des Teufels bedeutet einfach, dass er die Nationen nicht verführen kann, bis er am Ende des tausendjährigen Zeitalters freigelassen wird. ...
>
> Das Bild, dass der Teufel gegenwärtig gebunden ist, bedeutet, dass er das Volk Gottes als Ganzes nicht verführen oder die Bundesgemeinschaft nicht ungestraft angreifen kann, so wie er es vor dem Kommen des Messias getan hat.[1]

Aber Riddlebargers Behauptung wird von der Schrift nicht gestützt. Er muss seine Aussagen in Offenbarung 20,1–3 hineinlesen.

Drittens ist der Teufel heute nicht so gebunden, wie es Offenbarung 20,1–3 beschreibt. Diese Stelle zeigt uns das Binden des Teufels deutlich als eine Abfolge von mehreren Schritten.

- ergreifen
- binden
- in den Abgrund werfen
- einschliessen und über ihm versiegeln

Diese Beschreibung lässt kaum Zweifel, dass das Gebundensein des Teufels volle 1000 Jahre dauert. «Es findet sich kein Hinweis, dass der Teufel die Freiheit besitzt, seine Macht in diesem Zeitraum auszuüben.»[2] Da nichts dergleichen beim ersten Kommen Christi geschehen ist, muss es noch zukünftig sein.

## 47. Warum wird der Teufel 1000 Jahre lang gebunden werden?

Offenbarung 20,3 sagt uns, dass der Teufel 1000 Jahre im Abgrund gebunden sein wird, «damit er die Völker nicht mehr verführen kann». Der Teufel hat die Menschen mehrere tausend Jahre lang verführt, aber seine Tage sind gezählt. Er wird für die ganze tausend Jahre umfassende Herrschaft Christi gebunden sein, während Jesus dem Planeten Frieden und Wohlstand bringt. In dieser Zeit wird er die auf der Erde lebenden Menschen nicht mehr verführen können.

## 48. Warum wird Gott den Teufel am Ende der 1000 Jahre aus dem Abgrund freilassen?

Nachdem er während der irdischen Herrschaft Jesu 1000 Jahre im Abgrund gebunden war, wird der Teufel ein letztes Mal auf die Erde losgelassen. Ich nenne dieses Ereignis das «zweite Kommen des Teufels». So viel ist klar. Aber die bohrende Frage ist: Warum? Warum lässt Gott den Teufel am Ende der 1000 Jahre aus dem Abgrund frei? Warum darf er noch einmal seinen Zorn auf die Erde loslassen?

Wir kennen nicht alle Gründe, warum Gott dem Teufel noch eine kurze Schonfrist gewährt, bevor er das endgültige Urteil über ihn vollstreckt. Ich glaube aber, dass es ein für allemal und ohne jeglichen Zweifel beweisen wird, dass das menschliche Herz schwarz ist wie die Nacht und uns nur Gottes Gnade retten kann. Offenbarung 20,7–10 sagt, dass der Teufel nach seiner Freilassung viele Menschen auf der Erde mobilisieren wird, die sich gegen den Herrn stellen. Das ist die letzte Rebellion.

Viele Gläubige, die die 7-jährige Drangsalszeit auf der Erde überleben, werden in ihren natürlichen, sterblichen Körpern in die tausendjährige Herrschaft Christi eingehen. In dieser Zeit werden sie Kinder bekommen, und die Erde wird wieder bevölkert werden. Alle, die in das Tausendjährige Reich eingehen, werden Nachfolger Christi sein. Viele ihrer Nachkommen werden den Herrn jedoch ablehnen. Laut Offenbarung 20,7–10 werden sich die Menschen, die während des Tausendjährigen Reiches geboren werden und unter der gerechten Herrschaft des Königs der Könige und unter paradiesischen Bedingungen aufgewachsen sind, gegen den Herrn wenden, sobald sie die Möglichkeit dazu bekommen.

> Und wenn die 1000 Jahre vollendet sind, wird der Satan aus seinem Gefängnis losgelassen werden, und er wird ausgehen, um die Heidenvölker zu verführen, die an den vier Enden der Erde

> leben, den Gog und den Magog, um sie zum Kampf zu versammeln, deren Zahl wie der Sand am Meer ist. Und sie zogen herauf auf die Fläche des Landes und umringten das Heerlager der Heiligen und die geliebte Stadt. Und es fiel Feuer von Gott aus dem Himmel herab und verzehrte sie. Und der Teufel, der sie verführt hatte, wurde in den Feuer- und Schwefelsee geworfen, wo das Tier ist und der falsche Prophet, und sie werden gepeinigt werden Tag und Nacht, von Ewigkeit zu Ewigkeit (Offb 20,7–10).

Das klingt unglaublich, ist aber wahr. Der Mensch wird schnell wieder zum Opfer des grossen Verführers werden. J. Vernon McGee gibt uns einen wertvollen Einblick, warum der Teufel freigelassen wird.

> Als der verstorbene Dr. Chafer (Gründer des Dallas Theological Seminary) gefragt wurde, warum Gott den Teufel freilässt, nachdem er ihn gebunden hatte, erwiderte er: «Wenn Sie mir sagen können, warum Gott ihn zum ersten Mal losgelassen hat, werde ich Ihnen sagen, warum er ihn ein zweites Mal freilässt.» Offensichtlich wird der Teufel am Ende des Tausendjährigen Reiches freigelassen, um deutlich zu machen, dass die idealen Bedingungen im Reich Gottes unter der persönlichen Herrschaft Christi das menschliche Herz nicht verändern. Das zeigt, wie gross die Feindschaft des Menschen gegenüber Gott ist. Die Schrift bezeichnet das Herz zu Recht als «bösartig» und unheilbar. Der Mensch ist völlig verdorben. Die Freilassung des Teufels am Ende der 1000 Jahre beweist das.[1]

Henry Morris sagt etwas Ähnliches.

> Eine der erstaunlichsten Bemerkungen über die menschliche Natur im ganzen Wort Gottes findet sich in dieser Passage. Nach tausend Jahren unter perfekten Bedingungen, einer Fülle an materiellem Besitz, geistlichen Belehrungen für jedermann, ohne

> Kriminalität, Krieg oder äusserer Versuchung zur Sünde, in der Gegenwart aller auferstandenen Heiligen und Christus selbst und dem Teufel und seinen Dämonen im Abgrund gebunden, gibt es noch immer unzählige nicht errettete Männer und Frauen auf der Erde, die bereit sind, gegen den Herrn zu rebellieren, sobald sie die Möglichkeit dazu haben.[2]

Wenn der Teufel am Ende des Tausendjährigen Reiches für kurze Zeit freigelassen wird, hat seine tausendjährige Gefangenschaft sein Wesen nicht verändert. Er ist noch immer derselbe. Und die Menschheit hat sich ebenso wenig verändert. Sein zweites Kommen beweist, dass der Teufel nach wie vor der Teufel ist und der Mensch noch Mensch, selbst nach einer tausendjährigen gerechten und gütigen Herrschaft Christi auf Erden. Selbst unter den denkbar idealsten Bedingungen ist der Mensch noch immer völlig verdorben und benötigt dringend ein neues Herz mittels der Wiedergeburt durch den Geist Gottes.

## 49. Was passiert am Ende mit dem Teufel?

Der Teufel betrat die Bühne der Menschheitsgeschichte in 1. Mose 3, als er Adam und Eva im Garten Eden versuchte. Seinen unrühmlichen Abgang wird er in Offenbarung 20,10 haben, wenn er letzten Endes in den Feuersee geworfen werden wird, wo sich schon der Antichrist und der falsche Prophet befinden. Wie der grosse Reformator Martin Luther sagte:

> Der Fürst der Finsternis ergrimmt,
> Wir zittern nicht vor ihm;
> Seinen Zorn können wir ertragen,
> Denn siehe, sein Schicksal ist sicher;
> Ein kleines Wort bringt ihn zu Fall.

– Teil 2 –

# Engel der Hölle

*Was für eine grosse und mächtige Ansammlung von aggressiven, bösartigen und grausamen Feinden. Sie sind in den himmlischen Örtern, genau dort, wo auch die Macht Christi sitzt. Diese bösen Mächte sind über uns und um uns herum. Sie sind zu mächtig für uns. Gegen diese unsichtbare, zahllose und übermächtige Armee kämpfen wir. Es ist ein heftiger und schwieriger Konflikt, der unsere ganze Kraft fordert und jede Faser beansprucht. Es ist eine hautnahe Auseinandersetzung. Sie gilt nicht den Menschen, auch wenn sie uns grossen Widerstand in unserem Leben als Christ entgegenbringen. Unser Hauptproblem und unser grosser Kampf sind nicht die Menschen, sondern die mächtigen und bösen Kräfte des Teufels. Es ist ein Kampf auf Leben und Tod – ein Krieg für Himmel und Hölle, für Zeit und Ewigkeit.*

E. M. Bounds

## 50. Gibt es Dämonen wirklich?

Die Schrift spricht etwa 100 Mal von Dämonen, normalerweise im Neuen Testament. Ausser dem Schreiber des Hebräerbriefes erwähnt jeder neutestamentliche Autor Dämonen oder gefallene Engel, wenn auch nicht in jedem neutestamentlichen Buch. Die Verfasser des Neuen Testaments glaubten an die Existenz von Dämonen.

Auch Jesus lehrte, dass Dämonen reale Wesen sind. Er sagte, dass der Teufel eine ganze Schar von Dämonen anführt (Mt 12,22–28). Er spricht vom Teufel und «seinen Engeln» (Mt 25,41; s. auch Offb 12,9). Der Teufel ist real, woraus folgt, dass auch seine Engel real sind.

> Ein grosser Teil des Dienstes Christi beinhaltete das Austreiben von Dämonen aus Besessenen. ... Er gab seinen Jüngern die Macht, Dämonen auszutreiben (Mt 10,1), und betrachtete seinen Sieg über sie als einen Sieg über den Teufel (Lk 10,17–18). Gegenüber seinen Jüngern sprach er von ihrer Existenz und Macht (Mt 17,14–20). Er korrigierte niemanden, der von ihrer Existenz überzeugt war, und lieferte nie einen Hinweis, dass sie nicht real wären.[1]

Die neutestamentlichen Verfasser und Jesus glaubten an die Realität von Dämonen, und auch wir sollten das tun.

## 51. Was sind Dämonen?

Wie der Teufel sind auch die Dämonen persönliche Wesen, nicht unbestimmte und unpersönliche Kräfte des Bösen. Sie besitzen alle Charakterzüge ihres Meisters, des Teufels. Wie er wurden sie mit Verstand und Willen geschaffen. Sie folgten ihrem Willen, als sie sich der Rebellion des Teufels anschlossen. C. Fred Dickason führt deutliche Beweise an, dass Dämonen echte Geistwesen oder Personen sind.

1. *Personalpronomen.* Die Pronomen *ich, mich* und *du* werden von Christus und von den Dämonen selbst für sie gebraucht (Lk 8,27–30).
2. *Personenname.* Christus fragte einmal einen Dämon: «Wie heisst du?» Und er antwortete: «Legion! Denn viele Dämonen waren in ihn gefahren» (Lk 8,30).
3. *Sprache.* Der Gebrauch von Sprache bringt Persönlichkeit zum Ausdruck. Die Dämonen redeten mit Christus und er mit ihnen (Lk 4,33–35.41; 8,28–30).
4. *Intelligenz.* Die Dämonen wussten, wer der Herr Jesus war (Mk 1,23–24; Lk 4,34; 8,28). Einer von ihnen liess ein Dienstmädchen Paulus und seinen Dienst erkennen (Apg 16,16–17). Dieser Geist befähigte sie auch, durch Wahrsagerei an geheime Informationen zu kommen.
5. *Gefühle.* Dämonen zeigen Gefühle, indem sie sich fürchten und vor dem Gericht zittern (Lk 8,28; Jak 2,19).
6. *Wille.* Dämonen bringen ihren Willen zum Ausdruck, indem sie Christus bitten, sie nicht in den Abgrund zu schicken, sondern ihnen zu erlauben, in die Schweine zu fahren (Lk 8,32). Der Befehl Christi an sie stellt im Grunde seinen Willen über ihren, dem sie gehorchen mussten (Mk 1,27; Lk 4,35–36).[1]

E. M. Bounds fasst die Interaktion zwischen Jesus und den Dämonen zusammen, die zeigt, dass sie reale Wesen mit einer Persönlichkeit sind.

> Seine Begegnungen mit dämonisch-besessenen Menschen machen deutlich, dass Christus diese gefallenen Geister als persönliche Wesen betrachtete. Er erkannte ihre unterschiedliche Individualität an. Er sprach mit ihnen und befahl ihnen wie Personen. Sie kannten Christus, bekannten, dass er Gott ist, beugten sich seiner Autorität und gehorchten, wenn auch widerwillig, seinen Befehlen. Jesus machte einen deutlichen Unterschied zwischen der menschlichen Persönlichkeit, die von einem Dämon besessen war, und der Persönlichkeit des Dämons, der von der betreffenden Person Besitz ergriffen hatte. In seinen Augen waren es zwei unterschiedliche Personen.[2]

Zusammengenommen zeigen diese Fakten, dass ein Dämon eine Person ist.

## 52. Woher kommen sie?

Interessanterweise macht die Bibel nie ausdrücklich den Ursprung der dämonischen Geister deutlich. Aus diesem Grund sind verschiedene Vorschläge gemacht worden. Ich werde kurz die vier wichtigsten ansprechen.

1. *Sie sind die Geister von bösen, verstorbenen Menschen.* Diese Sicht stimmt nicht mit der Schrift überein, da die Bibel sagt, dass die Geister der nicht erretteten Toten im Hades (Totenreich) sind und keinen Zutritt zur Erde haben (Lk 16,23).
2. *Sie sind die körperlosen Geister einer voradamitischen Menschenrasse.* Die Schrift liefert keine Anhaltspunkte, dass je eine voradamitische Rasse existierte, ganz zu schweigen von dem Quantensprung von solch einer Rasse zu den Dämonen. Das ist reine Spekulation.
3. *Sie sind die körperlosen Geister der riesenhaften Nachkommen, die aus der in 1. Mose 6,1–4 beschriebenen Verbindung hervorgegangen sind.* Unterstützung für diese Sicht leitet man von der Auslegung ab, dass die «Gottessöhne» in 1. Mose 6 Dämonen waren, die physische Gestalt angenommen und mit Frauen zusammengelebt haben. Aus diesen Verbindungen gingen riesenhafte Nachkommen (*nephilim*) hervor, die bei der Flut umkamen. Dieser Sicht zufolge wurden aus den Geistern dieser Mischwesen Dämonen, die stets nach einem Körper suchen, den sie bewohnen können. Selbst wenn man wie ich die Auffassung vertritt, dass die «Gottessöhne» gefallene Engel waren, folgt daraus nicht, dass die Geister ihrer Nachkommen dämonische Geister sind, die sich frei auf der Erde bewegen können. Dieser Standpunkt basiert auf Spekulation, nicht auf der Schrift.

4. *Sie sind gefallene Engel, die sich der ursprünglichen Rebellion des Teufels angeschlossen haben.* Aus zwei Gründen ist das die beste Sicht. Erstens wird der Teufel als der Oberste der Dämonen bezeichnet (Mt 12,24). Wenn der Teufel ein gefallener Engel und der Oberste der Dämonen ist, macht es Sinn, dass auch sie gefallene Engel sind. Zudem spricht Matthäus 25,41 vom «Teufel und seinen Engeln», und Offenbarung 12,7 sagt, «der Drache und seine Engel kämpften». Diese Texte deuten darauf hin, dass Dämonen gefallene Engel sind.

   Zweitens zieht der grosse Drache bei seinem Fall aus dem Himmel ein Drittel der Sterne (symbolisch für Engel) mit sich auf die Erde (s. Offb 12,4). Das macht deutlich, dass an der ursprünglichen Rebellion des Teufels im Himmel ein Drittel der himmlischen Heerscharen beteiligt war. Diese Engel des Teufels werden jetzt Dämonen genannt.

Billy Graham liefert uns folgende praktische Anwendung über den Fall des Teufels und seiner Dämonen: «Heute wie in der Vergangenheit kann praktisch niemand alleine sündigen. Die Sünde wirkt sich ansteckend aus.»[1] So wie der Teufel nicht alleine sündigte, können auch wir es nicht. Unsere Sünde betrifft andere Menschen und kann sie zur Rebellion gegen Gott führen.

## 53. Wie viele Dämonen gibt es?

Alles, was wir ausdrücklich über die Zahl der Dämonen wissen, ist, dass sie ein Drittel der ursprünglich von Gott geschaffenen Engelschar darstellen (Offb 12,4). Ihre Zahl muss sehr gross sein, denn in der Drangsalszeit werden 200 Millionen Dämonen freigelassen, um ihren Zorn auszuschütten und ein Drittel der Menschheit zu töten (Offb 9,16–19). Das ist wahrscheinlich nicht die Gesamtzahl der Dämonen, was bedeutet, dass sie mindestens mehrere hundert Millionen umfasst. Einmal war ein Mann von einer ganzen Legion von Dämonen besessen (Mk 5,9). Eine römische Legion bestand normalerweise aus 6000 Soldaten. Die Zahl ist möglicherweise nicht genau, aber sie macht deutlich, dass der Mann von vielen dämonischen Geistern heimgesucht wurde. Das gibt uns eine Vorstellung davon, welches Ausmass der Konflikt um uns herum hat und wie viele furchtbare Mächte uns gegenüberstehen.

Wir wissen auch, dass sich die Zahl der Dämonen nicht verändert. Wie die nicht gefallenen Engel heiraten Dämonen nicht und können keine Nachkommen zeugen (Mt 22,30). Daher sind es noch immer so viele gefallene Engel wie am Tag ihrer Rebellion.

## 54. Welche Namen haben Dämonen im Alten Testament?

- Böse Geister (Ri 9,23; 1. Sam 16,14–16; 18,10; 19,9)
- Geist der Hurerei (Hos 4,12; 5,4)
- Fürst des Königreichs Persien, Fürst von Griechenland (Dan 10,13.20)
- Verderben bringende Engel (Ps 78,49)
- Lügengeister (1. Kö 22,22–23)

## 55. Welche Namen haben Dämonen im Neuen Testament?

- Dämonen (Mt 8,31; 15,22; Mk 3,15; Jak 2,19)
- unreine Geister (Mt 10,1; Mk 1,23; Apg 5,16; Offb 16,13)
- Engel des Teufels (Mt 25,41; Offb 12,9)
- Weltbeherrscher der Finsternis (Eph 6,12)
- irreführende Geister (1. Tim 4,1)
- Engel, die ihren Herrschaftsbereich nicht bewahrten (Jud 1,6)
- Heuschrecken (Offb 9,3)
- Reiterheer (Offb 9,16)

## 56. Worin besteht das Hauptwirken von Dämonen?

Als Folge des Kriegs gegen den Terror hat das Konzept der asymmetrischen Kriegsführung in den vergangenen Jahren einen Grossteil der Berichterstattung ausgemacht. «Asymmetrisch» spricht von etwas Unausgewogenem. Bei der Kriegsführung beschreibt es eine Situation, in der die Gegner nicht ebenbürtig sind.

> Asymmetrische Kriegsführung beinhaltet «den Einsatz von unkonventionellen Taktiken, um der überwältigenden konventionellen militärischen Übermacht eines Gegners zu begegnen». Wenn ein erhebliches Ungleichgewicht zwischen zwei Mächten herrscht, muss die schwächere auf ungewöhnliche Kriegsmethoden zurückgreifen, um sich Hoffnung auf ein siegreiches Ende des Konflikts zu machen. ...
>
> Die heutige asymmetrische Kriegsführung nimmt vielerlei Formen an: Blitzangriffe, Selbstmordanschläge, Guerillakrieg, Entführungen, gezielte Fehlinformationen und vieles mehr. Terroristen operieren in kleinen, lose organisierten Zellen, die sich auf viele Länder verteilen.[1]

Ein Militärexperte drückt es so aus:

> Der ideale Krieg ist der, den niemand erkennt. Er ist weitgehend unsichtbar, nicht weil seine Aktionen getarnt werden, sondern weil sie wie etwas anderes aussehen. Der Krieg muss nie neu erklärt werden, weil wir stets im Krieg sind.[2]

Man findet nur schwerlich eine treffendere Aussage, die den geistlichen Krieg und das Wirken der Dämonen beschreibt. Der Teufel ist der grösste Terrorist, der die erste Rebellion anführte, den ersten Aufstand in der Geschichte, als er sich in seinem Stolz erhob.

Asymmetrische Kriegsführung ist eine neue Bezeichnung für einen sehr alten Krieg – der unsichtbare geistliche Weltkrieg, der schon seit Jahrtausenden tobt. Wie wir gesehen haben, ist der Teufel weder allgegenwärtig, allmächtig noch allwissend, aber sein böser Einfluss hat sich durch die teuflische Schar von Dämonen deutlich erweitert, die sich als sein globales Terrornetzwerk auf der ganzen Welt verteilen. Da sie als Geistwesen nicht auf einen materiellen Körper beschränkt sind, können sie sich ausserdem sehr schnell von einem Ort zum anderen bewegen.

Dämonen können ...

- psychische Störungen oder körperliche Erkrankungen verursachen (1. Sam 16,14; Mt 9,33; 12,22; 17,15–18; Mk 5,4–5; Lk 8,27–29; 9,37–42)
- Menschen zu perversen Handlungen verleiten (3. Mo 18,6–30; 5. Mo 18,9–14)
- den Götzendienst fördern (3. Mo 17,7; 5. Mo 32,17; Ps 106,36–38; 1. Kor 10,20; Offb 9,20)
- in Tiere fahren (Mk 5,13)
- in Ungläubige fahren (Mt 9,32–33; 10,8; Mk 6,13)
- falsche Religionen und Sekten unterstützen (1. Tim 4,1; 1. Jo 4,4)
- Gebetserhörungen verhindern (Dan 10,12–20)
- Neid und Spaltung hervorrufen (Jak 3,13–16)
- gegen Ehe und Familie vorgehen (Eph 6,12 folgt auf den Abschnitt über Ehe und Familie)[3]

J. Dwight Pentecost erinnert uns daran, wie beharrlich Dämonen ihre mörderischen Aufgaben ausüben.

> Ohne Unterbrechung dienen sie treu dem Teufel. Sie kommen nicht um acht Uhr zur Arbeit und gehen um vier Uhr dreissig wieder nach Hause und ziehen täglich eine halbe Stunde fürs Mittag-

> essen und zwei Kaffeepausen ab. Es gibt keine Zeiten, in denen wir vor ihrem Wirken Ruhe haben, weil sie gerade nicht bei der Arbeit sind. Als Geistwesen mit geistlichen Körpern werden sie nicht von Zeit und Raum beschränkt. Sie können sich permanent um Sie kümmern, ganz gleich, wo Sie sind und was Sie tun. ... Sie tun unermüdlich den Willen des Teufels für Ihr Leben. Und der Wille des Teufels für Sie ist, den Willen Gottes für Sie in jedem Augenblick Ihres Lebens zu besiegen.[4]

Wenn wir verstehen, wie die Dämonen gegen uns wirken und uns unablässig angreifen, sollte uns das zu Wachsamkeit und demütiger Abhängigkeit vom Herrn führen.

## 57. Sind manche Dämonen böser als andere?

Die Tatsache, dass einige Dämonen heute frei wirken können (Eph 6,12) und andere gebunden sind, macht deutlich, dass manche von ihnen zu weit gegangen sind und Gott ihnen ihre Bewegungsfreiheit genommen hat. Als Jesus dem Mann begegnete, der von einer Legion von Dämonen besessen war, baten die Dämonen ihn, sie nicht in den Abgrund, sondern in die nahe gelegene Schweineherde zu schicken (Lk 8,30–32). Die Angst der Dämonen deutet an, dass sie glaubten, sie hätten eine geistliche Linie überschritten, was dazu führen würde, dass sie eingesperrt werden. So wie manche Leute weniger zurückhaltend sind in ihrem sündigen Verhalten, sind einige dämonische Geister böser als andere und müssen jetzt schon die Konsequenzen dafür tragen.

# 58. Werden gefallene Engel in 1. Mose 6 «Gottessöhne» genannt?

1. Mose 6,1–4 gehört zu den rätselhaftesten Passagen in der Schrift.

> Und es geschah, als sich die Menschen zu mehren begannen auf der Erde und ihnen Töchter geboren wurden, da sahen die Gottessöhne, dass die Töchter der Menschen schön waren, und sie nahmen sich von allen jene zu Frauen, die ihnen gefielen. Da sprach der HERR: Mein Geist soll nicht für immer mit dem Menschen rechten, denn er ist ja Fleisch; so sollen seine Tage 120 Jahre betragen! In jenen Tagen waren die Riesen auf der Erde, und auch später noch, solange die Gottessöhne zu den Töchtern der Menschen kamen und diese ihnen Kinder gebaren. Das sind die Helden, die von jeher berühmte Männer gewesen sind.

Die Auslegung dieser Stelle hängt von der Identität der «Gottessöhne» ab. Sind sie Menschen oder gefallene Engel (Dämonen)? Wie Sie wohl annehmen werden, gibt es mehrere Sichtweisen.

## Die Linie Seths

Einige halten die «Gottessöhne» für rebellische Nachkommen der gottesfürchtigen Linie Seths und die «Töchter der Menschen» für gottlose Nachkommen Kains. Diese Sicht stützt sich auf den Gegensatz in 1. Mose 4–5 zwischen den beiden Abstammungslinien von Adam – den Kainiten und den Sethiten. Augustinus vertrat diese Sicht ebenso wie die Reformatoren (Luther und Calvin). Das Problem mit dieser Auslegung ist jedoch, dass nicht alle Nachkommen Seths gottesfürchtig waren. Nur eine Linie Seths fürchtete Gott – diese finden wir in 1. Mose 5. Wären alle Sethiten aus einer gottesfürchtigen Abstammungslinie gekommen, hätte Gott nicht die Flut gesandt. Hätte Mose uns mitteilen wollen, dass die Söhne Seths die Töchter Kains geheiratet hatten, warum hat er es dann nicht einfach gesagt?

## Tyrannische Despoten

Eine andere populäre Sichtweise ist, dass die «Gottessöhne» machthungrige Despoten und Tyrannen waren, die für sich beanspruchten, Gott zu sein, Polygamie praktizierten und ihren Auftrag, anstelle von Gott über die Erde zu herrschen, missbrauchten. Der Haupteinwand gegen diese Sicht ist, dass es schon immer böse Despoten auf der Erde gab, die um jeden Preis nach Macht strebten. Warum wird diese spezielle Sünde herausgegriffen, und warum war sie so schwer, dass sie den Auslöser für eine globale Flut lieferte?

## Dämonisch-besessene Tyrannen

Eine dritte Sicht besagt, dass die «Gottessöhne» dämonisch-besessene Tyrannen waren. Das erklärt aber nicht die einzigartige Natur ihrer Nachkommenschaft. Die Kinder aus diesen Verbindungen scheinen einmalig gewesen zu sein. Sie werden «Nephilim» («Riesen») und «Helden» genannt. Wie kann ein dämonisch-besessener Vater als Erklärung dienen, dass seine Nachkommen eine so einzigartige Natur hatten? Ausserdem gab es dämonische Besessenheit schon immer. Hat dämonische Besessenheit die Flut erforderlich gemacht?

## Gefallene Engel

Ich glaube, die natürliche Lesart von 1. Mose 6,1–4 unterstützt eine vierte Auslegung – dass in den Tagen Noahs eine seltsame und abscheuliche Gräueltat geschah, etwas so Schreckliches, so Undenkbares, dass es zu einer Flut des Bösen kam, die die Erde überschwemmte. Die Verdorbenheit ging so tief, dass eine normale Lösung nicht ausreichte. Nur eine völlige Vernichtung konnte diese Plage der Bosheit ausrotten.

Diese noch nie da gewesene Sünde bestand darin, dass die «Gottessöhne» (gefallene Engelwesen) menschliche Gestalt annahmen und mit den «Töchtern der Menschen» zusammenlebten. Die «Gottessöhne» waren Dämonen, die bei der ursprünglichen Rebellion des Teufels gefallen waren und jetzt noch tiefer fielen. Wie ein einmarschierendes Heer von ausserirdischen Aliens begehrten diese gefallenen Engel irdische Frauen und verliessen den ihnen zugewiesenen Platz. Sie stürmten auf die Erde, um ihre Lust nach fremdem Fleisch zu stillen. Ich weiss, das klingt äusserst merkwürdig, aber lassen Sie es mich erklären. Sieben Punkte unterstützen diese Auslegung von 1. Mose 6,1–4.

1. Der Ausdruck «Gottessöhne» (*bene elohim*) findet sich nur drei weitere Male im Alten Testament. Jeweils im Buch Hiob (1,6; 2,1; 38,7), und jedes Mal bezieht er sich auf Engelwesen. Eine ähnliche Form findet sich in Daniel 3,25, wo er entweder einen Engel oder eine Theophanie meint.

2. Die Septuaginta (eine griechische Übersetzung des hebräischen Alten Testaments) übersetzt «Gottessöhne» mit «Engel Gottes». Das ist von Bedeutung, weil die Septuaginta im 3. Jahrhundert nach Christus übersetzt wurde und in der apostolischen Zeit die am häufigsten verwendete Version des Alten Testaments war.

3. Die Auslegung, dass in 1. Mose 6,1–4 Engel gemeint sind, war die Sicht des Judentums und der frühen Gemeinde. Der jüdische Historiker Flavius Josephus vertrat die Ansicht von den gefallenen Engeln in 1. Mose 6 ebenso wie Philon, Justin der Märtyrer, Klemens von Alexandria, Origenes, Irenäus, Cyprianus, Tertullian, Ambrosius und Methodius. Auch die aus dem 2. Jahrhundert stammende Schrift 1. Henoch 6–11 unterstützte die Sichtweise von den gefallenen Engeln in 1. Mose 6. Die Kirchengeschichte ist nie ausschlaggebend, was die Auslegung der Bibel betrifft, sollte aber als nützliche Richtlinie dienen.

4. Was immer in 1. Mose 6 auch beteiligt war, es muss besonders abscheulich gewesen sein, da es der einzige konkrete Fall von Bösem ist, der direkt vor der Flut erwähnt wird. Es war so schlimm, dass es zu der Vernichtung der Welt führte und nur acht Menschen überlebten. Keine der anderen Sichtweisen wird der Schwere des folgenden Gerichts gerecht.

5. Es scheint ein beabsichtigter Gegensatz zu bestehen zwischen den «Gottessöhnen» (Engel) und den «Töchtern der Menschen» (menschliche Frauen), der andeutet, dass die «Gottessöhne» nicht menschlich waren.

6. Drei neutestamentliche Stellen scheinen sich auf 1. Mose 6 zu beziehen und diese Sicht zu bestätigen.

> Denn es hat ja Christus einmal für Sünden gelitten, der Gerechte für die Ungerechten, damit er uns zu Gott führe, getötet nach dem Fleisch, aber lebendig gemacht nach dem Geist, in dem er auch hinging und den Geistern predigte, die im Gefängnis sind, die einst ungehorsam waren, als die Langmut Gottes harrte in den Tagen Noahs, während die Arche zugerichtet wurde, in die wenige, das ist acht Seelen, eingingen und durch Wasser gerettet wurden (1. Petr 3,18–20; Elberfelder 2003).

Diese Stelle ist voller Schwierigkeiten, aber ich glaube, sie lehrt, dass Christus in der Zeit zwischen seinem Tod und seiner Auferstehung in die Unterwelt ging, um den Engeln, die in 1. Mose 6 gesündigt hatten, seinen Sieg zu verkünden. Mehr darüber findet sich in Frage 64.

> Denn wenn Gott die Engel nicht verschonte, die gesündigt hatten, sondern sie in Fesseln der Finsternis in den Abgrund warf, um sie zum Gericht aufzubewahren ... (2. Petr 2,4).

In diesem Text wird das Gericht über diese Engel direkt vor dem Flutgericht über die Welt erwähnt (V. 5). Das passt zu der Chronologie in 1. Mose.

> ... und dass er die Engel, die ihren Herrschaftsbereich nicht bewahrten, sondern ihre eigene Behausung verliessen, für das Gericht des grossen Tages mit ewigen Fesseln unter der Finsternis verwahrt hat; wie Sodom und Gomorra und die umliegenden

> Städte, die in gleicher Weise wie diese die Unzucht bis zum Äussersten trieben und anderem Fleisch nachgingen, nun als warnendes Beispiel dastehen, indem sie die Strafe eines ewigen Feuers zu erleiden haben (Jud 1,6–7).

Diese Engel sind laut Judas gebunden, weil sie «ihre eigene Behausung verliessen», «die Unzucht bis zum Äussersten trieben» und «anderem Fleisch nachgingen», wie es auch die Menschen von Sodom und Gomorra getan hatten. Mit anderen Worten, diese Engel überschritten ihre normalen Beschränkungen und eine von Gott gesetzte sexuelle Grenze. Auch das unterstützt die Ansicht von den gefallenen Engeln in 1. Mose 6.

7. Die Nachkommen dieser Verbindungen waren einzigartig. Sie werden «Nephilim» genannt, was von dem hebräischen Wort *naphal* (fallen auf) abstammt. «Nephilim» wird manchmal auch mit «Gefallene» wiedergegeben. Der Begriff «Nephilim» findet sich ebenfalls in 4. Mose 13,32–33 und wird häufig mit «Riesen» übersetzt. Aufgrund von 4. Mose 13,33 glauben viele, dass die Nephilim körperlich Riesen waren. Das könnte stimmen, aber die assoziative Hauptbedeutung ist ihre Brutalität und Tyrannei, mit der sie über andere gewaltsam herfielen. Über die Nachkommenschaft sagt John Phillips: «Sie waren wahrscheinlich die alten Promethianer, die gewaltigen Geschöpfe, die den Menschen die Sünden und Geheimnisse der Götter gaben. Die Welt war schon vorher ein böser Ort gewesen, jetzt aber wurde sie vollends verdorben und die Bosheit nahm gewaltige Ausmasse an.»[1]

Die Kinder aus diesen Ehen wurden auch bezeichnet als «die Helden [*gibborim*], die von jeher berühmte Männer gewesen sind». Das dient als Hintergrund für die antike Mythologie, die beschreibt, wie die Götter herabkommen, um mit Frauen zusammenzuleben. In der antiken Mythologie waren die Nachkommen dieser Verbindungen mächtige Wesen, so wie sie auch in 1. Mose 6 beschrieben werden. James Boice sagt darüber:

> Was wäre natürlicher, als dass diese Vereinigung «Helden» des Altertums hervorbrachte? Da dieser Vers speziell von den «Helden, die von jeher berühmte Männer gewesen sind», spricht, was wäre naheliegender, als dass er der Ursprung der Geschichten über halbmenschliche, halbgöttliche Gestalten ist, die sich in praktisch allen alten Mythologien finden lassen? Die Geschichten von Homer und anderen Schreibern sind natürlich ausgeschmückt, aber wahrscheinlich spiegeln sie Erinnerungen wider an diese alten aussergewöhnlichen Gestalten aus der Zeit vor der Flut.[2]

Häufig werden zwei Probleme hinsichtlich der Auslegung, dass in 1. Mose 6 gefallene Engel gemeint sind, angeführt. Zum einen halten manche es einfach für zu bizarr. Es wirft zu viele Fragen auf. Ich stimme zu, dass diese Auslegung seltsam, ja sogar bizarr ist. Unsere Aufgabe ist es aber zu verstehen, was der Text in seinem Zusammenhang und in Übereinstimmung mit dem Rest der Schrift sagt, nicht eine Auslegung abzulehnen, weil sie zu weit hergeholt erscheint. Wenn die Bibel sagt, dass es sich ereignet hat, müssen wir es akzeptieren, selbst wenn es uns nicht passt. Bei vielen Lehren der Schrift haben wir Probleme, sie völlig zu verstehen; einige von ihnen sind von einem gewissen Geheimnis umgeben.

Der zweite Einwand basiert auf Matthäus 22,30: «Denn in der Auferstehung heiraten sie nicht, noch werden sie verheiratet, sondern sie sind wie die Engel Gottes im Himmel.» Alles, was diese Stelle sagt, ist, dass Menschen im Himmel ebenso wenig heiraten werden wie die Engel. Wir wissen jedoch, dass Engel menschliche Eigenschaften annehmen und wie Menschen aussehen können. Sie können gehen, reden, atmen und essen. Wenn sie Gestalt annehmen, sind sie immer männlich, und es werden immer maskuline Pronomen für sie verwendet. Matthäus 22,30 schliesst nicht ausdrücklich aus, was in 1. Mose 6,1–4 beschrieben wird. Es bestätigt einfach nur die Vorstellung, dass Menschen im Himmel nicht heiraten werden.

Stellt sich letztlich die Frage: Warum sollten Dämonen so etwas tun? Warum sollten Dämonen menschliche Gestalt annehmen und die Gräueltat verüben, Frauen zu heiraten? Ich glaube, sie wollten die Menschheit durch diese Tat verderben und pervertieren. In 1. Mose 3,15 hatte Gott verheissen, dass der Same der Frau der Schlange den Kopf zermalmen würde. Der Teufel dachte sich einen Plan aus, wie er die ganze menschliche Rasse durch die Vereinigung von Dämonen und Menschen verderben konnte. Der Erlöser konnte nicht aus einer verdorbenen Abstammungslinie hervorgehen. Hätte der Teufel die ganze Menschheit erfolgreich verdorben, hätte der Befreier nicht kommen können. Hätte er Erfolg gehabt, wären alle Menschen verloren gewesen.

Deshalb war die Flut erforderlich – um die Menschheit unversehrt zu erhalten, nicht verunreinigt vom Plan des Teufels. Indem Gott die Menschen bis auf Noah und seine Familie vernichtete, wurden der Weg der Erlösung und das Kommen des Erretters offen gehalten. Die Flut war ein verheerendes Gericht, aber es war auch ein Akt der unvergleichlichen Gnade Gottes, um den Erlösungsplan sicherzustellen.

## 59. Welche unterschiedlichen Positionen gibt es in der Hierarchie der Dämonen?

Die Schrift macht deutlich, dass Engel gut organisiert sind. Gott ist der Urheber von Ordnung und Organisation. Engel sind nach Klassen eingeteilt, dazu gehören Cherubim, Seraphim und lebendige Wesen. Sie haben auch zahlreiche Titel, einschliesslich Throne, Herrschaften, Fürstentümer und Gewalten (Röm 8,38; Eph 1,21; 3,10; Kol 1,16; 2,15). Wenn diese Begriffe zusammen aufgeführt werden, ist ihre Reihenfolge normalerweise gleich bleibend, was andeutet, dass sie einen Rang entsprechend ihrer Macht haben.

Der Teufel ist ein meisterhafter Nachahmer. Als er gegen Gott rebellierte und sein eigenes Reich gründete, gestaltete er es nach Gottes Verwaltungsordnung, um die Effektivität und den Einfluss seiner Kräfte zu maximieren. «Mit der Organisation von Informationen und der Zusammenarbeit in den Reihen der Dämonen könnte ihre Präsenz und Macht äussert effizient und effektiv sein.»[1] Einige derselben Positionen der nicht gefallenen Engel werden auch für die Dämonen verwendet. Das Heer des Teufels ist höchst strukturiert. Es ist wie eine sehr gut organisierte Armee. Epheser 6,12 gewährt uns einen Blick hinter den Vorhang auf die unsichtbare Welt und auf die unsichtbare Armee der bösen geistlichen Mächte: «Denn unser Kampf richtet sich nicht gegen Fleisch und Blut, sondern gegen die Herrschaften, gegen die Gewalten, gegen die Weltbeherrscher der Finsternis dieser Weltzeit, gegen die geistlichen Mächte der Bosheit in den himmlischen Regionen.»

Das beschreibt eine riesige und höchst organisierte Hierarchie. John Stott nennt Epheser 6,12 eine «vollständige und beängstigende Beschreibung der Mächte, die sich gegen uns aufgestellt haben».[2] Sie umfassen das, was wir als das globale Netzwerk des Teufels bezeichnen könnten, die geistliche Mafia, das ultimative Reich des Bösen oder die kosmischen Potentaten dieser Finsternis. Diese Welt ist im Griff eines unsichtbaren kosmischen Herrschers, einer unsichtbaren Welt, die ebenso real ist wie die sichtbare Welt um uns herum. Epheser 6,12 gebraucht folgende griechische Worte:

- *archai* (Herrschaften)
- *exousiai* (Gewalten)
- *kosmokratores* (Weltbeherrscher der Finsternis)
- *pneumatika tes ponerias* (geistliche Mächte der Bosheit)

Die ersten beiden Begriffe überschneiden sich mit den Positionen der nicht gefallenen Engel, aber die beiden letzteren werden nur für Dämonen benutzt. Alle diese Worte stehen im Plural, was andeutet, dass jede Kategorie viele Wesen unter der Führung des Teufels beinhaltet. Offensichtlich beziehen sich diese Begriffe auf verschiedene Autoritäts- und Rangebenen. Die Armee des Teufels weist eine klar festgelegte und disziplinierte Befehlskette auf. Die kosmischen Mächte der Finsternis sind «geordnet, unterteilt und koordiniert. Sie haben eine perfekte Regierungsstruktur – militärisch in ihrer Disziplin und absolut und geordnet in ihrer Aufstellung. Sie unterstehen einem höchsten, diktatorischen und mächtigen Führer, von den einfachen Soldaten bis zu den Offizieren».[3]

Obwohl wir unmöglich die genaue Organisationshierarchie der dämonischen Welt oder die volle Bedeutung der verschiedenen Titel verstehen können, sollte die gut organisierte Struktur der Armee des Teufels das Herz eines jeden Gläubigen von der Ernsthaftigkeit unseres Kampfes überzeugen und uns wachsam und abhängig von unserem grossen, siegreichen Oberbefehlshaber machen.

## 60. Sind Dämonen bestimmten geografischen Gebieten zugeteilt?

In Daniel 10 finden wir *Engel und Dämonen*. Es wird eine Szene beschrieben, in der gute Engel und böse Engel einen kosmischen Krieg führen. In diesem fesselnden Bericht kommt ein guter Engel mit einer Botschaft und Trost zu Daniel. Er überbringt ihm eine Gebetserhörung und erklärt ihm, was hinter den sichtbaren Dingen vor sich gegangen ist.

> Da sprach er zu mir: Fürchte dich nicht, Daniel! Denn von dem ersten Tag an, da du dein Herz darauf gerichtet hast, zu verstehen und dich vor deinem Gott zu demütigen, sind deine Worte erhört worden, und ich bin gekommen um deiner Worte willen. Aber der Fürst des Königreichs Persien hat mir 21 Tage lang widerstanden; und siehe, Michael, einer der vornehmsten Fürsten, ist mir zu Hilfe gekommen, sodass ich dort bei den Königen von Persien entbehrlich war. ...
>
> Und er sprach: Weisst du, warum ich zu dir gekommen bin? Nun will ich wieder hingehen und mit dem Fürsten von Persien kämpfen; sobald ich aber ausziehe, siehe, so kommt der Fürst von Griechenland! Doch will ich dir verkünden, was in dem Buch der Wahrheit aufgezeichnet ist; und kein Einziger steht mir mutig bei gegen jene als nur euer Fürst Michael (Dan 10,12–13.20–21).

Der «Fürst des Königreichs Persien» ist ein Dämon, der an einem kosmischen Kampf mit den guten Engeln beteiligt war, die versuchten, Daniel die Antwort auf sein Gebet zu bringen. In Vers 20 wird ein weiterer Dämon erwähnt: «der Fürst von Griechenland». Der Kampf tobte so heftig, dass der Erzengel Michael dem Engel in diesem Konflikt zur Hilfe kommen musste. Die Fürsten von Persien und Griechenland waren dämonische Kräfte, die über diese beiden Nationen gesetzt waren. Sie beeinflussten diese Regierungen, sich gegen das Volk Israel zu stellen und es zu behindern. Das war das Thema der Visionen, die Daniel empfing. In dieser Hinsicht hatten die Dämonen den Auftrag, diese Nationen und ihre Führer zumindest zeitweilig zu beeinflussen. Das gehört zu der organisierten teuflischen Hierarchie, die die Erde umfasst, wie Donald Grey Barnhouse erklärt.

> Die Darstellung der Mächte des Teufels, wie wir sie im Buch Daniel finden, führt uns zu der Annahme, dass die ganze Welt unter Fürstentümern aufgeteilt ist, entsprechend ihrer irdischen Regierungen. Wenn es einen Fürst von Persien und einen Fürst von Griechenland gibt, sollten wir nicht erstaunt sein, wenn es auch einen Fürst von Russland oder einen Fürst von Indien gibt, einen Fürst von Grossbritannien und einen Fürst der Vereinigten Staaten. Das ist nicht blosse Spekulation, denn es wird ganz offen gesagt, dass die irdische Regierung in den Händen des Teufels ist. ... Der Teufel hat möglicherweise sogar Unteroffiziere, die für kommunale Angelegenheiten verantwortlich sind.[1]

Auch wenn die Organisation des Teufels geografische Gebiete beinhaltet, ist das nicht zu vergleichen mit der gegenwärtigen Vorstellung von «territorialen Geistern», die in den letzten Jahren an Popularität gewonnen hat. Das Thema territoriale Geister und Cosmic-Level Spiritual Warfare (geistliche Kampfführung auf kosmischer Ebene) wird in Frage 87 besprochen.

## 61. Können Dämonen unseren Gebeten und ihren Erhörungen im Weg stehen?

Daniel 10 lehrt, dass Gott die Gebete seines Volkes sofort hört. Als Daniel zu Gott betete, wurden seine Worte im Himmel gehört. Dämonen können es nicht verhindern, dass unsere Gebete den Himmel erreichen. Aber sie können die Antwort aufhalten. Der unsichtbare geistliche Krieg kann Gebetserhörungen verzögern. Daniels Antwort wurde von den Dämonen drei Wochen lang aufgehalten.

Daniel 10 zeigt auch, dass die Mächte des Guten und des Bösen überall um uns herum sind, hinter der dünnen Fassade dieser Welt stecken und sogar heilige, nicht gefallene Engel den Widerstand von Dämonen erfahren.

## 62. Gibt es Dämonen der Begierde, der Wut, des Alkoholismus, etc?

Viele christliche Führungspersonen verbinden Dämonen mit verschiedenen sündigen Einstellungen, Handlungen oder Abhängigkeiten wie Alkoholismus, Wut, Begierde, Scheidung und dergleichen. Diese bösen Geister werden als Gründe für bestimmte Sünden angesehen. Manche verweisen auf 2. Timotheus 1,7, wo von einem Geist der Furchtsamkeit die Rede ist, um zu beweisen, dass es böse Geister für verschiedene Sünden gibt. Das Wort «Geist» bezieht sich an dieser Stelle allerdings auf eine furchtsame Einstellung oder Neigung, nicht auf einen dämonischen Geist.

Natürlich kennen die Dämonen unsere Schwächen und versuchen uns zur Sünde, aber Dämonen in Verbindung mit speziellen Sünden zu bringen wie Begierde, Wut, Alkoholismus oder Drogenabhängigkeit, ist eine zu einfache Sicht von der Verdorbenheit des Menschen und dem Problem der Sünde. Diese unbiblische Herangehensweise führt zu Frustration und Versagen. Das Überwinden der Sünde ist ein andauernder, täglicher und sogar lebenslanger Prozess, nicht die einmalige Zurechtweisung eines Dämons. Die neutestamentlichen Briefe bringen Dämonen nie in Verbindung mit speziellen Sünden oder weisen Gläubige an, Dämonen von bestimmten Sünden zu konfrontieren. Stattdessen wird uns gesagt, im Geist zu wandeln, damit wir die Begierden des Fleisches nicht vollbringen (Gal 5,16). Wir haben den Auftrag, vor den jugendlichen Lüsten zu fliehen und der Gerechtigkeit nachzujagen (2. Tim 2,22). Wenn wir weise sind, halten wir uns an Gottes Methode im Umgang mit dem Problem der Sünde.

## 63. Was ist unter «Lehren der Dämonen» zu verstehen?

Eines der offiziellen Dokumente, die an das Wachpersonal der NS-Todeslager im Zweiten Weltkrieg ausgehändigt wurden, enthielt folgende Worte: «Die Lagervorschrift sieht vor, dass alle, die hier ihrem Tode entgegengehen, bis zum Ende getäuscht werden sollen.»[1] Auch der Teufel und seine Dämonen wollen die Menschen bis zum Ende täuschen. Ihre Hauptmethode ist die Verbreitung falscher Lehren. 1. Timotheus 4,1 erinnert uns: «Der Geist aber sagt ausdrücklich, dass in späteren Zeiten etliche vom Glauben abfallen und sich irreführenden Geistern und Lehren der Dämonen zuwenden werden.» Dieser Vers macht den starken Kontrast deutlich zwischen dem, was der Heilige Geist in den letzten Tagen sagt, und dem, was betrügerische Geister und Dämonen von sich geben.

Der Teufel ist ein Meister der Massentäuschung. Er weiss, dass der Mensch unheilbar religiös ist – dass Menschen vor irgendeinem Heiligtum auf die Knie gehen. Daher greift er zu falschen Religionen und falschen Lehren, um die Menschen so lange zu täuschen, bis es zu spät ist. Vielleicht haben Sie schon einmal von dem Vergleich gehört, dass ein Tropfen Zyanid in einem Krug Wasser ausreicht, um Sie zu töten. Dasselbe gilt für falsche Lehren. Vieles ist richtig, aber ein kleiner gravierender Irrtum kann Sie geistlich töten. Betrügerische Geister sind das Instrument, das der Teufel benutzt, um diese falschen Lehren ins Leben zu rufen. Lehren der Dämonen sind tödliche Ideen. Vor Jahren hörte ich jemanden sagen: «Je mehr Wahrheit ein Irrtum enthält, umso gefährlicher ist er.» Der Teufel freut sich, den Menschen die Wahrheit zu geben, solange er sein Gift tropfenweise untermischen kann.

> Falsche Lehren werden nie in Ihre Gemeinde kommen mit der Aufschrift «Gemeinde des Teufels». Betrügerische Geister wickeln ihre Lehren stets in ehrbare, ja sogar fromme und religiöse Gewänder. Die Lehre spricht das Fleisch an und wird mit Charme und Charisma präsentiert. Falsche Lehrer sprechen mit grosser Überzeugung über die Probleme ihrer Zeit und verwenden oftmals die Schrift (fast immer aus dem Kontext gerissen), um den Anschein einer glaubenstreuen Lehre zu vermitteln.[2]

Dämonen bringen diese Lehren zu falschen Religionen, Sekten, Kanzeln, Denominationen und ins Bibelseminar. Der Teufel wird in vier der sieben Briefe an die Gemeinden in Offenbarung 2–3 erwähnt. Wir dürfen nie vergessen, dass «der Teufel schon in der Gemeinde ist, bevor der Prediger die Kanzel betritt oder die Gläubigen Platz genommen haben. Er kommt, um den Sämann von der Arbeit abzuhalten, den Boden auszulaugen oder die Saat zu verderben».[3]

Welche Lehren verbreiten die Dämonen heutzutage? Gott ist ein Mythos. Die Schöpfung ist ein Produkt aus Zeit und Zufall. Der Mensch ist nur eine höhere Form des Tieres. Der Mensch ist von Natur aus gut. Die Bibel wurde von Menschen geschrieben und nicht von Gott inspiriert. Die Bibel ist voller Widersprüche und Fehler. Die Bibel ist eines von vielen Büchern, die göttliche Offenbarungen enthalten. Der Mensch kann durch eigene gute Werke in den Himmel kommen. Jesus ist nicht Gott, sondern ein geschaffenes Wesen. Es gab keine körperliche Auferstehung Jesu aus den Toten. Die Wunder in der Bibel haben sich nie ereignet. Alle Menschen kommen in den Himmel. Es gibt keine Hölle. Gottes höchstes Ziel ist Ihr Glück. Gott möchte Sie reich und gesund machen.

Dämonen sind Lügengeister, die unseren Körper und unsere Seele vernichten und uns bis zum Ende täuschen wollen. Sie nehmen ihren Auftrag todernst. Auch wir müssen ihn ernst nehmen. Wir müssen die Wahrheit kennen und alles tun, was wir können, um sie zu verbreiten.

# 64. Ist Jesus nach seinem Tod in die Unterwelt herabgestiegen, um den gefallenen Engeln zu verkündigen?

Einer der interessantesten und schwierigsten Texte im Neuen Testament ist 1. Petrus 3,18–22.

> Denn es hat ja Christus einmal für Sünden gelitten, der Gerechte für die Ungerechten, damit er uns zu Gott führe, getötet nach dem Fleisch, aber lebendig gemacht nach dem Geist, in dem er auch hinging und den Geistern predigte, die im Gefängnis sind, die einst ungehorsam waren, als die Langmut Gottes harrte in den Tagen Noahs, während die Arche zugerichtet wurde, in die wenige, das ist acht Seelen, eingingen und durch Wasser gerettet wurden, welches Gegenbild auch euch jetzt errettet, das ist die Taufe (nicht ein Ablegen der Unreinheit des Fleisches, sondern das Begehren eines guten Gewissens vor Gott), durch die Auferstehung Jesu Christi, der, in den Himmel gegangen, zur Rechten Gottes ist, indem Engel und Gewalten und Mächte ihm unterworfen sind. (Elberfelder 2003)

Die wichtigste Aussage findet sich in Vers 19, wo es heisst, dass Jesus zu den Geistern im Gefängnis ging und ihnen verkündigte. Drei Fragen müssen beantwortet werden, um diesen Vers richtig auszulegen: Wann verkündigte Jesus, wer war der Adressat und was verkündigte er? Es gibt drei wesentliche Auslegungen von Vers 19.

1. Vor seiner Menschwerdung predigte Christus zu den Menschen durch Noah. Die Leute waren ungehorsam, daher sind sie jetzt Geister im Gefängnis (Hölle). Das war die Sicht von Augustinus und den Reformatoren.
2. Zwischen seinem Tod und seiner Auferstehung besuchte Christus die Unterwelt und predigte zu den menschlichen

Geistern in der Hölle, um ihnen eine zweite Chance auf Errettung zu geben. Das Problem mit dieser Sicht ist, dass Jesus sagte, die im Hades würden keine zweite Chance auf Errettung bekommen (Lk 16).

3. Zwischen seinem Tod und seiner Auferstehung besuchte Christus den Bereich, in dem die Engel, die in 1. Mose 6 sündigten, eingesperrt sind. Das heisst, er ging in den *Tartarus* und verkündete den Sieg über die Engel, die dort gebunden sind.

Aus fünf Gründen ist die dritte Sichtweise die beste.

1. Es ist die älteste Sicht dieser Passage. Sie hat das Alter auf ihrer Seite.
2. Die chronologische Abfolge unterstützt diese Sicht. Der Text fängt mit dem Tod Christi an, geht weiter mit seiner Verkündigung gegenüber den Geistern im Gefängnis, seiner Auferstehung, seiner Himmelfahrt und seiner Inthronisierung im Himmel. Die Verkündigung gegenüber den Geistern im Gefängnis liegt zwischen seinem Tod und seiner Auferstehung.
3. Sie passt zu dem Bericht in 1. Mose 6,1–4 über die sündigenden Engel zur Zeit Noahs.
4. 2. Petrus 2,4 und Judas 1,6–7 unterstützen die Sicht, dass bestimmte Engel gegenwärtig im *Tartarus* gebunden sind. Ohne näher erläuternde Aussagen bezieht sich das Wort «Geister» normalerweise auf Engel.
5. 1. Petrus 3,22 sagt, Christus «ist seit seiner Himmelfahrt zur Rechten Gottes; und Engel und Gewalten und Mächte sind ihm unterworfen».

Ich glaube, zu irgendeinem Zeitpunkt zwischen seinem Tod und seiner Auferstehung ging Jesus in den *Tartarus*, um den Engeln, die in 1. Mose 6,1–4 gesündigt hatten, seinen Sieg und ihr Schicksal zu verkünden. Diese Sicht stimmt mit Kolosser 2,14–15 überein.

> Er [Gott] hat die gegen uns gerichtete Schuldschrift ausgelöscht, die durch Satzungen uns entgegenstand, und hat sie aus dem Weg geschafft, indem er sie ans Kreuz heftete. Als er so die Herrschaften und Gewalten entwaffnet hatte, stellte er sie öffentlich an den Pranger und triumphierte über sie an demselben.

Die praktische Botschaft dieser Stelle ist, dass Jesus Herr über alle ist. Er ist Herr über den niedrigsten Ort (*Tartarus*), den höchsten Ort (zur Rechten Gottes) und über alles dazwischen. Das ist unser grösster Trost und unsere Zuversicht in den Kämpfen des Lebens.

## 65. Wird es in der zukünftigen Drangsalszeit eine riesige dämonische Invasion auf der Erde geben?

Einer der seltsamsten Texte in der Offenbarung enthält die Beschreibung eines Schwarms heuschreckenähnlicher Geschöpfe, die in der Endzeit aus dem Abgrund heraufsteigen.

> Und der fünfte Engel stiess in die Posaune; und ich sah einen Stern, der vom Himmel auf die Erde gefallen war, und es wurde ihm der Schlüssel zum Schlund des Abgrunds gegeben. Und er öffnete den Schlund des Abgrunds, und ein Rauch stieg empor aus dem Schlund, wie der Rauch eines grossen Schmelzofens, und die Sonne und die Luft wurden verfinstert von dem Rauch des Schlundes. Und aus dem Rauch kamen Heuschrecken hervor auf die Erde; und es wurde ihnen Vollmacht gegeben, wie die Skorpione der Erde Vollmacht haben. Und es wurde ihnen gesagt, dass sie dem Gras der Erde keinen Schaden zufügen sollten, auch nicht irgendetwas Grünem, noch irgendeinem Baum, sondern nur den Menschen, die das Siegel Gottes nicht an ihrer Stirn haben. Und es wurde ihnen gegeben, sie nicht zu töten, sondern sie sollten fünf Monate lang gequält werden. Und ihre Qual war wie die Qual von einem Skorpion, wenn er einen Menschen sticht. Und in jenen Tagen werden die Menschen den Tod suchen und ihn nicht finden; und sie werden begehren zu sterben, und der Tod wird von ihnen fliehen.
>
> Und die Gestalten der Heuschrecken glichen Pferden, die zum Kampf gerüstet sind, und auf ihren Köpfen trugen sie etwas wie Kronen, dem Gold gleich, und ihre Angesichter waren wie menschliche Angesichter. Und sie hatten Haare wie Frauenhaare, und ihre Zähne waren wie die der Löwen. Und sie hatten Panzer wie eiserne Panzer, und das Getöse ihrer Flügel war wie das Getöse vieler Wagen und Pferde, die zur Schlacht eilen. Und sie hatten Schwänze

> wie Skorpione, und Stacheln waren in ihren Schwänzen, und ihre Vollmacht bestand darin, den Menschen Schaden zuzufügen fünf Monate lang. Und sie haben als König über sich den Engel des Abgrunds; sein Name ist auf Hebräisch Abaddon, und im Griechischen hat er den Namen Apollyon. Das erste Wehe ist vorüber; siehe, es kommen noch zwei Wehe nach diesem! (Offb 9,1–12).

Vor mehreren Jahren besuchte ich mit meiner Familie die Carlsbad Caverns in New Mexico. Ich erinnere mich noch, wie wir langsam in das Innere der Erde hinabstiegen und die moderige Höhlenluft in unsere Nase kroch. Der Ausflug ist von Anfang bis Ende ein aufregendes Abenteuer. Aber der Höhepunkt ist, in der Abenddämmerung den Auszug der Fledermäuse aus der Höhle zu beobachten, wenn sie sich aufmachen, um sich in der Umgebung von den Insekten zu ernähren. Wenn Tausende von Fledermäusen aus dem Loch in der Erde ausschwärmen, wird das schwache Licht der Dämmerung von ihrem Flug verdunkelt. Es ist ein einmaliger Anblick.

Noch anschaulicher und beängstigender beschreibt Offenbarung 9,2–3, wie der Abgrund geöffnet wird, Rauch wie aus einem grossen Schmelzofen hervorquillt und sich unzählige heuschreckenähnliche Wesen auf der Erde verteilen und den Himmel verfinstern. Aus diesem Gefängnis der Bosheit steigt Rauch auf, und die Heuschrecken strömen aus dem Abgrund hervor.

Doch was kommt aus dieser unterirdischen Höhle, das den Weg der Sonnenstrahlen versperrt? Was sind diese Heuschrecken, die aus dem Abgrund herausschwärmen und den Himmel über der Erde verfinstern? Sind es buchstäblich Heuschrecken oder andere Geschöpfe?

In der Kirchengeschichte gab es die unterschiedlichsten Auslegungsversuche für die Heuschrecken in Offenbarung 9: Irrlehrer, Goten, Mohammedaner, der Bettelorden, Jesuiten, Protestanten, Sarazenen und die Türken. Die Beschreibung in Offenbarung 9,2–5 macht allerdings deutlich, dass diese Heuschrecken dämonische

Wesen in materieller, sichtbarer Gestalt sind. Sie sind die unheimlichen Bewohner des Abgrunds, Heuschrecken einer teuflischen Art mit infernalischen Kräften. Diese Bibelstelle beschreibt eine unglaubliche dämonische Invasion der Erde durch die Armee des Teufels in den letzten Tagen.

Diese Wesen sind im Allgemeinen wie Heuschrecken, weisen aber acht unterschiedliche Merkmale auf.

1. Sie sind wie Pferde.
2. Sie tragen Kronen wie aus Gold auf ihren Köpfen.
3. Sie haben Gesichter wie Menschen.
4. Sie haben lange Haare wie Frauen.
5. Sie haben Zähne wie Löwen.
6. Sie tragen Panzer wie aus Eisen.
7. Sie machen Lärm wie Wagen oder Pferde, die in die Schlacht ziehen.
8. Sie haben Schwänze wie Skorpione.

In jedem Fall deutet das Wort «wie» an, dass ein Vergleich gezogen wird und etwas anderes als eine wortwörtliche Beschreibung gemeint ist. Das heisst nicht, dass diese Wesen nicht wörtlich zu verstehen sind. Johannes beschreibt sie nur auf die ihm bestmögliche Weise, indem er sie mit Dingen vergleicht, die er kennt. Hier ist eine andere Liste mit Merkmalen, die diese Heuschrecken aus der Hölle charakterisieren.

- Köpfe – Kronen wie aus Gold
- Gesichter – wie die von Menschen
- Haare – wie die von Frauen
- Zähne – wie die von Löwen
- Panzer – wie aus Eisen
- Flügel – wie das Geräusch von Wagen mit vielen Pferden
- Schwänze – wie die von Skorpionen

Als ein Freund das las, meinte er, diese Beschreibung würde sich nach der eines Rockstars anhören. Stellen Sie sich nur das unglaubliche Aussehen dieser Eindringlinge aus dem Abgrund vor. Sie sind langhaarige, pferdeähnliche fliegende Heuschrecken mit Schwänzen wie Skorpione und goldenen Kronen über menschlichen Gesichtern, bedeckt mit einer Haut, die wie ein Rüstungsmantel wirkt. Sie sind höllische Cherubim – eine Kombination aus Pferd, Mensch, Frau, Löwe, Skorpion und Heuschrecke. Ihre Grösse wird nicht genannt, aber sie sind deutlich grösser als normale Heuschrecken.

Sieben Faktoren unterstützen die Sicht, dass diese Wesen Dämonen in materieller Gestalt sind.

1. Ihr Anführer ist ein gefallener Engel oder Dämon.
2. Sie kommen aus dem Schlund des Abgrunds, der im Neuen Testament als der Ort ausgewiesen wird, an dem sich einige gefallene Engel oder Dämonen befinden (Lk 8,31).
3. Sie können nicht buchstäblich Heuschrecken sein, da sie über die Menschen herfallen, nicht über die Vegetation. Offenbarung 9,4 sagt: «Und es wurde ihnen gesagt, dass sie dem Gras der Erde keinen Schaden zufügen sollten, auch nicht irgendetwas Grünem, noch irgendeinem Baum, sondern nur den Menschen, die das Siegel Gottes nicht an ihrer Stirn haben.» Echte Heuschrecken tun das genaue Gegenteil.
4. Diese Heuschrecken quälen nur die Menschen, die nicht Gott gehören. Das entspricht dem Wirken von Dämonen.
5. Dämonen können offensichtlich eine ganze Reihe von materiellen Gestalten annehmen, sowohl von Menschen als auch von Tieren. In Offenbarung 16,13 erscheinen Dämonen als unreine Frösche.
6. Die Beschreibung dieser Wesen in Offenbarung 9,7–10 geht eindeutig über alles hinaus, was von dieser Welt ist.
7. Echte Heuschrecken haben keinen König über sich. Sprüche 30,7 sagt: «Die Heuschrecken — sie haben keinen König, und

> doch ziehen sie alle in geordneten Scharen aus.» Die in Offenbarung erwähnten Heuschrecken haben «den Engel des Abgrunds» als Anführer (Offb 9,11).

Im Altertum gab es nichts Zerstörerischeres als Heuschrecken. Sie symbolisierten Zerstörung. Die fünfte Gerichtsposaune beschreibt nicht weniger, als dass das Innere der Hölle eine grauenvolle Schar von abscheulichen Dämonen freigibt, die die unerretteten Menschen in den letzten Tagen der zukünftigen Drangsalszeit mit Schmerzen und Qualen heimsuchen.

Stellen Sie sich vor, wie die Welt aussähe, würden die Gefängnisse auf der Erde geöffnet und die weltweit schlimmsten und grausamsten Verbrecher freigelassen, ausgestattet mit der Erlaubnis, ihre Untaten unter der ganzen Menschheit zu verüben. Die Szene in Offenbarung 9 ist noch weitaus schlimmer. Wie wird es sein, wenn in der Drangsalszeit Abertausende von Dämonen, die Tausende von Jahren im Abgrund eingesperrt waren, in sichtbarer Gestalt ungezügelt über die Erde streifen? Einfach unbeschreiblich!

Fügen Sie diesem Bild noch die Tatsache hinzu, dass der Teufel und seine gefallenen Engelscharen in Offenbarung 12 aus dem Himmel auf die Erde geworfen werden. Die Erde wird in ein dämonisches Kreuzfeuer geraten, wenn der Teufel und die gefallenen Engel aus dem Himmel Gottes über uns auf die Erde geworfen werden und die Dämonen aus dem Abgrund an die Erdoberfläche strömen. Auf der Erde wird es buchstäblich vor Schwärmen von schrecklichen dämonischen Wesen wimmeln. Wer das miterleben muss, wird eine ähnliche Erfahrung wie die Menschen in Auschwitz machen. Die teuflischen Mächte aus dem Himmel und der Hölle werden freigelassen, um ihre unvorstellbaren Gräueltaten an der Menschheit zu verüben. Offenbarung 9 zeigt, dass in den letzten Tagen eine Streitmacht von «Aliens» auf der Erde einfallen wird, anders als alles, was Menschen sich im Computer an Spezialeffekten ausdenken können.

## 66. Wer ist Abaddon oder Apollyon?

Der Anführer der dämonischen Streitkräfte in Offenbarung 9 wird in Vers 11 genannt. «Und sie haben als König über sich den Engel des Abgrunds; sein Name ist auf Hebräisch Abaddon, und im Griechischen hat er den Namen Apollyon.» Die Worte Abaddon und Apollyon bedeuten «Verderben» oder «Verderber».

Viele sind der Ansicht, dass das ein Hinweis auf den Teufel ist, der die dämonische Armee als König anführen wird. Natürlich ist der Teufel der König oder Anführer aller Dämonen. Das muss aber nicht zwangsläufig bedeuten, dass er der direkte Anführer dieser speziellen Gruppe von Dämonen aus dem Abgrund ist. Der Teufel hat keine Verbindung zum Abgrund, bis er in Offenbarung 20,1–3 dort hinabgeworfen wird. In Offenbarung 9 kann er sich noch frei bewegen, daher erscheint es zu diesem Zeitpunkt sonderbar, ihn mit dem «Engel des Abgrunds» zu identifizieren.

Ich meine, dass es ein anderer mächtiger gefallener Engel ist, der die Führung über den Abgrund hat, wo einige gefallene Engel von Gott eingesperrt wurden. Apollyon ist ein ansonsten unbekannter gefallener Engel, einer der Anführer in der Organisationshierarchie des Teufels.

## 67. Wer sind die vier Engel, die am Euphrat gebunden sind?

Offenbarung 9,13–15 zufolge sind am Euphrat vier Engel gebunden.

> Und der sechste Engel stiess in die Posaune, und ich hörte eine Stimme aus den vier Hörnern des goldenen Altars, der vor Gott steht, die sprach zu dem sechsten Engel, der die Posaune hatte: Löse die vier Engel, die gebunden sind an dem grossen Strom Euphrat! Und die vier Engel wurden losgebunden, die auf Stunde und Tag und Monat und Jahr bereitstanden, den dritten Teil der Menschen zu töten.

Das sind gefallene Engel oder Dämonen, da nicht gefallene Engel nie als gebunden bezeichnet werden, das finden wir nur bei gefallenen Engeln (Jud 1,6). Diese speziellen Dämonen sind dort für eine bestimmte Zeit und Absicht gebunden, um als Mittel des Zorns Gottes zu dienen.

Warum sind diese vier Engel am Euphrat gebunden? Das können wir unmöglich mit Sicherheit sagen. Wir wissen aber, dass der Euphrat die Nordgrenze des an Abraham verheissenen Landes bildet (1. Mo 15,18), und er wird ausgetrocknet, um den Truppen aus dem Osten den Weg für die letzte Schlacht bei Harmageddon freizugeben (Offb 16,12). Zudem wird das alte Babylon, das am Euphrat lag, in der Drangsalszeit wieder aufgebaut werden (Offb 17–18). Babylon wird in Offenbarung 18,2 als Zentrum des Dämonismus beschrieben: «Und er rief kraftvoll mit lauter Stimme und sprach: Gefallen, gefallen ist Babylon, die Grosse, und ist eine Behausung der Dämonen geworden und ein Gefängnis aller unreinen Geister und ein Gefängnis aller unreinen und verhassten Vögel.» Die Dämonen am Euphrat könnten eine Verbindung zu dem Bösen in dieser endzeitlichen Stadt haben.

Welche spezielle Bedeutung der Euphrat in diesem Zusammenhang auch haben mag, Offenbarung 9,13–15 macht auf jeden Fall Gottes völlige Souveränität deutlich. Er wird diese vier Dämonen benutzen, um seine Absicht zu gegebener Zeit auszuführen. Gottes Wille geschieht nach Gottes Zeitplan.

## 68. Beschreibt die sechste Gerichtsposaune eine 200 Millionen Mann starke Armee aus Menschen oder Dämonen?

Vor fast 2000 Jahren schrieb der Apostel Johannes eine Prophezeiung auf, die damals unvorstellbar war.

> Und der sechste Engel stiess in die Posaune, und ich hörte eine Stimme aus den vier Hörnern des goldenen Altars, der vor Gott steht, die sprach zu dem sechsten Engel, der die Posaune hatte: Löse die vier Engel, die gebunden sind an dem grossen Strom Euphrat! Und die vier Engel wurden losgebunden, die auf Stunde und Tag und Monat und Jahr bereitstanden, den dritten Teil der Menschen zu töten. Und die Zahl des Reiterheeres war zweimal zehntausendmal zehntausend; und ich hörte ihre Zahl (Offb 9,13–16).

Eine 200 Millionen Mann starke Armee! Man schätzt, dass dies wahrscheinlich die ganze Weltbevölkerung zur Zeit von Johannes war. Im ersten Jahrhundert bestand die römische Armee aus 25 Legionen oder etwa 125 000 Soldaten und Hilfstruppen von derselben Grösse.[1] Die in Offenbarung 9,16 erwähnte endzeitliche Armee ist tausendmal so stark.

Die Aussage, dass sie «auf Stunde und Tag und Monat und Jahr bereitstanden, den dritten Teil der Menschen zu töten», bedeutet einfach nur, dass die vier Engel und die von ihnen angeführte Armee speziell auf den Tag der Schlacht vorbereitet sein werden. Es lässt auch erkennen, dass diese Armee und der Zeitpunkt ihres Abmarschs unter Gottes souveräner Kontrolle stehen.

Prophetielehrer haben darüber diskutiert, ob es sich dabei um eine menschliche Armee oder ein dämonisches Reiterheer handelt, das in der Endzeit auf die Erde losgelassen wird. Beide Standpunkte sind möglich.

## Eine menschliche Armee

Erst in den letzten Jahrzehnten ist die Ansammlung einer menschlichen Armee von dieser Grösse denkbar geworden. Soweit ich weiss, war Dr. John Walvoord der Erste, der auf die mögliche Erfüllung dieser Prophezeiung in der heutigen Zeit hinwies. Sein 1966 veröffentlichter Kommentar zur Offenbarung erwähnt in einer Fussnote zu Offenbarung 9,16, dass China in der Lage wäre, eine 200 Millionen Mann starke Armee zu rekrutieren.[2]

Vertreter der Sicht einer menschlichen Armee setzen sie gleich mit den «Königen vom Aufgang der Sonne», die den ausgetrockneten Euphrat überqueren werden (Offb 16,12). Diese Ausleger weisen darauf hin, dass beide Stellen sowohl den Euphrat als auch eine grosse Armee erwähnen. Einige von denen, die diesen Standpunkt übernommen haben, sehen auch in Daniel 11,44 einen Hinweis auf die Armee aus dem Osten.

## Eine dämonische Armada

Ich halte es für besser, das riesige Reiterheer in Offenbarung 9 als eine Armee von dämonischen Eindringlingen anzusehen, die die Erde in der Drangsalszeit angreifen. Für diese Sicht sprechen meines Erachtens drei wesentliche Gründe.

1. Die fünfte Gerichtsposaune beinhaltet eindeutig eine dämonische Invasion auf der Erde (dämonische Heuschrecken), und die fünfte und die sechste Posaune passen zusammen: Sie sind die ersten beiden eines dreifachen «Wehe». Die Verknüpfung dieser beiden Posaunen stützt die Auslegung, dass die von der sechsten Posaune ausgelöste Armee dämonischen Ursprungs ist.
2. Diese Armada wird ebenso von vier gefallenen Engeln angeführt, wie die «Heuschrecken» der fünften Gerichtsposaune von dem gefallenen «Engel des Abgrunds» angeführt wurden (Offb 9,14–15). Da die Anführer vier gefallene Engel oder Dä-

monen sind, dürften auch ihre Truppen höchst wahrscheinlich Dämonen sein.

3. Feuer, Schwefel und Rauch werden in der Bibel immer als übernatürliche Waffen verstanden. In der Offenbarung werden sie viermal mit der Hölle in Verbindung gebracht (14,10–11; 19,20; 20,10; 21,8).

Sollte damit tatsächlich eine endzeitliche dämonische Armee gemeint sein, bedeutet das, dass die Erde in der Drangsalszeit von Dämonen überrannt wird, die die Menschen mit grossen Schmerzen heimsuchen werden (die 5. Posaune, Offb 9,10). Daran wird sich dann ein weiterer dämonischer Ausbruch anschliessen, bei dem letzten Endes ein Drittel der Erdbevölkerung umkommen wird (die 6. Posaune, Offb 9,15.18). Ob diese 200 Millionen Reiter nun Menschen oder Dämonen sind, die Prophezeiung ist auf jeden Fall einmalig und enthält die grösste Zahl an Toten in der Weltgeschichte.

## 69. Was ist dämonische Besessenheit?

Beim Gedanken an den Teufel, Dämonen und geistlichen Kampf stellen sich viele Menschen gleich jemanden vor, der von dämonischen Mächten kontrolliert wird, häufig auch dämonische Besessenheit genannt. Dieses Bild mag durch Filme oder die Popkultur entstanden sein. Ungeachtet der möglichen Herkunft zeigen viele Menschen ein neugieriges Interesse an dämonischer Besessenheit. Leider geht diese Neugier mit einer weitreichenden Verwirrung und Kontroverse einher. Die Bibel gibt uns an keiner Stelle eine eindeutige und systematische Definition von dämonischer Besessenheit. Allerdings lassen sich genügend Hinweise finden, die uns ein klares Verständnis von dem vermitteln, was sie beinhaltet.

Im Alten Testament werden keine klaren Fälle von dämonischer Besessenheit erwähnt, wodurch wir hinsichtlich dieses wichtigen Themas auf das Neue Testament beschränkt sind. Das Neue Testament verwendet zwei Grundbegriffe, die unser Verständnis von diesem Thema prägen. Der erste Ausdruck ist entweder *echo* (haben) *daimonion* (Dämon) oder *akatharton pneuma* (unreiner Geist). Das heisst also, «einen Dämon» oder «einen unreinen Geist zu haben» (Mk 3,30; Lk 7,33; Joh 7,20; Apg 8,7).

Das zweite Wort ist *daimonizomai* (dämonisch-besessen). Es kommt dreizehn Mal im Neuen Testament vor, immer in den Evangelien (7 Mal bei Matthäus, 4 Mal bei Markus und je einmal bei Lukas und Johannes). Diese beiden Ausdrücke («einen Dämon haben» und «dämonisch-besessen sein») sind gleichbedeutend, denn Markus 5,15–16.18 bezeichnet den besessenen Gadarener als «Besessenen», und im Parallelbericht in Lukas 8,27 wird gesagt, dass derselbe Mann «einen Dämon hatte» (wörtl. Übersetzung). In den biblischen Berichten über dämonische Besessenheit lässt sich ein Dämon im Körper eines Menschen nieder. Alex Konya definiert es als «das Eindringen eines Dämons (oder Dämonen) in den Körper eines Opfers, wobei der Dämon das Leben und die souveräne

Kontrolle über das Opfer übernimmt, welcher sich das Opfer nicht erfolgreich widersetzen kann.»[1]

Die Vorstellung von dämonischer Besessenheit oder Kontrolle wird von den Begriffen verstärkt, die bei der Austreibung eines Dämons aus einer Person verwendet werden. In dem Bericht über den Besessenen in Markus 5,13 heisst es: «Und die unreinen Geister fuhren aus [dem Menschen aus] und fuhren in die Schweine.» Lukas 8,2 erwähnt Maria Magdalena, «von der sieben Dämonen ausgefahren waren». In Fällen dämonischer Besessenheit ist eine Person von einem oder mehreren Dämonen besessen. In Matthäus 12,43–45 gab Jesus seinen Jüngern eine lehrreiche Anschauung über dämonische Besessenheit.

> Wenn aber der unreine Geist von dem Menschen ausgefahren ist, so durchzieht er wasserlose Stätten und sucht Ruhe und findet sie nicht. Dann spricht er: Ich will in mein Haus zurückkehren, aus dem ich gegangen bin. Und wenn er kommt, findet er es leer, gesäubert und geschmückt. Dann geht er hin und nimmt sieben andere Geister mit sich, die bösartiger sind als er; und sie ziehen ein und wohnen dort, und es wird zuletzt mit diesem Menschen schlimmer als zuerst. So wird es auch sein mit diesem bösen Geschlecht!

Auch daraus können wir entnehmen, dass an dämonischer Besessenheit dämonische, unreine Geister beteiligt sind, die in einem Menschen leben.

> *Besessen* und *einen Dämon haben* sind Ausdrücke, die die Schrift nur für eine extreme Art dämonischen Wirkens verwendet: Wenn sich ein oder mehrere Dämonen im Körper eines Menschen niederlassen und die Kontrolle übernehmen, indem sie sich über den Willen dieser Person hinsichtlich seiner Körperfunktionen hinwegsetzen. Seele und Identität dieses Menschen sind noch

> vorhanden, wenn vielleicht auch unterbewusst. Sein Wille, dem Evangelium zu glauben oder sich ihm zu widersetzen, ist ebenfalls noch vorhanden, aber seine Fähigkeit, seinen Körper zu kontrollieren, ist ihm abhandengekommen. Diese Worte beschreiben nie einen Fall, der weniger beinhaltet, wie z. B. eine blosse Beeinflussung oder das Eingeben von Ideen bei einer Person. Diese Begriffe beschreiben beispielsweise nie die Anklage, Versuchung, Täuschung oder Verfolgung durch den Teufel, nur den extremen Fall, in dem ein Dämon die innere Kontrolle über einen Menschen übernimmt.[2]

Aufgrund der biblischen Anhaltspunkte können wir folgende kurze Definition herleiten: Dämonische Besessenheit ist die direkte, innere Kontrolle von Dämonen über ihre Opfer, indem sie sich in ihnen niederlassen.[3]

## 70. Gibt es dämonische Besessenheit auch heute noch?

Zu neutestamentlichen Zeiten gab es Menschen, die eindeutig von Dämonen besessen waren. Das Neue Testament teilt nicht ausdrücklich mit, dass Dämonen auch weiterhin in Menschen fahren werden, aber ebenso wenig sagt es das Gegenteil. Aus diesem Grund glaube ich, dass es auch heute noch dämonische Besessenheit gibt. Robert Lightner ist derselben Auffassung.

> Da es keine gegenteilige biblische Lehre gibt, können wir davon ausgehen, dass Engel und Dämonen auch weiterhin ihrem jeweiligen Herrn dienen. Das bedeutet unter anderem, dass böse Engel oder Dämonen in Menschen wohnen. Da in der Bibel nie die Rede von dämonischer Besessenheit bei Gläubigen ist, können wir uns sicher sein, dass es heute nicht anders ist. Dennoch kann es gelegentlich sein, dass nicht errettete Personen heute von Dämonen besessen sind.[1]

## 71. Wie kann man den Unterschied zwischen einer psychischen Störung und dämonischer Besessenheit erkennen?

Schizophrenie und andere ernsthafte psychische Störungen können einer dämonischen Besessenheit in mehrerlei Hinsicht ähneln: Persönlichkeitsveränderungen, aussergewöhnliche physische Kraft und eine veränderte Stimme. Eine Person, die unter Schizophrenie und einer anderen psychischen Störung leidet, so zu behandeln, als wäre sie von einem Dämon besessen, kann katastrophale Folgen haben. Ebenso gefährlich ist es, mit den Symptomen einer wirklich besessenen Person so umzugehen, als wäre sie psychisch krank. Psychische Störungen kommen wahrscheinlich viel häufiger vor als dämonische Besessenheit, aber die Möglichkeit, dass ein Ungläubiger von einem Dämon besessen ist, sollte nicht ausser Acht gelassen werden. Wie können wir erkennen, was bei einem Menschen zutrifft? Obschon es keine absolut verlässlichen Richtlinien zu dieser Frage gibt, möchte ich doch sechs hilfreiche Merkmale anführen, die bei der Unterscheidung zwischen Schizophrenie und dämonischer Besessenheit von Nutzen sein können.[1]

1. Schizophrene reden manchmal zusammenhangslose Dinge, aber nicht mit der Kultiviertheit einer dämonisch-besessenen Person.
2. Schizophrene glauben zuweilen, eine Person zu sein, die sie nicht sind.
3. Schizophrene stellen häufig sonderbare, hellseherische, aber nachweisbar falsche Behauptungen auf, während die übersinnlichen Fähigkeiten eines besessenen Menschen normalerweise echt sind.
4. Die meisten Schizophrenen reagieren nicht negativ auf Gebet oder den Namen Jesus, dämonisch-besessene Personen hingegen schon.

5. Schizophrene reagieren oft auf die richtige Medikation, Menschen mit einem Dämon nicht.
6. Der Zustand der Schizophrenie hält an, nachdem ein Mensch Christus als seinen Erlöser angenommen hat. Die Symptome einer von einem Dämon besessenen Person verschwinden, wenn der Heilige Geist in die Person kommt und den Dämon austreibt.

Jeder Christ, der es mit einem möglicherweise dämonisch-besessenen Ungläubigen zu tun hat, ist gut beraten, die Hilfe eines bewährten christlichen Psychiaters in Anspruch zu nehmen, der die richtige Diagnose stellen kann.

## 72. Kann ein Gläubiger von einem Dämon besessen sein?

Ich glaube, die Bibel lehrt deutlich, dass ein Christ von teuflischen und dämonischen Mächten beeinflusst, belastet und beunruhigt werden kann, und das sogar sehr stark. Dass ein Christ jedoch von einem dämonischen Geist besessen sein kann, glaube ich nicht. Mit anderen Worten, ein Gläubiger kann zwar äusserlich von einem Dämon beeinflusst werden, aber einer inneren dämonischen Kontrolle ist er nicht ausgesetzt.

Viele hoch angesehene christliche Theologen und Bibellehrer sind zu diesem Thema anderer Meinung. Sie ziehen oft mehrere Bibelstellen heran, um ihre Sicht zu stützen:

- 1. Samuel 16,14 (König Saul)
- Matthäus 16,23 (der Apostel Petrus)
- Lukas 13,11–16 (eine Frau mit einer körperlichen Missbildung)
- Johannes 13,27 (der Teufel fährt in Judas)
- Apostelgeschichte 5,3 (Ananias)
- 1. Korinther 5,5 (Paulus übergibt eine Person dem Teufel)
- 2. Korinther 11,14 (der Teufel verkleidet sich als ein Engel des Lichts)
- 2. Korinther 12,7 (ein Engel Satans schlägt Paulus)

Aber keine dieser Stellen sagt, dass ein Dämon in einem Gläubigen war. Judas war kein wahrer Gläubiger (Joh 6,70). Die «Tochter Abrahams» in Lukas 13 war nur eine Bürgerin Israels. Der Text sagt nicht, dass sie an Jesus glaubte. In alle diese Stellen muss man die Vorstellung von einer dämonischen Besessenheit eines Gläubigen hineinlesen, statt sie direkt aus dem Text ableiten zu können. Das ist keine angemessene Methode der Bibelauslegung. Wie John MacArthur bemerkt: «Immer wenn Christus und die Apostel Dämonen ausgetrieben haben, waren die besessenen Personen Ungläubige.»[1]

Viele Leute, die der Ansicht sind, dass Gläubige von einem Dämon besessen sein können, stützen ihre Annahme auf persönliche und subjektive Erfahrungen statt auf das Wort Gottes.[2] Sie schildern oft, was sie oder andere im Leben von bekennenden Christen beobachtet haben, und aus diesen Beobachtungen folgern sie dann, dass Gläubige von einem Dämon besessen sein können.

Natürlich sind unsere Erfahrungen nicht unwichtig. Oftmals bestätigen sie die Wahrheit der Schrift. Paulus nutzte die Erfahrung der Galater, um zu bestätigen, dass sie den Heiligen Geist durch Glauben und nicht durch Werke empfangen hatten (Gal 3,1–5). Die richtige Deutung unserer Erfahrung wird jedoch nie der klaren Lehre der Schrift widersprechen. Jede aus unserer Erfahrung gewonnene Erklärung muss sorgfältig gegen die Wahrheit der Schrift abgewogen werden, und wenn sie ihr nicht standhält, muss diese Erfahrung zurückgewiesen werden. Wie bei anderen Fragen muss die letzte Autorität das Wort Gottes sein, nicht unsere subjektiv verstandene, menschliche Erfahrung. Mit dieser wichtigen Richtlinie im Sinn möchte ich auf drei einfache, biblische Punkte hinweisen, die mich zu dem Schluss führen, dass kein Gläubiger von einem bösen Geist bewohnt werden kann.

## Der in den Gläubigen wohnende Heilige Geist

Der Heilige Geist, die dritte Person der dreieinen Gottheit, wohnt in jedem Gläubigen. 1. Korinther 6,19 sagt: «Oder wisst ihr nicht, dass euer Leib ein Tempel des in euch wohnenden Heiligen Geistes ist, den ihr von Gott empfangen habt, und dass ihr nicht euch selbst gehört?» Der Heilige Geist wohnt in allen Gläubigen dieses Zeitalters. Er hat ihren physischen Körper zum Tempel oder Wohnort Gottes gemacht. Es ist undenkbar, dass der Heilige Geist seinen Wohnsitz mit einem unreinen Geist teilen würde.

> Wie stimmt Christus mit Belial überein? Oder was hat der Gläubige gemeinsam mit dem Ungläubigen? Wie stimmt der Tempel

> Gottes mit Götzenbildern überein? Denn ihr seid ein Tempel des lebendigen Gottes, wie Gott gesagt hat: «Ich will in ihnen wohnen und unter ihnen wandeln und will ihr Gott sein, und sie sollen mein Volk sein». (2. Kor 6,15–16)

1. Johannes 4,4 fügt hinzu: «Kinder, ihr seid aus Gott und habt jene überwunden, weil der, welcher in euch ist, grösser ist als der, welcher in der Welt ist.» Wenn der Geist Gottes in einem Christen lebt und er grösser ist als der Teufel und jeder Dämon, wie könnte dann ein Dämon in eine solche Person kommen und sich dort niederlassen? Robert Dean und Thomas Ice kommen zu demselben Schluss.

> Ein Dämon ist nicht in der Lage, in den physischen Körper eines Gläubigen zu fahren und die Kontrolle zu übernehmen, weil der Heilige Geist dort lebt. Stellen Sie es sich so vor: Der Heilige Geist lebt im materiellen Haus eines Gläubigen und jedes Mal, wenn ein Dämon an die Tür klopft, öffnet der Heilige Geist. Da Gott der Heilige Geist stärker ist als jedes dämonische Wesen, inklusive Satan selbst, kann kein Dämon oder böser Geist hereinkommen. Es ist so einfach: Gott ist grösser als der Teufel, und er beschützt seine Kinder.
>
> Jesus verwendete dieselbe Analogie, als er zu den Pharisäern sagte: «Wenn aber der unreine Geist von dem Menschen ausgefahren ist, so durchzieht er wasserlose Stätten und sucht Ruhe und findet sie nicht» (Mt 12,43). In diesem Bild sucht der Dämon nach einem neuen Zuhause, weil er aus einem Menschen ausgetrieben wurde, in dem er zuvor gewohnt hatte. Das Wort für «austreiben» (*exerchomai*) ist dasselbe, das für das Verlassen eines Dämons in anderen Berichten über Besessenheit verwendet wird. Dann sagt der umherziehende Dämon: «Ich will in mein Haus zurückkehren, aus dem ich gegangen bin» (V. 44). Der Dämon und seine Freunde können nur in das Haus kommen, wenn es leer und «unbewohnt» ist. Da das Haus leer steht, sind die Dämo-

> nen eingezogen, *eiserchomai*, ein weiterer Fachbegriff für dämonische Besessenheit. Bei allen Gläubigen ist das Haus *bewohnt*, und Gott der Heilige Geist öffnet die Tür, auch beim Versuch einer Wiederinbesitznahme. Diese Stelle bringt zum Ausdruck, dass nur *leere* Häuser – Ungläubige – wiederbewohnt werden können. Somit können Christen nicht von einem Dämon besessen sein.[3]

Mark Bubeck, ein Experte zum Thema Dämonologie, schliesst sich dieser Meinung an.

> Ich bin überzeugt, dass kein Gläubiger von einem bösen Geist in demselben Sinne besessen sein kann wie ein Ungläubiger. Ich lehne diesen Begriff ganz und gar ab, wenn vom Problem eines Gläubigen mit den Mächten der Finsternis die Rede ist. Ein Gläubiger kann in bestimmten Bereichen seines Wesens geplagt oder sogar kontrolliert werden, aber er kann niemals besessen oder völlig kontrolliert werden wie ein Ungläubiger. ...
>
> Der Geist eines Christen wurde vom Heiligen Geist wiedergeboren, erneuert, in Besitz genommen und versiegelt, auf eine Weise wie es der Rest des Menschen noch nicht erfahren hat. Der wiedergeborene Geist des Menschen wird zum einzigartigen Kontroll- und Aktionszentrum des Heiligen Geistes innerhalb des Menschen. Ich glaube nicht, dass irgendein böser Geist jemals in den Geist eines Gläubigen eindringen kann.[4]

Der Geist Gottes wohnt im Gläubigen, und 2. Korinther 3,17 sagt: «Wo der Geist des Herrn ist, da ist Freiheit.» Kein Dämon kann einen Gläubigen als Geisel der Macht des Teufels nehmen. Robert Lightner hat das Thema gut zusammengefasst.

> Ich glaube nicht, dass Dämonen in Gläubigen wohnen können. Zu diesem Schluss führen mich mehrere Gründe. Erstens enthält keine der Stellen, die beweisen sollen, dass Gläubige von einem

Dämon besessen sein können, die Worte *Dämon* oder *Dämonen*. Zweitens kann keiner der als besessen angeführten Personen nachgewiesen werden, dass sie ein Gläubiger war. Drittens ist es unvorstellbar, dass Gott der Vater, Gott der Sohn oder Gott der Heilige Geist ihren Wohnsitz in den Gläubigen mit teuflischen Dämonen teilen würden.[5]

## Die Lehre der Schrift

Die zahlreichen und unmissverständlichen Aussagen der Schrift über das Verhältnis des Teufels und seiner Dämonen zu den Gläubigen stimmen nicht mit der Vorstellung überein, dass Gläubige von einem Dämon besessen sein können.

- «Er hat uns errettet aus der Herrschaft der Finsternis und hat uns versetzt in das Reich des Sohnes seiner Liebe» (Kol 1,13). Die Rettung oder Befreiung des Gläubigen aus dem Bereich der Finsternis steht im Widerspruch zu dämonischer Besessenheit.
- «Aber der Herr ist treu; er wird euch stärken und bewahren vor dem Bösen» (2. Thes 3,3). Wie kann die Tatsache, dass der Herr seine Kinder beschützt, mit einer möglichen dämonischen Besessenheit von Gläubigen in Einklang gebracht werden?
- «Wir wissen, dass jeder, der aus Gott geboren ist, nicht sündigt; sondern wer aus Gott geboren ist, der bewahrt sich selbst, und der Böse tastet ihn nicht an. Wir wissen, dass wir aus Gott sind und dass die ganze Welt sich im Bösen befindet» (1. Jo 5,18–19).

Die dritte Bibelstelle spricht mehrere Punkte an, aber uns interessiert hier vor allem die Aussage: «und der Böse tastet ihn nicht an.» In diesem Vers ist der Böse der Teufel und seine Handlanger, und der aus Gott Geborene ist ein Mensch, der an Christus glaubt.

Das Wort «tastet» (*hapto*) bedeutet «berühren, ergreifen oder halten». «Das Wort meint eine Berührung mit der Absicht, jemandem Schaden zuzufügen, was bedeutet, dass der Teufel einen Gläubigen nicht fassen oder ihm ernsthaft schaden kann.»[6] Das beinhaltet natürlich auch die extremste Form der Schädigung eines Christen, dämonische Besessenheit. «Es ist schwer vorstellbar, wie ein Gläubiger von einem Dämon besessen sein könnte, wenn die Schrift sagt, dass der Böse ihn nicht antastet.»[7] 1. Johannes 5,18 ist zweifellos ein weiteres starkes Argument, das die Ansicht stützt, dass ein Gläubiger nicht von einem Dämon besessen sein kann.

## Die Deutung des Schweigens der Schrift

Ein drittes Argument gegen dämonische Besessenheit bei Gläubigen ist das auffallende Schweigen der neutestamentlichen Briefe zu diesem Thema. Mir ist klar, dass dieses Argument auf Schweigen beruht, aber für mich spricht es Bände.

> In der Bibel findet sich kein eindeutiges Beispiel, in dem ein Dämon je in einem echten Gläubigen gewohnt hat oder in ihn eingedrungen ist. In den neutestamentlichen Briefen werden Gläubige an keiner Stelle vor der Möglichkeit gewarnt, von einem Dämon besessen zu werden. Ebenso wenig sehen wir, wie jemand Dämonen in einem echten Gläubigen tadelt, bindet oder sie aus ihm austreibt. Die Briefe geben Gläubigen nie den Auftrag, Dämonen auszutreiben, weder aus Gläubigen noch aus Ungläubigen.[8]

Denken Sie einmal darüber nach. Warum warnen uns die neutestamentlichen Briefe nicht vor dämonischer Besessenheit oder belehren uns, wie wir mit dem Problem umzugehen haben, wenn Christen von Dämonen besessen sein können? Es ist unvorstellbar, dass die Briefe, die geschrieben wurden, um die Gläubigen zu belehren, wie sie bis zur Rückkehr Christi ein siegreiches Leben führen können, etwas so Wichtiges auslassen.[9]

Aus diesen drei Gründen – der in uns wohnende Heilige Geist, die Lehre der Schrift und das Schweigen der Briefe – glaube ich nicht, dass ein Dämon in einem Christ wohnen kann.

### Das Spektrum dämonischen Wirkens

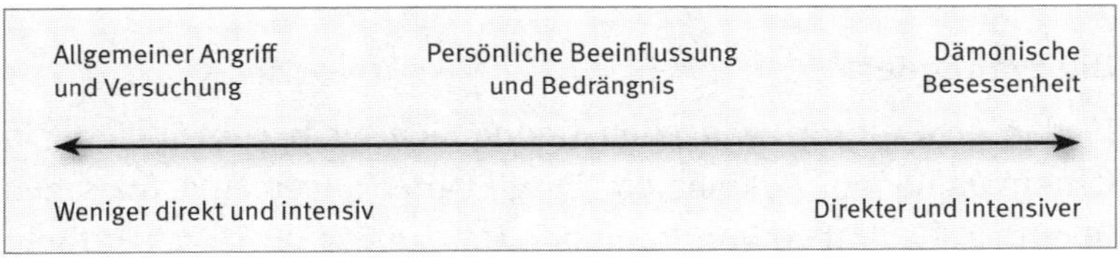

## 73. Sollten Christen heute Exorzismus oder Befreiungsdienste durchführen?

Um die neutestamentliche Lehre über Dämonenaustreibung richtig zu begreifen, wollen wir dieses Thema kurz in den Evangelien, der Apostelgeschichte und den Briefen untersuchen.

### Die Evangelien

In den ersten drei Evangelien finden sich elf Begebenheiten, in denen Dämonen vorkommen. Es gibt drei allgemeine Aussagen über das Austreiben von Dämonen (Mt 4,24; 8,16; Lk 7,21). Nicht eingeschlossen sind die Parallelstellen, die dasselbe Ereignis beschreiben. Hinzu kommen noch acht konkrete Vorfälle:

1. der Besessene von Gadara – Matthäus 8,28–34 (Mk 5,1–20; Lk 8,26–39)
2. ein stummer Mann – Matthäus 9,32–34
3. die Tochter der kanaanäischen Frau – Matthäus 15,21–28 (Mk 7,24–30)
4. der mondsüchtige Junge – Matthäus 17,14–21 (Mk 9,14–28; Lk 9,37–42)
5. ein blinder und stummer Mann – Matthäus 12,22 (Lk 11,14)
6. ein Mann in der Synagoge von Kapernaum am Sabbat – Markus 1,23–28 (Lk 4,33–37)
7. Maria Magdalena – Markus 16,9 (Lk 8,2)
8. eine Frau in der Synagoge am Sabbat – Lukas 13,10–17

Streng genommen gibt es in der Schrift keinen Exorzismus. Das Wort «Exorzismus» wird nie verwendet für die Austreibung eines Dämons aus einem Menschen. Exorzismus bezieht sich auf «das Austreiben von bösen Geistern durch Beschwörungen, magische Formeln oder religiöse oder magische Zeremonien».[1] Der biblische Begriff lautet einen Dämon «austreiben» (*ekballo*). Das Wort

«Exorzist» («Beschwörer» in der Schlachter 2000) kommt nur in Apostelgeschichte 19,13 vor und bezieht sich auf einige unerrettete Juden, die beim Versuch, Dämonen auszutreiben, magische Rituale anwendeten.

Die Praktik der Dämonenaustreibung steht in Verbindung mit dem Heilungsdienst Jesu. Es ist eine Form der Heilung. Der wunderwirkende Dienst Jesu war ein Merkmal seiner Person, das ihn als den verheissenen Messias beglaubigte. Umfang und Erfolg seines Heilungsdienstes waren erstaunlich. In Lukas 10 sandte Jesus 70 Jünger aus, die Dämonen austrieben. Sie erhielten von ihm den speziellen Auftrag, vor ihm in die Städte zu gehen, die er aufsuchen würde. Ihr Dienst war zeitlich und geografisch begrenzt. Es gibt keinen Hinweis, dass ihr Spezialauftrag über diese eingeschränkte Berufung hinausreichte.

Jesus warnte, dass einige, die in seinem Namen Dämonen austrieben und viele Wunder wirkten, am Tag des Gerichts abgewiesen würden (Mt 7,21–23). Das Austreiben von Dämonen oder Wirken von Wundern ist kein Beweis, dass ein Mensch ein echter Gläubiger ist. Der Teufel ist ein meisterhafter Betrüger.

## Apostelgeschichte

In der Apostelgeschichte trieben die Apostel in drei Situationen Dämonen aus (8,5–8; 16,16–18; 19,11–12). In 19,11–12, der letzten in der Schrift erwähnten Dämonenaustreibung, wurden Dämonen ohne die physische Anwesenheit eines Apostels oder einen Befehl im Namen Jesu ausgetrieben: «Und Gott wirkte ungewöhnliche Wunder durch die Hände des Paulus, sodass sogar Schweisstücher oder Gürtel von seinem Leib zu den Kranken gebracht wurden und die Krankheiten von ihnen wichen und die bösen Geister von ihnen ausfuhren.» Der blosse Kontakt mit Paulus' Schweisstüchern oder Gürteln führte zur Befreiung von bösen Geistern. In Apostelgeschichte 5,15–16 wurden Menschen durch Petrus' Schatten geheilt und von Dämonen befreit. Wer bedient sich heute dieser Methoden?

Philippus, der durch Handauflegung ein Assistent der Apostel war, war ausser ihnen die einzige Person, die in der Apostelgeschichte Dämonen austrieb (Apg 6,5–6; 8,6–7). Die Apostelgeschichte spricht von Dämonenaustreibungen als Zeichen (Apg 5,12–16). In Apostelgeschichte 19,13 versuchten einige ungläubige jüdische Exorzisten erfolglos, Dämonen im Namen Jesu auszutreiben.

## Die Briefe

Interessanterweise erwähnen die neutestamentlichen Briefe die Praktik der Dämonenaustreibung an keiner Stelle. Sie lehren jedoch, dass Wunder und Heilungen, inklusive Dämonenaustreibungen, besondere Zeichen waren, die einen Apostel charakterisierten. Paulus erinnerte die Korinther: «Die Zeichen eines Apostels sind unter euch gewirkt worden in aller Geduld, in Zeichen und Wundern und Kraftwirkungen» (2. Kor 12,12). Zeichen und Wunder müssen in ihrem Auftreten einzigartig gewesen sein, um einen Apostel zu beglaubigen. Ein Zeichen muss sich deutlich unterscheiden, um wirksam zu sein. Hätten viele Leute Zeichen und Wunder gewirkt, wären sie keine Identifizierungsmerkmale eines Apostels gewesen. Das bestätigt ihre Einzigartigkeit.

Die Briefe machen klar, dass das Apostelamt vorübergehend zur Gründung der Gemeinde eingesetzt wurde und im ersten Jahrhundert aufhörte (Eph 2,20). Ein Apostel musste ein Augenzeuge des Lebens und der Auferstehung Jesu und von ihm persönlich beauftragt sein (Apg 1,21–22). Da das der Fall war, hörten mit dem Apostelamt auch die Gaben der Wunder und der Heilung auf – die einzigartigen Zeichen des Apostelamts, einschliesslich der Austreibung von Dämonen. Natürlich wirkt Gott auch heute noch Wunder und heilt auf wundersame Weise nach seinem souveränen Willen. Er wirkt oft durch und als Antwort auf die Gebete seines Volkes. Aber die göttliche Gabe, Wunder zu wirken und Menschen zu heilen, ist heute nicht mehr vorhanden. Der Hebräerbrief, geschrieben Mitte der 60er des ersten Jahrhunderts, erkennt an, dass Zeichen und Wunder bereits der Vergangenheit angehörten (Hebr 2,3–4).

## Schlussfolgerung

Da wir keine Anweisungen haben über das Austreiben von Dämonen und die Gabe der Heilung mit den Aposteln aufgehört hat, bedeutet das, dass Gläubige heute hilflos sind, wenn sie einem dämonisch-besessenen Menschen helfen wollen? Ich denke nicht. Ich glaube, die normale Methode, einen Ungläubigen heute von einem Dämon zu befreien, ist die Predigt des Evangeliums. Evangelisation ist das Mittel des Exorzismus.

> Durch den Glauben an Christus als seinen Erlöser wird ein Ungläubiger nicht nur von seiner Sünde befreit, sondern auch von jeglicher dämonischen Besessenheit, die ihn möglicherweise plagt. Der richtige biblische Weg, einen Ungläubigen von seinen Dämonen zu befreien, ist, ihm das Evangelium zu predigen. Es nutzt dem Opfer nicht viel, würden ihm die Dämonen ausgetrieben (wenn das möglich wäre), wenn er anschliessend in seinem unerretteten Zustand bleibt. ... Jeder Gläubige kann eine andere Person von Dämonen befreien, indem er sie zu Christus führt. Die Schriften verlangen von einem Gläubigen keinen zweiten Befreiungsschritt, um von dämonischen Mächten frei zu werden. Christus reinigt das Haus in dem Augenblick der Errettung und der Heilige Geist erfüllt es.[2]

Hier sind sieben biblische Schlussfolgerungen über das Austreiben von Dämonen.

1. Jesus und seine Jünger trieben Dämonen aus mehreren Ungläubigen aus.
2. Die 70, die von Jesus zu einem speziellen, begrenzten Dienst beauftragt wurden, trieben Dämonen aus.

3. Philippus, der in engem Kontakt zu den Aposteln stand und dem die Hände aufgelegt wurden, übte einen begrenzten Dienst der Dämonenaustreibung aus.
4. Dämonen auszutreiben, war Bestandteil des einzigartigen Heilungsdienstes Jesu, der ihn als den Messias bestätigte. Es gehörte auch zu den beglaubigenden Zeichen eines wahren Apostels. Mit dem Apostelamt hörte auch diese Form der Befreiung von dämonischer Besessenheit auf (Eph 2,20).
5. Im Neuen Testament findet sich keine anerkannte Methode, kein Muster für Dämonenaustreibungen.
6. Die Briefe enthalten keinen Auftrag oder keine Anweisung zum Austreiben von Dämonen.
7. Dämonisch-besessene Ungläubige werden heute befreit, wenn sie zum rettenden Glauben an Jesus Christus kommen. Evangelisation ist der Schlüssel, der die Tür zur Befreiung aufschliesst – von der Sünde und vom Teufel.

## 74. Welche Anzeichen gibt es, dass ein Mensch von einem Dämon besessen ist?

Aus den Fällen dämonischer Besessenheit in der Schrift lässt sich eine Art «Besessenheitsprofil» erstellen. Obwohl nicht alle aufgeführten Symptome immer vorhanden sein müssen, finden sich zehn Ausdrucksformen von dämonischer Besessenheit im Neuen Testament.

1. übermenschliche körperliche Kraft (Mk 5,3; Apg 19,16)
2. Wutausbrüche und wildes Verhalten (Mk 5,4)
3. hohe Schmerztoleranz (Mk 5,5)
4. Selbstverstümmelung (Mk 5,5)
5. Schaum vor dem Mund (Lk 9,39)
6. Anfälle oder Krämpfe (Lk 9,42)
7. gespaltene Persönlichkeit (Mk 5,6–7) (Der Besessene lief auf Jesus zu und schrie gleichzeitig, dass er sich vor ihm fürchtete.)
8. Widerstand gegen geistliche Dinge, insbesondere den Namen Jesu (Mk 5,7)
9. hellseherische Fähigkeiten oder übernatürliches Wissen (Mk 5,7; Apg 16,16)
10. eine veränderte Stimme (Mk 5,9)

## 75. Können Dämonen oder generationsübergreifende Geister vererbt werden?

Die Vorstellung von generationsübergreifenden Geistern besagt, dass Kinder von ihren Eltern oder anderen Vorfahren dämonische Besessenheit oder okkulte Praktiken erben können. Jeder stimmt mir zu, dass Kinder charakteristische Merkmale von ihren Eltern erben, aber der Gedanke an generationsübergreifende Geister oder die Übertragung von Dämonen ist etwas ganz anderes. Unterstützung für generationsübergreifende Flüche wird aus verschiedenen alttestamentlichen Stellen gezogen (2. Mo 20,4–7; 34,6–7; 4. Mo 14,17–19; 5. Mo 5,7–10). Wer an vererbte Flüche oder generationsübergreifende Geister glaubt, ist der Ansicht, dass Eltern oder Grosseltern ihre ausgeübten okkulten Praktiken aufdecken und aufgeben müssen, um den Fluch nicht auf ihre Nachkommen übergehen zu lassen. Sie glauben, der vererbte Fluch könne sogar dämonische Besessenheit beinhalten.

Alle alttestamentlichen Stellen, die dies stützen sollen, sind an das jüdische Volk gerichtet und Teil der Flüche und Segnungen des mosaischen Bundes. Die Gläubigen heute stehen nicht unter den Flüchen des mosaischen Gesetzes. Damals brachten Eltern, die ihre Familie in den Götzendienst führten, einen Fluch auf ihre Familie – die Flüche des Bundes folgten auf ihren Ungehorsam.

> Du sollst dir kein Bildnis noch irgendein Gleichnis machen, weder von dem, was oben im Himmel, noch von dem, was unten auf Erden, noch von dem, was in den Wassern, unter der Erde ist. Bete sie nicht an und diene ihnen nicht! Denn ich, der HERR, dein Gott, bin ein eifersüchtiger Gott, der die Schuld der Väter heimsucht an den Kindern bis in das dritte und vierte Glied derer, die mich hassen, der aber Gnade erweist an vielen Tausenden, die mich lieben und meine Gebote halten (2. Mo 20,4–6).

Beachten Sie, dass Gottes Missfallen jedem Familienmitglied nur so lange galt, bis es sich von den Götzen abwandte und Gott liebte und seine Gebote hielt.

> Ihrem Wesen nach erkannten die Flüche im mosaischen Gesetz an, dass Eltern bestimmte Eigenschaften weitergeben und ihren Kindern Verhaltensmuster beibringen. Wenn die Eltern Christus ablehnen und Unglauben, Götzendienst und okkulte Praktiken ausleben, bringen sie diese Sünden auch ihren Kindern bei. Auf diese Weise geht die Rebellion von der einen auf die nächste Generation über. Diese Tatsache nimmt der nachfolgenden Generation aber nicht ihre Verantwortung für ihre eigenen Sünden. Tatsächlich lehrt die Bibel das genaue Gegenteil. Ganz egal, welche falsche Religion von einer zur anderen Generation weitergegeben wurde, die Kinder bestimmen, ob sie sie annehmen oder ablehnen. Sie werden für ihre eigene Entscheidung bestraft («verflucht»), wenn sie dem rebellischen Weg ihrer Eltern folgen.[1]

Das wird ein ums andere Mal im Leben der Könige von Juda deutlich. Häufig hatte ein guter König einen missratenen Sohn oder ein böser Vater einen gottesfürchtigen Sohn. Jeder König erntete die Konsequenzen der Taten seines Vaters, aber jeder wurde für sein eigenes Handeln verantwortlich gemacht. Kein König wurde für das verflucht, was sein Vater getan hatte.

An keiner Stelle berichtet die Bibel von Flüchen oder generationsübergreifenden Geistern, die Exorzismus oder Befreiung erforderten. Die einzigen wirksamen Flüche in der Bibel waren die, die Gott selbst ausgesprochen hatte. Gott führt seine Flüche ebenso treu aus wie seine Segnungen.

## 76. Was ist der *Tartarus*, und warum befinden sich einige Dämonen dort?

Der Begriff *Tartarus* kommt im Neuen Testament nur einmal vor. «Denn wenn Gott die Engel nicht verschonte, die gesündigt hatten, sondern sie in Fesseln der Finsternis in den Abgrund warf, um sie zum Gericht aufzubewahren ...» (2. Petr 2,4). Die Worte «in den Abgrund warf» sind eine Übersetzung der Verbform des griechischen Wortes *Tartarus*.

In der griechischen Mythologie war der *Tartarus* der unterste Ort in der Unterwelt. Die Dämonen, die im *Tartarus* eingesperrt sind, sind nicht einfach wegen ihrer ursprünglichen sündigen Rebellion dort. Andernfalls wären alle Dämonen an diesem Ort, einschliesslich des Teufels selbst. Ebenso wenig können sie Teil einer Gruppe von gefallenen Engeln im Abgrund aus Offenbarung 9 sein, die in der Drangsalszeit freigelassen werden. Die Engel im *Tartarus* sind nämlich bis zum Tag des Gerichts dauerhaft dort gebunden. Ausserdem sind der *Tartarus* und der Abgrund zwei verschiedene Teile der Unterwelt.

Wer sind also diese gefallenen Engel im *Tartarus*? Ich glaube, es sind die gefallenen Engel («Gottessöhne»), die in 1. Mose 6,1–4 gesündigt hatten. Diese Auslegung basiert auf zwei wesentlichen Punkten. Erstens nennt 2. Petrus 2,1–8 drei schwere Sünden aus der Vergangenheit: die Sünde der Engel (2,4), die Sünde der Menschen zur Zeit Noahs (2,5) und die Sünde Sodoms und Gomorras (2,6–8). Diese Sünden finden wir alle in 1. Mose, und sie stehen in chronologischer Reihenfolge. Das bedeutet, die Sünde der Engel ging der Sünde der Menschen zur Zeit Noahs voraus. Das einzige in 1. Mose aufgezeichnete Ereignis, das der Sünde der Engel entspricht, steht in 1. Mose 6.

Als Zweites sollten wir den Zusammenhang zwischen dieser Passage und Judas 1,6 berücksichtigen: «... dass er die Engel, die ihren Herrschaftsbereich nicht bewahrten, sondern ihre eigene

Behausung verliessen, für das Gericht des grossen Tages mit ewigen Fesseln unter der Finsternis verwahrt hat.» Judas und 2. Petrus 2 sind zwei auffallend ähnliche Kapitel, und die Aussage in Judas 1,6 bestätigt die Sicht von 1. Mose 6 von 2. Petrus 2,4.

Ich glaube, 2. Petrus 2,4 ist ein Hinweis auf eine Gruppe von Dämonen, die menschliche Gestalt angenommen und Frauen verführt haben, um mit ihnen zusammenzuleben. Aufgrund des abstossenden und schockierenden Charakters dieser Sünde wurden diese Dämonen sofort und dauerhaft im *Tartarus* eingesperrt, bis sie schliesslich in den Feuersee geworfen werden.

# 77. Wo sind Dämonen heute?

Wir haben dieses Thema bereits an mehreren Stellen gestreift, wie beispielsweise in der vorangegangenen Frage. Es könnte jedoch hilfreich sein, alles an einem Ort zusammenzufassen. Die Bibel lehrt, dass es zwei allgemeine Gruppen von Dämonen gibt: frei umherziehende und eingesperrte Dämonen.

Die erste Gruppe hat die Freiheit, durch das Universum zu ziehen und den Willen des Teufels zu tun. Sie sind frei und aktiv (Eph 6,10–12).

Die eingesperrten Dämonen können in drei Untergruppen eingeteilt werden: Dämonen, die für ihre Sünde permanent im *Tartarus* gebunden sind (1. Mo 6; 2. Petr 2,4; Jud 1,6); Dämonen, die vorübergehend im Abgrund gebunden sind, weil sie an einem bestimmten Punkt zu weit in ihrer Rebellion gegangen sind (Lk 8,31; Offb 9,1–9); und die vier gefallenen Engel, die am Euphrat gebunden sind und in der Endzeit einen Auftrag haben (Offb 9,14).

Somit sind die gefallenen Engel heute an vier verschiedenen Orten zu finden.

1. Einige Dämonen sind nicht eingesperrt und durchziehen das Universum (Eph 6,10–12).
2. Einige Dämonen sind zu weit in ihrer Sünde gegangen und befinden sich gegenwärtig eingesperrt im Abgrund (Lk 8,31). In der Drangsalszeit werden sie für fünf Monate freigelassen (Offb 9,1–9).
3. Vier Dämonen sind zurzeit am Euphrat gebunden, bis sie für einen besonderen Auftrag freigelassen werden (Offb 9,14).
4. Die Engel, die in 1. Mose 6,1–4 gesündigt hatten, sind bis zum Tag des letzten Gerichts im *Tartarus* eingesperrt (2. Petr 2,4; Jud 1,6).

– Teil 3 –

# Der unsichtbare Krieg und die «ganze Waffenrüstung» des Gläubigen

*Mit geistlicher Kriegsführung ist nicht der Kampf Mensch gegen Mensch gemeint. Es ist kein politischer, sozialer oder ökonomischer Kampf, nicht einmal ein religiös-theologisch-lehrmässiger. Es ist kein Kampf zwischen den Menschen, sondern in ihnen. ... Der Kampf ist nicht gegen Menschen gerichtet, sondern gegen unsichtbare geistliche Mächte. Die ganze Menschheit wird angegriffen von bestimmten Fürstentümern und Gewalten, Weltbeherrschern der Finsternis und geistlichen Mächten der Bosheit in den himmlischen Regionen. ... Jeder Mann, jede Frau, jedes Kind auf der ganzen Welt ist ein Ziel. Der Teufel hat jeden von uns im Fadenkreuz. Fürstentümer und Gewalten, die Weltbeherrscher der Finsternis dieser Weltzeit gehen gegen die ganze Menschheit vor.*

Ray Stedman

*Der unsichtbare Krieg kennt keinen Waffenstillstand. ... In diesem unsichtbaren Krieg werden tagtäglich Hunderte von Millionen von Kämpfen ausgetragen. Das Schlachtfeld ist jedes Mal das Herz des Menschen.*

Donald Grey Barnhouse

Ein junger Football-Coach wurde von seinem College als Talentsucher angeheuert. Vor seinem ersten Auftrag fragte er den Trainer, welche Art von Spieler er suchte.

Der Trainer sagte: «Es gibt die Art von Spielern, die, wenn sie zu Boden gehen, einfach liegen bleiben.»

«Die wollen wir doch nicht, oder Trainer?»

«Nein. Dann gibt es noch die, die wieder aufstehen, wenn sie umgehauen werden. Haut man sie aber ein zweites Mal um, bleiben sie liegen.»

«Die wollen wir doch auch nicht, oder Trainer?»

«Nein, bestimmt nicht. Es gibt aber noch eine dritte Art, die geht zu Boden und steht wieder auf; geht zu Boden und steht wieder auf; geht zu Boden und steht wieder auf, geht zu Boden und steht jedes Mal wieder auf.»

«Diese Spieler suchen wir, richtig Trainer?»

«Nein, auch die wollen wir nicht. Wir suchen nach dem Typ, der all die anderen umhaut.»

Dem können wir alle zustimmen. Es ist wunderbar, dass wir durch Gottes Gnade immer wieder aufstehen und neu anfangen können, wenn der Feind uns umhaut. Aber noch besser ist, erst gar nicht zu Boden zu gehen und der geistliche Sieger zu sein, der den Feind zurückschlägt.

## 78. Was ist geistliche Kampfführung? Befinden wir uns wirklich im Krieg?

John F. Kennedy war Marineoffizier im Zweiten Weltkrieg. Sein Patrouillenboot PT 109 wurde von einem feindlichen Zerstörer gerammt und sank im August 1943 nahe den von den Japanern besetzten Salomonen. Kennedy und ein anderer Offizier schwammen von einer feindlich besetzten Insel zu nächsten, bis sie auf ein paar freundlich gesonnene Inselbewohner trafen, die ihnen halfen, Kontakt zu den US-Streitkräften aufzunehmen. Jahre später wurde Kennedy als Kriegsheld bejubelt, aber er sagte nur ehrlich: «Das war eher unfreiwillig. Sie haben mein Boot versenkt.»[1]

So ist es auch mit allen Gläubigen. Wir müssen uns nicht freiwillig zum Krieg melden. Wir haben keine andere Wahl – der Krieg ist zu uns gekommen. Satan und die Welt kämpfen von aussen gegen uns und unser Fleisch von innen. Manche scheinen zu glauben, sie müssten nicht mehr kämpfen, wenn sie zu Christus kommen, aber das Gegenteil ist der Fall. Der Kampf beginnt erst richtig, wenn man Christ wird. Jeder Gläubige steht inmitten eines unsichtbaren Kriegs. Die Schrift erinnert uns: «Du nun erdulde die Widrigkeiten als ein guter Streiter Jesu Christi!» (2. Tim 2,3). Wie Erwin Lutzer sagt: «Wir befinden uns im Krieg. Wir können uns nicht zum Pazifismus bekennen. Wir können vor den Kugeln nicht davonlaufen. Wir können uns nicht vor den Bomben verstecken. Wir können nicht um Aufschub bitten.»[2] Dieser kosmische Krieg der Zeitalter hat zwei Seiten. «Der Feind ist der Teufel, das Schlachtfeld ist unser Geist, und der Streitpunkt ist unser christliches Leben. Wir leben nicht in einer neutralen Welt. In ihr wirken feindliche Mächte, ein Böser mit einer Schar von Helfern, die gegen Gott und die Menschen kämpfen.»[3]

Winston Churchill sagte einmal über Kaiser Wilhelm, dass er Napoleon sein wollte, ohne dessen Schlachten schlagen zu müssen. Der Kaiser wollte Siege ohne Kriege. Wollen wir das nicht alle?

Vor allem im Leben als Christ. Doch das ist nicht möglich. Ohne Kampf gibt es keine Siege. Wir leben nicht in einer neutralen Welt.[4]

Der Ausdruck «geistliche Kampfführung» kommt in der Bibel nicht vor. Es ist ein theologischer, praktischer Begriff, der den Konflikt des christlichen Lebens bezeichnet. Wir stehen in einem epischen, geistlichen Kampf gegen den Teufel und seine Engel, gegen die Fürstentümer und Mächte. Er wird jeden Tag dort ausgetragen, wo wir leben – in unserem Zuhause, unserem Büro, unserer Ehe, unserer Gemeinde und im Innersten unseres Herzens. Billy Graham beschreibt diesen geistlichen Kampf.

> Wir leben auf einem ständigen Schlachtfeld – der grosse Krieg der Zeitalter tobt weiter. Die Kampflinien kommen dem Volk Gottes immer näher. Die Kriege zwischen den Nationen auf der Erde sind nur Kinderkram, verglichen mit dem erbitterten Kampf in der geistlichen, unsichtbaren Welt. Dieser unsichtbare, geistliche Konflikt wogt pausenlos um uns herum. Wo der Herr wirkt, stehen die Mächte des Teufels im Weg; wo Engelwesen ihre göttlichen Anweisungen ausführen, toben die Teufel. All das geschieht, weil die Mächte der Finsternis zum Gegenangriff ansetzen, um den Boden zurückzuerobern, den die Herrlichkeit Gottes für sich beansprucht.[5]

John MacArthur definiert geistliche Kampfführung als ...

> einen Krieg von universellem Ausmass zwischen Gott und seiner Wahrheit und dem Teufel und seinen Lügen. Es ist ein Kampf des Willens zwischen Gott und Satan. Es ist ein kosmischer Konflikt, den Gott und das höchste von ihm geschaffene Wesen austragen, und er reicht hinab bis zu jedem einzelnen Menschen. Der Teufel und seine Armee aus Dämonen kämpfen gegen Christus, seine heiligen Engel, das Volk Israel und die Gläubigen. Die Fronten sind klar gezogen.[6]

Der geistliche Kampf ist der unsichtbare Krieg in der geistlichen Welt, der in der sichtbaren, materiellen Welt zum Tragen kommt.[7]

Epheser 6,10–20 ist der klassische neutestamentliche Text über geistliche Kampfführung. Wir könnten ihn als das Handbuch für den geistlichen Kampf des Gläubigen bezeichnen. In der antiken Metropole Ephesus wimmelte es nur so vor okkulten Praktiken. Paulus' erster Besuch dort führte zu einer Begegnung mit dämonischen Mächten, bei der sich der Name Christi als überlegen herausstellte (Apg 19,11–20). Viele Gläubige in Ephesus waren tief im Okkulten verwurzelt, bevor sie zu Christus kamen.

In Epheser 5,22–6,9 spricht Paulus mehrere konkrete Gruppen in der Gemeinde an (Ehefrauen, Ehemänner, Kinder, Väter und Sklaven). In 6,10 wendet er sich noch einmal an die ganze Gemeinde und warnt sie und uns vor dem geistlichen Kampf, in dem wir alle stehen. Es ist aufschlussreich, dass sich der Abschnitt über geistliche Kampfführung an den über die Familie im Epheserbrief anschliesst. Das ist kein Zufall. Der Angriff des Teufels auf Ehe und Familie ist real und erbarmungslos. Wie jemand mal sagte: «Wenn du heiratest, beginnt der Krieg.»

Epheser 6 teilt uns mit, dass die unsichtbare Welt um uns herum ebenso real ist wie die sichtbare Welt, und sie ist voll mit dämonischen Terroristen, die unseren Glauben untergraben und unser geistliches Wachstum verhindern wollen. Epheser 6,12 beschreibt Intensität und Ausmass des Konflikts: «Denn unser Kampf richtet sich nicht gegen Fleisch und Blut, sondern gegen die Herrschaften, gegen die Gewalten, gegen die Weltbeherrscher der Finsternis dieser Weltzeit, gegen die geistlichen Mächte der Bosheit in den himmlischen Regionen.» Das mit «Kampf» übersetzte griechische Wort wurde ursprünglich für den Ringkampf gebraucht, der Teil der griechischen Spiele war. Das Bild des Ringens betont, wie unmittelbar und nah der Konflikt ist und wie viel Kraft und Ausdauer er erfordert.

Das Wort «gegen» taucht in Epheser 6,10–18 sechs Mal auf, was auf das kosmische Aufeinanderprallen der Mächte und die Intensität des Kampfes hinweist. Der Herr will uns mitteilen, dass wir es mit feindlichen Mächten zu tun haben, die gegen uns sind. Die Fronten sind klar gezogen. Gott und sein Volk stehen auf der einen Seite und Satan und seine Dämonen auf der anderen.

Mit «Fleisch und Blut» sind Menschen gemeint. Das heisst nicht, dass wir nicht mit anderen Menschen zu kämpfen haben (auf menschlicher Ebene), sondern dass unser Kampf darüber hinausreicht. Der letztendliche Konflikt in der geistlichen Kampfführung wird gegen die geistlichen Mächte der Finsternis geführt, die hinter den *sichtbaren* Dingen am Werk sind.

## 79. Was ist die Stärke des Christen im Kampf gegen die Dämonen?

Nach der zweiten Schlacht von El Alamein in den frühen Tagen des Zweiten Weltkriegs hielt Winston Churchill eine seiner berühmten Reden. An einer Stelle sagte er: «Das ist noch nicht das Ende. Es ist nicht einmal der Anfang vom Ende. Aber es ist vielleicht das Ende des Anfangs.» Was auf El Alamein zutraf, gilt in vielerlei Hinsicht auch für das Leben als Christ. Die Bekehrung ist nicht das Ende des christlichen Kampfes. Sie ist nicht einmal der Anfang vom Ende – sie ist nur das Ende des Anfangs. Ein lebenslanger, geistlicher Kampf wird folgen.[1] Aus diesem Grund muss jeder Gläubige Gottes Schlachtplan gegen den Feind begreifen.

Epheser 6,10 stellt die erste Stufe dieses Schlachtplans vor: Unsere einzige wirkliche Hilfe im Kampf gegen die Mächte der Finsternis ist die Stärke des Herrn. «Seid stark in dem Herrn und in der Macht seiner Stärke.»

Das mit «seid stark» (*endunousthe*) übersetzte griechische Verb steht im Imperativ Präsens Passiv. Das bedeutet, die Kraft kommt von Gott (Passiv); sie soll beständiger, gewohnheitsmässiger Bestandteil der Erfahrung des Gläubigen sein (Präsens); und sie ist absolut notwendig, wenn wir den Sieg davontragen wollen (Imperativ). Epheser 6 verwendet drei Begriffe für Kraft (seid stark, Stärke, Macht), die die Wahrheit betonen, dass jedes Kind Gottes Zugang zur Kraft Gottes hat.

Wie 1. Johannes 4,4 sagt: «Welcher in euch ist, ist grösser als der, welcher in der Welt ist.» Und 2. Chronik 20,15 erinnert uns: «Denn nicht eure, sondern Gottes Sache ist der Kampf.» Unser Oberbefehlshaber hat den Krieg bereits gewonnen. Christus besiegte den Feind am Kreuz. Wir kämpfen gegen einen besiegten Feind. Stärke kommt vom Herrn, nicht von unserem Einfallsreichtum oder unseren Methoden. Natürlich sind wir nicht untätig. Die Schrift befiehlt uns, standhaft zu sein und dem Feind zu widerstehen. Wir sollten unser Möglichstes tun, um die Gebote des Herrn zu halten und die volle Waffenrüstung anzulegen, die er uns zur Verfügung stellt.

Ein Freund von mir besuchte einmal eine Anlage der Navy Seals in Kalifornien, wo er ein grosses Schild mit der Aufschrift sah: «Der Feind bedankt sich, wenn du heute nicht 100 Prozent gibst.» Unserem Feind gefällt es, wenn wir nicht 100 Prozent geben. Aber er ist auch zufrieden, wenn wir 100 Prozent geben und uns dabei ausschliesslich auf unsere Kraft verlassen. Gott gebraucht unsere Bemühungen, aber sie reichen nicht aus. Wir müssen stark in ihm sein.

S. Lewis Johnson sagt: «Es fällt auf, dass der Apostel nicht sagt: ‹Seid stark durch menschliche Pläne› oder ‹Seid stark durch menschliche Methoden› oder ‹Seid stark durch die neusten Ideen, die durch die evangelikale Gemeinde wehen›, sondern ‹Seid stark in dem Herrn und in der Macht seiner Stärke.›»[2] Wir brauchen den Herrn. Wir brauchen nicht ihn und noch etwas anderes. Wir brauchen nur ihn. George Duffield schrieb vor Jahren diese bewegenden Worte:

Steht auf, steht auf für Jesus,
Steht in seiner Kraft allein;
Der Arm des Fleisches wird euch im Stich lassen,
Wagt es nicht, auf euch selbst zu vertrauen.

## 80. Wer sind die drei Feinde jedes Christen?

Im 18. Jahrhundert liess eine Gruppe von Männern Schiffe auf der Insel Cape Hatteras direkt vor der Küste North Carolinas auf Grund laufen. Die als «Bergungsarbeiter» bekannten Männer verdienten ihren Lebensunterhalt mit dem Einsammeln von Wrackteilen und der Schiffsladung. Ihre Strategie war es, eine Laterne am Kopf eines alten Pferdes zu befestigen und den Gaul anschliessend die Küste auf und ab zu bewegen direkt ausserhalb ihres Dorfes, das passenderweise als Nag's Head (Gaulskopf) bekannt war. Die Schiffe, die in der Nacht auf dem dunklen Atlantik nach einer Passage an den Inseln vorbei suchten, verwechselten das sich auf und ab bewegende Licht mit dem Licht eines Schiffes und dachten, sie hätten eine sichere Durchfahrt gefunden. Sie steuerten aufs Land zu und liefen bei Diamond Shoals auf Grund, und ihr Schiff brach auseinander. Am Morgen kamen die Bergungsarbeiter an die Küste und suchten nach Bauholz für neue Häuser, Küchengeräten und Geld. Es war ein blühendes Geschäft. Heutige Besucher können sich in Nag's Head alte Häuser ansehen, die mit Materialien erbaut und eingerichtet wurden, die von mehr als 2300 Schiffen stammten, die entweder durch einen Unfall oder durch vorsätzliche Täuschung an dieser Küste gestrandet sind.

Hört man zum ersten Mal von diesen Bergungsarbeitern von Nag's Head, ist man schockiert und wütend. Wer würde so böse und gierig sein? Wir wären aber noch viel schockierter und aufgebrachter, wenn wir erkennen würden, dass wir permanent von noch viel bösartigeren geistlichen Bergungsarbeitern heimgesucht und gelockt werden, die unaufhörlich hinter den sichtbaren Dingen wirken, um unser Leben zu zerstören.[1]

Der Schrift zufolge sind die Bergungsarbeiter, mit denen es jeder Gläubige täglich zu tun hat, die Welt, das Fleisch und der Teufel. Das ist das schreckliche Triumvirat von Feinden, das das geistliche Leben jedes Nachfolgers Christi ruinieren und die Ungläubigen in der Finsternis gefangenhalten will, damit sie nicht die Wärme und das Licht Jesu Christi kennenlernen. Der geistliche Kampf tobt an drei Fronten: an Land (das Fleisch), in der Luft (Dämonen) und auf See (die Welt). Wir haben bereits ausführlich über den Teufel und seine Dämonen gesprochen, aber die anderen beiden Bergungsarbeiter müssen wir uns noch näher ansehen.

## Die Welt

Der erste Feind des Gläubigen ist die Welt (gr. *kosmos*). Im heutigen Sprachgebrauch bezieht sich der Begriff «Welt» oft auf eine organisierte Reihe von Ideen, Menschen, Aktivitäten und Absichten wie z. B. die Welt des Sports, die Welt der Politik oder die Finanzwelt. In der Bibel ist die Welt das vorherrschende falsche System von gesellschaftlichen Werten und Überzeugungen.

> Weltlichkeit ist ein organisiertes und attraktives System von Ideen, Konzepten, Einstellungen und Methoden, mit denen der Teufel gegen Gottes Konzept antritt, wie Menschen auf der Erde leben sollten. Der Teufel ist Kopf und Leiter dieses Denksystems. ...
>
> Mit diesem *kosmischen* System betreibt der Teufel Augenwischerei, indem er das Böse auf eine Weise darstellt, die es als gut, richtig und angebracht erscheinen lässt.[2]

Lewis Sperry Chafer, der Gründer des Dallas Theological Seminary, beschreibt das System dieser Welt.

> Der *Kosmos* ist eine gewaltige Ordnung oder ein System, das der Teufel entsprechend seiner Ideale, Ziele und Methoden geformt hat. Es ist eine Zivilisation, die jetzt ohne Gott funktioniert – eine Zivilisation, in der niemand wirklich mit Gott rechnet und ihn in seine Vorhaben einbezieht. Dieses System akzeptiert seine gottlosen Regierungen, Konflikte, Waffen und Eifersüchteleien, seine Bildung, Kultur, religiös-moralischen Grundsätze und seinen Stolz. Genau in dieser Welt lebt der Mensch. Das sieht und ge-

> braucht er. Für unzählige Scharen ist es alles, was sie je kennenlernen, solange sie auf dieser Erde leben. Es ist das *vom Teufel entworfene System*. ... Es ist buchstäblich der *cosmos diabolicus*.[3]

In 1. Johannes 2,15–17 wird das System dieser Welt aufgedeckt.

> Habt nicht lieb die Welt, noch was in der Welt ist! Wenn jemand die Welt lieb hat, so ist die Liebe des Vaters nicht in ihm. Denn alles, was in der Welt ist, die Fleischeslust, die Augenlust und der Hochmut des Lebens, ist nicht von dem Vater, sondern von der Welt. Und die Welt vergeht und ihre Lust; wer aber den Willen Gottes tut, der bleibt in Ewigkeit.

Weltlichkeit wird häufig über bestimmte Verhaltensweisen und Handlungen definiert wie Glücksspiel, Kinobesuche, das Tragen von gewissen Kleidungsstücken etc. Aber Weltlichkeit geht viel tiefer. Es ist eine Denkweise oder Haltung. Natürlich zeigt sich diese Haltung im Handeln eines Menschen, aber sie beginnt mit einer Einstellung. Als kurze Definition von Weltlichkeit könnte man sagen, dass sie die Liebe zu vergänglichen Dingen ist.

Die drei Aspekte des Systems dieser Welt in 1. Johannes 2,16 sind die Lust des Fleisches (das Verlangen, den Drang des Fleisches zu befriedigen), die Lust der Augen (das Verlangen, Dinge zu sehen) und der Hochmut des Lebens (der Wunsch, sich selbst in den Mittelpunkt zu stellen). E. M. Bounds beschreibt anschaulich das uns umgebende System dieser Welt.

> Die Welt umfasst die Mehrzahl der Menschheit, die von Gott entfremdet ist und der Sache Christi somit feindlich gegenübersteht. Sie beinhaltet weltliche Angelegenheiten, irdische Dinge, Reichtümer, Vergnügungen und die Beschäftigung mit oberflächlichen und vergänglichen Dingen. Diese Dinge schüren das Verlangen, bringen uns weg von Gott und stehen der Sache Christi im Weg. ...

> Die Welt ist Satans Himmel. Seine Ruhe, Krone und sein Lohn sind hier. Wenn wir die Welt in uns aufnehmen, drängt sie Gottes Himmel aus uns heraus. Er verschwindet aus unserem Blick und unserem Herzen. Der Kampf um ihn endet, und Gottes Himmel mit seinen ewigen Herrlichkeiten ist verloren.[4]

Die Welt will, dass wir ihre Schätze, ihre Macht und ihr Ansehen begehren und uns nach ihren Massstäben richten.

## Das Fleisch

Das Fleisch (gr. *sarx*) ist unsere sündige Natur. Es wird oft als Prinzip, Einfluss oder Natur beschrieben. Ungeachtet des jeweiligen Begriffs ist es die Neigung, unseren eigenen Willen gegen den Willen Gottes durchzusetzen. Es ist der Verräter in uns, das Prinzip der Sünde und des Ungehorsams, das in uns allen wohnt (Röm 7,14.18; Gal 5,13–21). Es ist der Ort in uns, an dem sich die Ichbezogenheit befindet, die nie besser wird. Es ist der «Drang in uns zu totaler Autonomie und Rebellion, der uns zu kleinen Göttern macht – niemandem gegenüber verpflichtet oder verantwortlich. Wir leben in unserer eigenen kleinen Welt, um uns selbst zu gefallen».[5]

In Galater 5,19–21 schildert der Apostel Paulus anschaulich die Symptome des Fleisches.

> Offenbar sind aber die Werke des Fleisches, welche sind: Ehebruch, Unzucht, Unreinheit, Zügellosigkeit; Götzendienst, Zauberei, Feindschaft, Streit, Eifersucht, Zorn, Selbstsucht, Zwietracht, Parteiungen; Neid, Mord, Trunkenheit, Gelage und dergleichen, wovon ich euch voraussage, wie ich schon zuvor gesagt habe, dass die, welche solche Dinge tun, das Reich Gottes nicht erben werden.

Da wir nun die Welt und das Fleisch definiert haben, wollen wir uns anschauen, was die Bibel darüber sagt, wie wir diese hartnäckigen Feinde überwinden können.

## 81. Wie können Gläubige die Welt besiegen?

Das Neue Testament lehrt eindeutig, dass Gottes Volk nicht die Welt lieben, sondern sich von ihr absondern soll.

- «Passt euch nicht diesem Weltlauf an» (Röm 12,2).
- «Die Gnade Gottes ist erschienen, ... damit wir die Gottlosigkeit und die weltlichen Begierden verleugnen» (Tit 2,11–12).
- «Eine reine und makellose Frömmigkeit vor Gott, dem Vater, ist es, ... sich von der Welt unbefleckt zu bewahren» (Jak 1,27).
- «Freundschaft mit der Welt ist Feindschaft gegen Gott» (Jak 4,4).
- «Damit ihr durch dieselben göttlicher Natur teilhaftig werdet, nachdem ihr dem Verderben entflohen seid» (2. Petr 1,4).
- «Denn wenn sie ... den Befleckungen der Welt entflohen sind» (2. Petr 2,20).
- «Habt nicht lieb die Welt» (1. Jo 2,15).

Sich von der Welt abzusondern, heisst aber nicht, sich aus ihr zurückzuziehen oder bestimmten Aktivitäten rigoros aus dem Weg zu gehen, sondern seine Einstellung von Gott verändern zu lassen und so zu denken, wie er es tut. Die einzige Möglichkeit, die Welt nicht zu lieben und ihren erdrückenden Einfluss zu umgehen, ist, umgestaltet zu werden. Römer 12,2 sagt: «Passt euch nicht diesem Weltlauf an, sondern lasst euch in eurem Wesen verwandeln durch die Erneuerung eures Sinnes.» Diesem Vers zufolge ist jeder Mensch entweder konform mit der Welt, oder er wurde verwandelt. Vielleicht fragen Sie sich jetzt: «Was trifft auf mich zu? Habe ich mich der Welt angepasst oder wurde ich verwandelt?»

Das mit «verwandeln» übersetzte griechische Wort ist *metamorphoo*, von dem sich unser Wort «Metamorphose» herleitet. Dieses Wort wird in Matthäus 17,2 für die Verklärung Jesu gebraucht, als sein Inneres äusserlich sichtbar wurde. In Römer 12,2 steht das Verb *metamorphoo* im Imperativ Präsens Passiv. Das bedeutet, dass uns befohlen wird, unser Leben permanent von Gott verändern zu lassen.

Wie geschieht diese Verwandlung? Durch die Erneuerung unseres Sinnes. Äussere Veränderung beginnt in unserem Inneren. Der Prozess der Erneuerung des Sinnes wird auch in 2. Korinther 3,18 beschrieben, wo das Wort *metamorphoo* ebenfalls vorkommt: «Wir alle aber, indem wir mit unverhülltem Angesicht die Herrlichkeit des Herrn anschauen wie in einem Spiegel, werden verwandelt in dasselbe Bild von Herrlichkeit zu Herrlichkeit, nämlich vom Geist des Herrn.» Der Spiegel ist das Wort Gottes. Wenn ein Kind Gottes in das Wort Gottes schaut, verwandelt der Geist Gottes diesen Gläubigen mit der Zeit in das Bild des Sohnes Gottes. Ein veränderter, erneuerter Sinn ernährt sich vom und konzentriert sich auf das Wort Gottes. Und er stellt sich taub für den Sirenengesang der Welt.

# 82. Wie können Gläubige das Fleisch überwinden?

Vor einigen Jahren las ich von einer psychiatrischen Klinik, die einen einfachen, aber wirksamen Test entwickelt hatte, um herauszufinden, ob Patienten entlassen werden konnten. Ein zur Entlassung anstehender Patient wurde in einen Raum gebracht, in dem ein Wasserhahn lief und sich das Wasser auf dem Boden ausbreitete. Dem Patienten wurde ein Wischmopp gegeben, mit dem er das Wasser aufnehmen sollte. Patienten, die den Mopp in die Hand nahmen und mit der Arbeit begannen, während das Wasser unvermindert herausströmte, blieben zur weiteren Behandlung in der Klinik. Jene aber, die zuerst den Wasserhahn zudrehten und anschliessend das Wasser wegwischten, waren bereit, in die Gesellschaft entlassen zu werden.

Kein vernünftiger Mensch würde das Wasser weiter laufen lassen, aber leider führen viele Christen ihr geistliches Leben auf diese absurde Art und Weise. Gott hat jedem Gläubigen einen Mopp gegeben, mit dem er die dreckige Welt um uns herum säubern kann, aber wir haben nur Erfolg, wenn wir zuerst den Strom der Sünde aus unserem eigenen Herzen stoppen. Wir sind keine oder nur eine geringe Hilfe, solange wir ein Teil des Problems bleiben. Wir müssen den Strom der Sünde aus unserem eigenen Fleisch unterbinden, bevor wir einer Welt dienen können, die es dringend nötig hat, gereinigt zu werden.[1] Die Schrift stellt uns einen zweiteiligen Schlachtplan gegen das Fleisch vor.

## Fliehen

Als Erstes sieht der Plan gegen das Fleisch eine einfache Massnahme vor: Fliehen. Sünden des Fleisches werden durch Weglaufen besiegt. 1. Korinther 6,18 sagt kurz und bündig: «Flieht die Unzucht!» 2. Timotheus 2,22 sagt: «So fliehe nun die jugendlichen Lüste, jage aber der Gerechtigkeit, dem Glauben, der Liebe, dem

Frieden nach zusammen mit denen, die den Herrn aus reinem Herzen anrufen!» Sie gewinnen nicht gegen das Fleisch, wenn Sie stehen bleiben und den Kampf austragen. Sie werden jedes Mal zu Boden gehen.

Joseph ist ein klassisches Beispiel dafür. Als Potiphars Frau ihren Charme bei ihm spielen liess, versuchte er nicht, es ihr auszureden, ein vernünftiges Gespräch anzufangen oder darüber nachzudenken, was er tun sollte – er lief um sein Leben. Alles, was er zurückliess, war sein Obergewand. Wie heisst es in dem alten Sprichwort: Er verlor sein Obergewand, aber bewahrte seinen Charakter. Völlerei kann man nur vermeiden, wenn man das Essen aus dem Haus schafft. Verbannen Sie das Eis aus dem Kühlfach. Pornografie wird nicht besiegt, wenn man damit herumspielt. Sexueller Unmoral geht man nicht aus dem Weg, wenn man sich nicht vom Fleck bewegt. Man muss schon weglaufen.

## Nachfolgen

Die zweite Strategie im Kampf gegen das Fleisch ist, dem Heiligen Geist zu folgen. Galater 5,16–17 sagt: «Wandelt im Geist, so werdet ihr die Lust des Fleisches nicht vollbringen. Denn das Fleisch gelüstet gegen den Geist und der Geist gegen das Fleisch; und diese widerstreben einander, sodass ihr nicht das tut, was ihr wollt.» Diese Stelle beschreibt den Kampf zwischen zwei Krieg führenden Parteien, der in jedem Gläubigen tobt – zwischen dem Fleisch oder unserer sündigen Natur und dem Heiligen Geist. Die Schlacht wird gewonnen, wenn wir im Heiligen Geist leben und uns von ihm abhängig machen.

Das Bild des Wandelns illustriert das tägliche Leben des Gläubigen. Im Heiligen Geist zu wandeln, heisst, jeden Augenblick von ihm abhängig zu sein. Denken Sie an Menschen mit Gehhilfen. Die Gehhilfe geht nicht für sie. Obwohl sie sich auf sie verlassen, müssen sie doch einen Fuss vor den anderen setzen. Sie gehen mit der Unterstützung einer Gehhilfe und vertrauen auf sie.

Wenn sich ein Gläubiger auf den Heiligen Geist verlässt, ist unsere sündige Natur machtlos. Die griechische Wortwahl in Galater 5,16 enthält eine doppelte Verneinung, die so übersetzt werden könnte: «Wandelt im Geist, so werdet ihr auf keinen Fall nie die Lust des Fleisches vollbringen.» In dem Augenblick, in dem sich ein Mensch aber auf sich selbst verlässt, gerät er unter die Kontrolle seiner sündigen Natur und fängt an, «nach dem Fleisch zu wandeln».

Jeder Gläubige muss sich Augenblick für Augenblick entscheiden, ob er den Impulsen des Fleisches nachgibt oder sich auf den Heiligen Geist verlässt. H. A. Ironside erzählte einmal, wie ein einfacher Mann versuchte, den Konflikt zwischen dem Fleisch und dem Heiligen Geist zu erklären. Er sagte: «Mir scheint es, als würden in mir zwei Hunde kämpfen. Der eine Hund ist schwarz, und er ist sehr wild und böse. Der andere Hund ist weiss, und er ist sehr sanft und gut. Aber der schwarze Hund kämpft mit ihm die ganze Zeit.»

Jemand fragte den Mann: «Und welcher Hund gewinnt?»

«Der, dem ich zu fressen gebe», erwiderte der Mann.

Das stimmt. Wenn ein Gläubiger sein Fleisch nährt, wird das Fleisch siegen, wenn er sich aber auf den Heiligen Geist verlässt, wird dieser die Kontrolle übernehmen. Der Heilige Geist leitet permanent jeden Gläubigen (Röm 8,14; Gal 5,18). «Die Frage ist nicht, ob wir geführt werden, sondern ob wir auch folgen.»[2]

## 83. Wie können wir wissen, ob wir von Dämonen, der Welt oder unserem eigenen Fleisch versucht werden?

Bei den drei Feinden des Gläubigen gibt es zweifellos Überschneidungen und Kooperationen. Der Teufel und seine Dämonen nutzen die Welt und das Fleisch, um jegliches geistliches Wachstum zu verhindern. Wie aber können wir wissen, ob ein Problem oder eine Versuchung über eine fleischliche oder weltliche Versuchung hinaus in den Bereich der Dämonen reicht? Ich glaube, auf diese Frage gibt es keine klare Antwort. Die Aussagen von Mark Bubeck scheinen aber sehr nützlich zu sein.

> Die Antwort darauf scheint wieder in der gesunden Lehre zu liegen. Wenn ich ernsthaft bemüht bin, eine fleischliche Sünde durch die vorher besprochenen biblischen Methoden zu besiegen, aber keinen Erfolg habe, wenn ich feststelle, dass ich von einer weltlichen Versuchung besiegt werde, obwohl ich den mir zur Verfügung stehenden Sieg über die Welt beanspruche, muss ich die Tatsache in Erwägung ziehen, dass mein Problem auf dämonischen Einfluss zurückgehen könnte, der gebrochen werden muss.
>
> Die geistliche Kampfführung beinhaltet den ständigen, aktiven Kampf gegen alle drei Feinde. Ich muss begreifen, welcher Feind mir gegenübersteht, damit ich Gottes Methode gegen ihn einsetzen kann. Es ist nicht gut, wenn wir unsere eigene fleischliche Verdorbenheit der Welt oder sogar dem Teufel zuschreiben.[1]

Ich stimme Bubeck zu, würde aber noch hinzufügen, dass es nicht gut ist, weder der Welt noch dem Teufel die Schuld für Sünde zu geben, die ihren Ursprung in unserem Fleisch hat. Solange es keine klaren gegenteiligen Hinweise gibt, sollten wir den Schuldigen zuerst in unserem Fleisch suchen, wenn wir versucht werden. Wie

Bubeck aber schon sagte: Wenn wir uns an die biblischen Anweisungen halten, um das Fleisch zu besiegen, das Problem aber weiterhin bestehen bleibt, dann sollten wir als Nächstes die Welt und erst dann Dämonen als möglichen Ursprung in Erwägung ziehen. Das Gebet sollte Teil des Findungsprozesses sein. Gott kann uns Licht schenken, den Ursprung unserer Schwierigkeiten oder Versuchungen auszumachen und den Sieg davonzutragen.

## 84. Ist es biblisch, wenn Christen den Teufel und die Dämonen tadeln?

Populäre Bücher, Artikel, Seminare und Fernsehprediger ermutigen Christen oft, sich an einer besonders offensiven und aggressiven Form der geistlichen Kampfführung zu beteiligen, die das Binden und Tadeln des Teufels und der Dämonen beinhaltet. Viele wohlmeinende, aber fehlgeleitete Christen haben diesen Ansatz trotz der Tatsache gewählt, dass Gläubige in der Schrift nie aufgefordert werden, den Teufel oder seine Dämonen aufzuspüren oder anzugreifen.

Wir müssen sie nicht aufspüren, sie finden uns. Lesen Sie nur die neutestamentlichen Briefe. Sie werden nichts finden, was nur ansatzweise dem entspricht, dass «Christen belehrt werden, Dämonen aufzuspüren, mit ihnen zu reden, sich über sie lustig zu machen oder sie auszutreiben».[1] Judas 1,9 sagt, dass nicht einmal der Erzengel Michael den Teufel tadelte, als er mit ihm über den Leib Moses stritt. Ich kann keine Stelle in der Schrift finden, wo Gläubigen gesagt wird, dass sie mit dem Teufel oder den Dämonen reden sollen. Stattdessen sollen wir mit Gott im Gebet sprechen (Eph 6,18–20).

Jesus tadelte oder band den Teufel nicht, als er ihm in der Wüste gegenüberstand. «Als der Teufel mit drei grossen Versuchungen an ihn herantrat, begann Christus nicht ein ausführliches Gespräch. Weder verurteilte noch band er den Teufel. Er setzte einfach nur das Schwert des Geistes ein (Mt 4,1–11).»[2] Wir sollten dem Beispiel unseres Herrn folgen.

## 85. Was ist mit Binden und Lösen gemeint?

Haben Sie schon mal jemanden sagen gehört: «Ich binde die Werke des Teufels» oder: «Satan, ich binde dich und gebe Gottes Segnungen frei»? Haben Sie sich je gefragt, woher die Idee zu dieser Praktik kommt?

Nachdem Petrus sein grosses Bekenntnis über Christus ausgesprochen hatte, sagte Jesus: «Und ich will dir die Schlüssel des Reiches der Himmel geben; und was du auf Erden binden wirst, das wird im Himmel gebunden sein; und was du auf Erden lösen wirst, das wird im Himmel gelöst sein» (Mt 16,19). In Matthäus 18,18 wiederholte Jesus diesen Gedanken im Zusammenhang mit Gemeindezucht. «Wahrlich, ich sage euch: Was ihr auf Erden binden werdet, das wird im Himmel gebunden sein, und was ihr auf Erden lösen werdet, das wird im Himmel gelöst sein.»

Das Schlüsselwort, das viele in diesen Versen aufgreifen, ist «binden» (gr. *deo*). Die Worte «binden» und «lösen» tragen hier die Bedeutung von «verbieten» und «erlauben». Die religiösen Führer zur Zeit Jesu benutzten die Begriffe auf diese Weise. Im Kontext von Matthäus 16 und 18 haben Binden und Lösen nichts mit dem Teufel oder den Dämonen zu tun. Das Binden bezieht sich auf das Handeln anderer Menschen, nicht auf den Teufel oder seine Dämonen.

Die Stellen in Matthäus sagen, dass Gläubige die Autorität auf der Erde haben, in Übereinstimmung mit dem Wort Gottes zu handeln, in dem Wissen, dass ihr Urteil dem Gericht des Himmels entspricht, solange dies auf der Grundlage des Wortes Gottes geschieht.[1]

Die Begriffe «binden» und «lösen» sind richterlich zu verstehen. Wir binden (verbieten) und lösen (erlauben) auf der Erde, was bereits im Himmel gebunden oder gelöst wurde. Wir führen auf der Erde Gottes Willen aus, wie er im Himmel schon beschlossen ist.

## 86. Helfen die guten Engel den Gläubigen im geistlichen Kampf?

Der Verfasser des Hebräerbriefes sagt über Engel: «Sind sie nicht alle dienstbare Geister, ausgesandt zum Dienst um derer willen, welche das Heil erben sollen?» (Hebr 1,14). In der Schrift finden sich viele Berichte über den Dienst der Engel am Volk Gottes. Ich möchte nur zwei dramatische Beispiele anführen, die in Verbindung mit dem geistlichen Kampf stehen.

Wie wir bereits gesehen haben, zeigt Daniel 10, dass die Antwort auf Daniels Gebet von Dämonen aufgehalten wurde und der Erzengel Michael und ein weiterer nicht namentlich genannter guter Engel mit ihnen kämpften, um die Gebetserhörung überbringen zu können.

Ein anderes treffendes Beispiel für die Unterstützung von Engeln findet sich in 2. Könige 6, wo der König von Aram nach Dotan kam, um den Propheten Elisa gefangen zu nehmen.

> Als nun der Diener des Mannes Gottes am Morgen früh aufstand und hinausging, siehe, da lag um die Stadt ein Heer mit Pferden und Streitwagen. Da sprach sein Knecht zu ihm: O weh, mein Herr! Was wollen wir nun tun? Er sprach: Fürchte dich nicht! Denn die, welche bei uns sind, sind zahlreicher als die, welche bei ihnen sind! Und Elisa betete und sprach: HERR, öffne ihm doch die Augen, damit er sieht! Da öffnete der HERR dem Knecht die Augen, sodass er sah. Und siehe, der Berg war voll feuriger Rosse und Streitwagen rings um Elisa her (2. Kö 6,15–17).

Der König von Aram stand zweifelsohne unter dem Einfluss von Dämonen, als er versuchte, den grossen Propheten Israels loszuwerden. Hätte er Elisa ausschalten können, wäre das ein grosser Triumph für den Teufel gewesen. Als die feindliche Armee ankam, war Elisa jedoch umgeben von einer Schar himmlischer Reiter, die ihn beschützten. Auch wenn wir nicht hinter den Vorhang in die unsichtbare Welt blicken können, dürfen wir uns doch sicher sein, dass Gott seine Engel aussendet, um uns zu dienen und vor dem Feind zu beschützen.

## 87. Kontrollieren territoriale Geister Städte und Nationen, und sollten Christen sie identifizieren und gegen sie beten?

Ein Ansatz der geistlichen Kampfführung, der in den letzten Jahren an Boden gewonnen hat, beinhaltet die Vorstellung von territorialen Geistern, Spiritual Mapping (geistliche Landkarte) und «Identificational Repentance» (Identifikation mit und Busse über die Sünden der Nation). Verfechter dieses Standpunkts behaupten, evangelikale Bemühungen würden von bösen Geistern behindert, die spezielle geografische Gebiete beherrschen. Der wichtigste Befürworter dieses Konzepts ist C. Peter Wagner. Vertreter dieser Ansicht stellen drei Ebenen der geistlichen Kampfführung heraus, wobei die höchste Ebene «strategisch» ist.

> Strategic-Level Spiritual Warfare (geistliche Kampfführung auf strategischer Ebene) erfordert eine Konfrontation mit hochrangigen Herrschaften und Gewalten, wie Paulus sie in Epheser 6,12 beschreibt. Diese dämonischen Wesen sind geografischen Gebieten und sozialen Netzwerken zugeteilt. Sie werden auch territoriale Geister genannt. Ihr Auftrag ist es, grosse Menschenmengen – zusammengeschlossen in Städten, Stadtvierteln, Regionen, Nationen, Menschengruppen, Branchen, Regierungen, Unternehmen, Bildungssystemen, religiösen Allianzen, Medien und anderen Formen sozialer Einrichtungen – in geistlicher Gefangenschaft zu halten.[1]

Ein wesentlicher Bestandteil dieser Ebene der Kampfführung ist ein Prozess, der «Spiritual Mapping» genannt wird. Dies ist «ein Prozess, durch den die speziellen territorialen Geister eines Gebietes erkannt und benannt werden».[2]

> Spiritual Mapping ist die Praktik, die geistlichen Bedingungen herauszufinden, die in einer Gemeinschaft, Stadt oder Nation am Werk sind. Indem objektive Informationen gesammelt (inklusive wichtiger historischer Fakten wie historisches Basiswissen, Orte des Blutvergiessens, götzendienerische Praktiken, wichtige historische Führungspersonen, gebrochene Bündnisse und sexuelle Unmoral) und mit geistlichen Eindrücken in Verbindung gebracht werden (Prophetie, Offenbarung, Worte der Erkenntnis, Träume und Visionen), können Gläubige alle diese Informationen im Gebet vereinen und eine Karte anfertigen, die die offenen Türen zwischen der Geistwelt und der materiellen Welt aufzeigt. Diese offenen Türen helfen uns, herauszufinden, wie wir reagieren sollen, wenn wir im Gebet die geistliche Kampfführung anwenden.[3]

Niemand bestreitet, dass der Teufel den Sinn der Verlorenen verblendet und sie im Unglauben gefangen hält. «Wir wissen, dass ... die ganze Welt sich im Bösen befindet» (1. Jo 5,19). Die Frage ist, ob der Teufel eine Hierarchie von Dämonen hat, die über bestimmte Gebiete herrschen, deren Identitäten aufgedeckt werden müssen und deren Macht gebunden werden muss, bevor das Evangelium erfolgreich verbreitet werden kann.

Es könnten viele ernsthafte Einwände gegen diese Methodik erhoben werden, aber das Hauptproblem mit dieser Sicht ist, dass die Bibel sie nicht unterstützt. Auf den Seiten der Schrift findet sich nichts, was auch nur annähernd Spiritual Mapping oder der Konfrontation territorialer Geister entspricht. Daniel 10 spricht von Dämonen, die mit bestimmten antiken Nationen (Persien und Griechenland) in Verbindung gebracht werden, sowie von einem geistlichen Kompetenzstreit über diese Nationen mit guten Engeln. Aber das ist nicht zu vergleichen mit der ausgefeilten Strategie, die sich heutige geistliche Kämpfer ausgedacht haben.

Daniel 10 teilt uns nur mit, dass Dämonen äusserst organisiert sind, gegen gute Engel kämpfen, Einfluss auf die Regierungen der Welt nehmen und Gebetserhörungen an Gläubige aufhalten können. Nichts in Daniel 10 weist darauf hin, dass wir territoriale Geister identifizieren oder Spiritual Mapping betreiben sollten. Der gute Engel, der mit Daniel spricht, sagt ihm, dass er gehen muss, um dem Erzengel Michael in seinem anhaltenden Kampf gegen die Dämonen zu helfen. Aber er bittet Daniel nicht um seine Unterstützung. Daniel wird nicht aufgefordert, etwas zu tun, geschweige denn, die bösen Geister zu identifizieren oder sich an der Art von Gebet gegen territoriale Geister zu beteiligen, zu dem viele heute aufrufen. Für Strategic-Level Spiritual Warfare und Spiritual Mapping findet sich kein biblischer Präzedenzfall. An keiner Stelle fordert die Schrift Gläubige auf, den Dämonen zu gebieten, ihr Territorium aufzugeben.

> Zwischen dem Charakter von Daniels Gebet und dem, was heute als «Strategic-Level Intercession» (Fürbitte auf strategischer Ebene) bezeichnet wird, besteht ein wesentlicher Unterschied. Daniel wollte nicht die Namen dieser kosmischen Mächte herausfinden oder ihre Namen im Gebet verwenden – eine Praktik, die mehr den okkulten Künsten entspricht. Es gibt keinen Hinweis, dass Daniel sich bewusst war, was in den drei Wochen, in denen er betete und fastete, im Himmel vor sich ging. Erst *nach* diesem Zeitraum wurde Daniel die Identität der Engel geoffenbart, die an diesem Kampf im Himmel beteiligt waren. Und selbst dann wurde ihm nur der Engel Michael namentlich genannt (10,13), der für Israel kämpfte. …
>
> Daniel beteiligte sich auch nicht an einem aggressiven Gebet gegen diese Mächte, um sie zu «binden» oder zu «vertreiben». Der Prophet betete nicht *gegen* kosmische Mächte, sondern *für* das Volk Gottes und die Erfüllung der erlösenden Absichten Gottes (vgl. Eph 6,18–20). Offensichtlich lag Daniels Fokus im Gebet

> nicht auf dem Kampf im Himmel, sondern auf den Verheissungen Gottes (Dan 10,12; vgl. Jer 25,11; 29,10) und ihrer Erfüllung auf der Erde.[4]

Wayne Grudem macht vier Hauptprobleme in Bezug auf territoriale Geister deutlich.

> Es findet sich kein Fall im Neuen Testament, wo jemand 1) *einen «territorialen Geist» herbeiruft* ... 2) *Informationen von Dämonen über eine lokale dämonische Hierarchie verlangt*, 3) *sagt, dass wir Informationen von Dämonen glauben oder lehren sollen*, oder 4) durch sein Wort oder Vorbild lehrt, dass bestimmte *«dämonische Stützpunkte» über einer Stadt gebrochen werden müssen*, bevor das Evangelium effektiv verkündet werden kann.[5]

In seinem Brief an die Gemeinde in Pergamus in Offenbarung 2,13 sagt Jesus, dass der Teufel dort wohnte und sogar seinen Thron dort hatte. Aber interessanterweise forderte Jesus die Gläubigen nicht auf, die bösen Geister zu tadeln, zu binden oder zu identifizieren oder ihnen zu befehlen, die Stadt zu verlassen. Seine Hauptbotschaft an sie war, Busse über ihre Kompromisse mit der Welt zu tun.

Man könnte behaupten, Gläubige sind nicht nur nicht befugt, Dämonen zu gebieten, geistliches Territorium aufzugeben, eine solche Vorgehensweise spielt den Dämonen auch noch in die Hände, weil Gläubige dadurch Zeit und Energie für unbiblische Praktiken vergeuden. Timothy Chester bringt es treffend zum Ausdruck:

> Geistliche Kampfführung hat nichts mit der Identifizierung territorialer Geister, mit der Beanspruchung von Gebieten oder dem Binden von Dämonen zu tun. Sie dreht sich einzig und allein um das Evangelium. Wir sollen ein dem Evangelium würdiges Leben führen, die Einheit des Evangeliums bewahren und seine Wahrheit verkünden. Das ist unsere Aufgabe angesichts einer feind-

> lichen Welt, eines betrügerischen Feindes und unserer eigenen sündigen Natur. Und es bedeutet, einen souveränen Gott um offene Türen für das Evangelium zu bitten. Nur durch Gottesfurcht, Einheit, Verkündigung und Gebet kommen wir voran.[6]

Auf diese Dinge sollten wir uns konzentrieren, nicht auf unbiblische, mystische Praktiken.

## 88. Ist der geistliche Kampf zu jeder Zeit gleich intensiv?

Es sagte mal jemand, das Problem mit dem Leben als Christ bestünde darin, dass wir es *täglich* führen müssen. Das gilt ganz besonders für die geistliche Kampfführung. Manchmal wird Gottes Volk müde im Nebel des Krieges, aber die Schrift sagt uns, dass er nicht immer gleich intensiv ist. Obwohl die Schlacht täglich tobt, sind nicht alle Tage gleich. Der Feind greift uns nicht immer mit derselben Konsequenz und Heftigkeit an. In Epheser 6,13 lesen wir: «Deshalb ergreift die ganze Waffenrüstung Gottes, damit ihr *am bösen Tag* widerstehen und ... euch behaupten könnt.»

Gläubige stehen immer unter dem Beschuss des Feindes. Das Leben ist ein unaufhörlicher geistlicher Kampf von der Wiege bis zur Bahre. Wir können es das tägliche Böse nennen. Aber es gibt auch «Zeiten, in denen der geistliche Kampf unerwartet stark tobt».[1] Diese Zeiten, in denen uns der Feind besonders heftig angreift, werden als der «böse Tag» bezeichnet. Dann eskaliert das Böse, der Druck steigt, Probleme, Prüfungen und Versuchungen scheinen alle auf einmal über uns hereinzubrechen und die Intensität des Kampfes nimmt zu.

Der Teufel ist auf der Lauer nach Beute (1. Petr 5,8). Der Feind wartet, beobachtet und sucht nach Zeiten, in denen wir schwach und verwundbar sind. Der böse Tag ist gekommen, wenn der Feind einen Grossangriff auf Sie startet. Wenn er seine ganze Maschinerie anwirft. Dann sind Sie an der Reihe.

> Der böse Tag ist der Tag, an dem die Hölle in Ihrem Leben ausbricht – wenn Sie angegriffen werden. Wenn Ihnen das Geld ausgeht und Sie nicht wissen, wie Sie es bis zum Ende der Woche schaffen sollen. Wenn Sie Ihre Arbeit verloren haben und eine neue nicht in Sicht ist. Wenn Sie emotional zusammenbrechen und die Lust am Leben verloren haben. Wenn Ihre Ehe hoffnungs-

> los erscheint, Ihre Kinder sich von Ihnen abgewandt haben, Ihre Gesundheit schwindet oder Ihre Zukunft trostlos aussieht. Wenn Ihr Freund Sie im Stich gelassen hat, Sie von einer Sucht oder einem Drang überwältigt werden oder Ihnen das Leben anderweitig zusetzt.[2]

Irgendwo habe ich mal ein Zitat von Alexander McLaren gelesen, das diese Zeiten eines Grossangriffs beschreibt. «Es gibt Tage, an denen alle Kanonen auf einmal schiessen und Sturmleitern an allen Seiten der Festung aufgestellt sind.» Fragen Sie nur Hiob nach dem bösen Tag, als der Teufel alles gegen Hiob aufbot, was er hatte. Für Petrus kam der böse Tag, als der Teufel ihn sichtete wie den Weizen (Lk 22,31–32). Jesus sah den bösen Tag in der Wüste, als er vierzig Tage lang versucht wurde. Der Teufel wich von ihm, bis er den richtigen Zeitpunkt fand, als Jesus im dunklen Garten Gethsemane war. Zu jenen, die ihn gefangen nehmen wollten, sagte Jesus: «Als ich täglich bei euch im Tempel war, habt ihr die Hände nicht gegen mich ausgestreckt. Aber dies ist eure Stunde und die Macht der Finsternis» (Lk 22,53).

Die Mächte der Finsternis suchen nach einer Lücke, um den bösen Tag in unser Leben, unser Zuhause, unsere Ehe und unsere Gemeinden zu bringen. Irgendwann im Leben kommt für jeden Gläubigen der böse Tag. Für Sie ebenso sehr wie für mich. Wir können uns nur verteidigen, wenn wir die ganze Waffenrüstung Gottes anziehen und in der Kraft des Herrn standhalten. Durch ihn sind wir mehr als Überwinder.

## 89. Wie widerstehen wir dem Teufel?

Alle drei Feinde des Gläubigen – die Welt, das Fleisch und der Teufel – werden in Jakobus 4,1–7 erwähnt. Wie wir gesehen haben, verhelfen uns verschiedene Strategien zum Sieg über diese Feinde.

- das Fleisch – *fliehen* Sie vor der Sünde und *folgen* Sie dem Weg der Gerechtigkeit (1. Kor 6,18; Gal 5,16.18; 2. Tim 2,22)
- die Welt – *konzentrieren* Sie sich auf das Wort Gottes (Röm 12,2; 1. Jo 2,16)
- der Teufel – *kämpfen* Sie (Eph 6,10–12; Jak 4,7)

Was den Umgang mit dem Teufel und seinen Dämonen betrifft, so werden die Gläubigen nie aufgefordert, sie zu binden, zu tadeln, zu verfluchen oder sich über sie lustig zu machen. Das Neue Testament sagt uns aber drei Mal, dass wir dem Teufel widerstehen sollen (Eph 6,13; Jak 4,7; 1. Petr 5,9). In Jakobus 4,7 lesen wir: «So unterwerft euch nun Gott! Widersteht dem Teufel, so flieht er von euch.» Das mit «widersteht» (*antihistemi*) übersetzte griechische Wort bedeutet «sich entgegenstellen» oder «sich widersetzen», was die defensive Haltung des Gläubigen betont.

Um den Angriff von Dämonen erfolgreich zu bestehen, müssen wir widerstehen, standhaft bleiben, nicht zurückweichen und kämpfen. Wenn wir dem Teufel widerstehen, wird er fliehen. Das mit «flieht» übersetzte griechische Wort in Jakobus 4,7 ist *pheugo*, von dem das englische Wort «fugitive» (flüchtig oder Flüchtiger) abstammt. Wir können den Feind in die Flucht schlagen, wenn wir ihm widerstehen. Aber wie widerstehen wir dem Teufel im täglichen Leben? Wie sieht das aus?

Die Schrift gibt uns drei Schlüssel an die Hand, wie wir den Angriffen des Feindes widerstehen und standhalten können. Erstens müssen wir uns Gott unterwerfen und ihm nahen. Jakobus 4,7–8 sagt: «So unterwerft euch nun Gott! Widersteht dem Teufel, so flieht er von euch; naht euch zu Gott, so naht er sich zu euch!» Bevor wir dem Teufel widerstehen können, müssen wir uns zuerst Gott unterwerfen. Jeder Christ sollte stets zwei Perspektiven vor Augen haben: den Rücken des Teufels und das Angesicht Gottes. Die Perspektive, die angenehmer ist, als den Teufel auf der Flucht von hinten zu sehen, ist das Angesicht Gottes. Gott möchte, dass wir uns ihm unterwerfen und ihm nahen. Das ist der erste Schritt, um dem Teufel effektiv zu widerstehen.

Der zweite praktische Schritt ist ein demütiges Herz. Jakobus 4,7, wo wir aufgefordert werden, dem Teufel zu widerstehen, wird von den Versen 6 und 10 umrahmt – in beiden ist von Demut die Rede. Das zeigt uns, dass wir Demut brauchen, um dem Teufel widerstehen zu können. Je demütiger wir sind, umso weniger Einfluss können die Mächte des Bösen auf uns nehmen. Wir bieten ihnen weniger Angriffsfläche. Wie Jonathan Edwards sagte: «Nichts bringt einen Menschen weiter vom Teufel weg als Demut.» Dem Teufel zu widerstehen, bedeutet nicht, ihn zu tadeln oder anzuschreien. Es meint einen Lebensstil der Unterwerfung und Demut.

> Wir können nicht den Sieg über den grössten aller Rebellen davontragen, wenn wir selbst rebellieren. Gott widersteht denen, die genauso stolz sind wie der Teufel (Jak 4,5–6). Wir sollen uns vor Gott demütigen und uns ihm unterwerfen. Dann können wir dem Teufel widerstehen, und er wird vor uns fliehen. ... Unser Leben muss Gott gehören. Das Mass unserer Unterwerfung bildet die Grundlage dafür, wie sehr wir widerstehen können, und je mehr wir widerstehen, umso mehr flieht der Teufel vor uns.[1]

Als dritten Schritt müssen wir die ganze Waffenrüstung Gottes anlegen. Epheser 6,13 sagt: «Deshalb ergreift die ganze Waffenrüstung Gottes, damit ihr am bösen Tag widerstehen und, nachdem ihr alles wohl ausgerichtet habt, euch behaupten könnt.» Das Anlegen unserer geistlichen Rüstung befähigt uns, dem Teufel zu widerstehen und ihm standzuhalten. In 1. Petrus 5,8–9 lesen wir: «Denn euer Widersacher, der Teufel, geht umher wie ein brüllender Löwe und sucht, wen er verschlingen kann; dem widersteht, fest im Glauben.» Wir widerstehen dem Feind, indem wir fest im Glauben stehen, was dem Schild des Glaubens in Epheser 6 entspricht. Das führt uns zu einer Besprechung der Waffenrüstung Gottes.

# 90. Was ist die ganze Waffenrüstung Gottes?

Während des Ersten Weltkriegs befehligte der britische Admiral Lord David Beatty eine Flottille in der Schlacht am Skagerrak. Zu Beginn der Schlacht beschossen sich britische und deutsche Schiffe aus der Entfernung mit Artilleriefeuer. Schnell wurde klar, dass die britischen Schiffe einen kapitalen Fehler hatten. Als Erstes wurde ein schwerer Kreuzer, die *Lion*, von Artilleriesperrfeuer getroffen und sank rasch. Dann wurde die Pulverkammer der *Indefatigable* getroffen und das Schiff in Stücke zerfetzt. Als Nächstes wurde die *Queen Mary* versenkt, die eine Crew von 1200 Seeleuten mit sich auf den Grund des Meeres riss. Als Admiral Beatty die Zerstörung seiner Schiffe sah, wandte er sich an seinen Offizier auf der Kommandobrücke und sagte mit typisch britischer Beherrschung: «Heute scheint etwas nicht zu stimmen mit unseren Schiffen, Chatfield.»

Obwohl die britischen Schiffe die deutsche Flotte letzten Endes zurückdrängen konnten, stellte man später fest, dass sie einen tödlichen Mangel aufwiesen. Trotz ihres schweren gepanzerten Schiffrumpfs boten ihre hölzernen Decks nahezu keinen Schutz vor den weitreichenden Artilleriegranaten des Feindes, die geradezu senkrecht vom Himmel fielen. Erst nachdem die Briten nicht nur die Seite, sondern auch das Deck zu panzern begannen, verloren sie ihre Schiffe nicht mehr durch deutsche Langstreckenartillerie.[1]

Eine effektive Rüstung ist in jedem Krieg entscheidend für den Sieg – auch bei der geistlichen Kampfführung. Wenn das Volk Gottes irgendeine Stelle ungeschützt lässt, wird der Feind einen Weg finden, den schwachen Punkt zu nutzen und Zerstörung zu bringen. Laut Epheser 6 stellt Gott uns eine vollständige Kampfausrüstung zur Verfügung, genannt «die ganze Waffenrüstung Gottes». Mit ihr kann jeder Gläubige den Angriffen des Feindes trotzen. Die ganze Waffenrüstung Gottes lässt nichts unbedeckt oder ungeschützt. Der Ausdruck «ganze Waffenrüstung» ist die Übersetzung eines einzigen griechischen Wortes (*panoplia*), das im Neuen Testament drei Mal vorkommt (Lk 11,22; Eph 6,11.13). Die *Panoplia* war die komplette Kampfausrüstung eines schwer bewaffneten römischen Fusssoldaten, bekannt als Hoplit. Die ganze sechsteilige Kampfausrüstung bekommt jeder Gläubige vom Heiligen Geist im Augenblick seiner Bekehrung. Später werden wir uns noch jedes einzelne Teil dieser Rüstung ansehen.

1. der Gürtel der Wahrheit
2. der Brustpanzer der Gerechtigkeit
3. die Schuhe des Friedens
4. der Schild des Glaubens
5. der Helm des Heils
6. das Schwert des Geistes

Im Alten Testament findet sich das Bild von der geistlichen Rüstung eines Gläubigen in Jesaja 11,4–5 und 59,16–17. Paulus übernahm dieses Bild sicher auch aus seiner Zeit im Gefängnis, als er die Soldaten beobachtete, die ihn ständig bewachten und hin und wieder an ihn gekettet waren. Paulus' Leserschaft konnte leicht einen Bezug zu diesem Bild herstellen und es verstehen.

Die Worte «ganze Waffenrüstung» lassen erkennen, dass jedes Teil wichtig ist. Wir können nicht wählerisch sein. Wir brauchen die ganze Waffenrüstung – die vollständige *Panoplia*. Martyn Lloyd-Jones unterstreicht diesen Punkt.

> Wenn Sie ein Soldat in dieser Armee sein wollen, wenn Sie diesen Feldzug siegreich beschliessen wollen, müssen Sie die ganze Ausrüstung anlegen, die Ihnen zur Verfügung gestellt wird. Das ist die Regel in jeder Armee. ... Und das gilt umso mehr für den geistlichen Bereich und die geistliche Kampfführung, mit der wir es zu tun haben. ... Sie brauchen alles – «die *ganze* Waffenrüstung Gottes» –, weil Ihr Verstand allein nicht ausreicht. Nur Gott kennt den Feind, und er weiss genau, was Sie benötigen, wenn

> Sie weiter feststehen wollen. Jedes einzelne Teil dieser Rüstung ist absolut notwendig; und das Erste, was Sie lernen müssen, ist, dass Sie nicht in der Position sind, wählerisch sein zu können.[2]

Der Apostel Paulus macht ausserdem deutlich, dass es «Gottes» ganze Waffenrüstung ist, die er in Epheser 6 aufführt. Das heisst, dass Gott diese Rüstung zur Verfügung stellt. Sie ist nicht von Menschen gemacht. Es ist seine Waffenrüstung. Gottes Volk muss sich im geistlichen Kampf täglich auf eine auf übernatürliche Weise gegebene Kampfausrüstung stützen. Gläubige haben durch die Rüstung Zugang zu Gottes Kraft, was aber nicht bedeutet, dass sie auch automatisch den Sieg davontragen. Wir müssen seine Waffenrüstung anziehen (Eph 6,11) oder ergreifen (V. 13), nur so kann sie wirksam werden. Jeder Gläubige muss sie im täglichen Leben einsetzen. Gott *macht* die Waffenrüstung, aber der Christ muss sie *annehmen*. Wir brauchen zu jeder Zeit die ganze Waffenrüstung, wenn wir feststehen wollen.

Wir können die Waffenrüstung Gottes auch als ein Bild von unserem Herrn betrachten. Römer 13,12–14 sagt: «Die Nacht ist vorgerückt, der Tag aber ist nahe. So lasst uns nun ablegen die Werke der Finsternis und *anlegen die Waffen des Lichts! ... Zieht den Herrn Jesus Christus an* und pflegt das Fleisch nicht bis zur Erregung von Begierden!» (Hervorhebung durch den Autor). Beachten Sie: Das Anlegen der Waffen des Lichts ist gleichbedeutend mit dem Anlegen des Herrn Jesus Christus. Er ist unsere Rüstung.

Jesus ist der Gürtel der Wahrheit, denn er ist der Weg, die Wahrheit und das Leben. Er ist der Brustpanzer, denn er ist unsere Gerechtigkeit. Er wird zu unseren Schuhen des Friedens, weil er unser Friede ist. Er ist der Schild des Glaubens, denn er ist Anfänger und Vollender unseres Glaubens. Und er ist der Helm des Heils, da die Bibel sagt, dass wir den Sinn Christi haben. Wir sollen Christus tragen, wie wir unsere Kleidung tragen. «Tag für Tag tragen wir Kleidung, stets sichtbar, und sie ist zu einem natürlichen Bestandteil unseres Lebens geworden. Ebenso sollte Christus immer ein Teil unseres täglichen Lebens sein. Wenn wir die Waffenrüstung anlegen, ziehen wir Christus an und gehen in seiner Kraft vorwärts in die Schlacht.»[3]

# 91. Welchen Zweck hat die Waffenrüstung Gottes?

Ich komme aus Oklahoma, wo Football zum Herzblut unseres Lebens gehört. Es heisst zu Recht, dass Football Krieg mit Regeln ist. Football dient als eine interessante Analogie für den geistlichen Kampf. Beim Football ziehen die Spieler vor der Partie ihre «ganze Rüstung» an, einschliesslich Helme, Polster und Schuhe. Sie brauchen einen klaren Spielplan, müssen die Taktiken und Neigungen des Gegners verstehen und in engem Kontakt mit ihrem Coach bleiben. So wie der geistliche Kampf erfordert Football Charakter und Ausdauer. Es ist ein Spiel, das sowohl individuelle Leistungen als auch die des gesamten Teams miteinander verbindet.

Eine der interessantesten Besonderheiten beim Football ist die Verteidigung der Torlinie, wenn sich die Verteidiger vor dem eigenen Torpfosten positionieren. Sie richten sich auf einen entschlossenen und harten Kampf im Graben ein und weichen nicht zurück. Sie verteidigen sich. Sie weigern sich, auch nur einen Zentimeter Boden herzugeben. Eine erfolgreiche Verteidigung der Torlinie ist oft der Wendepunkt in einem Spiel. Nichts kauft einer Offensive so sehr den Schneid ab wie vier erfolglose, aufeinanderfolgende Spielzüge an der Ein-Yard-Linie des Gegners.

So ist es auch bei der geistlichen Kampfführung entscheidend, dass wir lernen, uns erfolgreich zu verteidigen und dem Feind keinen Boden zu überlassen.[1] Heute nehmen viele fälschlicherweise an, dass Gläubige die Tore der Hölle stürmen sollten. Sie denken in Begriffen wie Angriff, Vorrücken und neuen Boden gewinnen. Sie fragen sich: «Erwartet Gott wirklich von mir, dass ich mich nur verteidige?»

Die Antwort ist Ja. Genau das sagt die Bibel. Jesus hat den Sieg für uns bereits davongetragen. Er hat den Kampf gewonnen und den geistlichen Boden errungen, der in Epheser 1–3 abgesteckt ist. Jetzt liegt es an uns, den geistlichen Boden zu verteidigen, der für uns gewonnen wurde. Wir dürfen nicht zurückweichen, sondern müssen standhaft bleiben und den Angriffen des Feindes widerstehen. Der Zweck der Waffenrüstung ist nicht der Gewinn neuen Territoriums. Wir kämpfen auf der Grundlage des Sieges, nicht um den Sieg.

Worte wie «standhalten», «widerstehen» und «feststehen» charakterisieren die folgende Stelle.

> Zieht die ganze Waffenrüstung Gottes an, damit ihr *standhalten* könnt gegenüber den listigen Kunstgriffen des Teufels. ... Deshalb ergreift die ganze Waffenrüstung Gottes, damit ihr am bösen Tag *widerstehen* und, nachdem ihr alles wohl ausgerichtet habt, euch behaupten könnt. So *steht* nun *fest*, eure Lenden umgürtet mit Wahrheit, und angetan mit dem Brustpanzer der Gerechtigkeit (Eph 6,11.13–14; Hervorhebung durch den Autor).

Ähnliche Aussagen finden sich auch in anderen neutestamentlichen Stellen.

- «So unterwerft euch nun Gott! Widersteht dem Teufel, so flieht er von euch» (Jak 4,7).
- «Dem [dem Teufel] widersteht, fest im Glauben» (1. Petr 5,9).

Eine starke Verteidigung wird den Sieg erringen. Unsere beste Offensive ist eine gute Defensive. Lewis Sperry Chafer drückte es treffend aus: «Als Pilger *wandeln* wir, als Zeugen *gehen* wir, als Anwärter auf den Siegeskranz *laufen* wir, als Kämpfer bleiben wir *standhaft*.»

## 92. Wann sollen wir die Waffenrüstung Gottes anziehen?

Mir war es schon drei Mal vergönnt, das Heilige Land zu besuchen. Ich kann ehrlich sagen, dass ich mich niemals sicherer gefühlt habe. Das jüdische Volk lebt in dem ständigen Bewusstsein eines permanenten Konflikts. Täglich könnte ein Krieg ausbrechen, auch wenn alle nur über Frieden reden. Für Israelis ist der Konflikt allgegenwärtig, und das ziehen sie bei allem, was sie tun, in Betracht. Auf den Strassen ist die Zivilbevölkerung praktisch umgeben von israelischen Soldaten und Sicherheitskräften. Die Nation lebt in einem Zustand ständiger militärischer Bereitschaft, weil die Führer und das Volk wissen, dass sie sich auf einem Schlachtfeld befinden.

Vor mehreren Jahren sah ich eine Gruppe von Schulkindern bei einem Ausflug im Gebiet von Dan in Nordisrael. Die Lehrer hatten sich Selbstladegewehre über die Schultern gehängt. Trotz dieser übervorsichtigen Massnahmen gibt es immer wieder Opfer zu beklagen. Aber stellen Sie sich nur einmal vor, was passieren würde, wenn sie ihre Sicherheitsmassnahmen aufgeben und so leben würden, als hätten sie keine Feinde.

Das ist einer der Gründe, warum wir so viele geistliche Opfer in der Gemeinde sehen. Wir haben die Tatsache aus den Augen verloren, dass wir uns in einem permanenten geistlichen Kampf befinden, der so gefährlich ist wie jeder physische Konflikt und der unsere ständige Wachsamkeit erfordert. Wir wagen es nicht, unsere Deckung aufzugeben. Wir dürfen nicht selbstzufrieden werden. Gott hat uns Mittel zur Verfügung gestellt, mit denen wir diesen Kampf gewinnen können, aber wir müssen sie auch jederzeit in Anspruch nehmen.

In Frage 88 haben wir über den «bösen Tag» gesprochen oder die Zeit, wenn der Feind einen Grossangriff auf uns startet. Da wir nicht wissen, wann dieser Tag kommt, müssen wir stets vorbereitet sein. Wir müssen allezeit die ganze Waffenrüstung tragen.

In Epheser 6,11 und 13 werden unterschiedliche Worte für das «Anziehen» und «Ergreifen» der Waffenrüstung verwendet. Beide Verben stehen aber im Aorist, wodurch Dringlichkeit ebenso betont wird wie Dauerhaftigkeit (anbehalten). Wir können nie wissen, wann der Feind zuschlägt, daher ist es unbedingt erforderlich, jederzeit vorbereitet zu sein.

Vor mehreren Jahren wurde in meinem Heimatstaat Oklahoma einem Stellvertreter des Sheriffs in einem nahe gelegenen Bezirk vier Mal aus nächster Nähe in die Brust geschossen, als er eine routinemässige Verkehrskontrolle durchführte. Seine kugelsichere Weste rettete ihm das Leben. In Zeitungsberichten war zu lesen, dass ihn seine drei Kinder jeden Tag daran erinnern, seine kugelsichere Weste zu tragen. Er sagte: «Jedes Mal, wenn ich das Haus verlasse, sagt eines von ihnen: ‹Ich liebe dich, Dad. Lass dich nicht erschiessen.›» Polizeibeamte müssen jeden Morgen ihre kugelsichere Weste anziehen. Sie können nie wissen, wann sie angegriffen werden – wann eine routinemässige Verkehrskontrolle zu einem Angriff ausartet. Man kann sich nur schützen, indem man sich täglich darauf vorbereitet.

John de Courcy war ein starker und mutiger anglo-normannischer Ritter, der 1176 nach Irland kam und beträchtliche Teile des Landes eroberte. Er war ein frommer Gläubiger und gab Gott stets die Ehre für seine Siege. König John von England wollte ihn töten lassen, aber er wusste, dass es schwer würde, weil de Courcy ein entschlossener Kämpfer war.

Im Auftrag von König John sollte Sir Hugh de Lacy herausfinden, wie man de Courcy besiegen und töten konnte. Um seine Gewohnheiten und Schwachstellen zu erfahren, beriet sich de Lacy mit einigen von de Courcys eigenen Männern, wie man ihn fassen könnte. Sie sagten, es wäre unmöglich, weil er immer seine Rüstung trug. Nur einmal im Jahr, am Karfreitag, legte er sie ab. An diesem Tag war es seine Gepflogenheit, keine Rüstung, kein Schild und keine Waffen zu tragen. Er ging fünf Mal barfuss um die Kirche und verbrachte anschliessend den Rest des Tages betend in ihr.

De Lacy beschloss, dass Karfreitag die einzige Möglichkeit war, de Courcy zu töten. An diesem Tag fiel eine Gruppe seiner Männer plötzlich über ihn her. De Courcy fand nichts anderes als einen Kreuzpfahl, um sich zu verteidigen, und tötete 13 Männer, bevor er zusammenbrach. Ohne Rüstung und Waffe wurde der grosse Kämpfer schliesslich besiegt. Der Feind fand seine Schwachstelle heraus und schlug zu, als er seine Rüstung abgelegt hatte. In diesem kurzen Zeitraum, in dem er schutzlos war, griff der Feind an.

Unser Feind ist nicht anders. Wir können sicher sein, dass er weiss, wann wir unsere Rüstung nicht tragen. Wir müssen alles anziehen, immer. Ohne sie sind wir leichte Beute.

# 93. Was ist der Gürtel der Wahrheit?

Nachdem wir ganz allgemein über die Waffenrüstung gesprochen haben, wollen wir uns nun jedem Teil einzeln zuwenden. Die Waffenrüstung wird in Epheser 6,14–20 aufgeführt, im Griechischen ist das ein einziger 113 Worte umfassender Satz. Warren Wiersbe nennt diesen Abschnitt treffend: «Was man im Krieg tragen muss.»

Das erste Teil der Ausrüstung, das ein römischer Hoplit anlegte, wenn er in den Krieg zog, war sein Gürtel. Kein Soldat konnte ohne seinen Gürtel kämpfen. Der Gürtel des Soldaten war 15 Zentimeter breit und aus Leder oder Leinen gefertigt. Er hatte zwei Aufgaben zu erfüllen. Erstens umgürtete der Soldat mit ihm seine Lenden, d. h., er band seine Tunika damit fest, sodass er sich freier bewegen und besser kämpfen konnte, ohne zu stolpern. Zweitens diente er der Befestigung seiner Waffen. Der normale Soldat hängte sein Schwert daran. Der Bogenschütze benutzte ihn für seinen Köcher. Der Gürtel hielt alles zusammen. In ähnlicher Weise hält die Wahrheit alles zusammen für das Kind Gottes. Die Wahrheit muss als Erstes kommen.

Viele ausgezeichnete Bibellehrer definieren Wahrheit an dieser Stelle als Wahrhaftigkeit oder als die persönliche Integrität des Gläubigen. Das ist zweifellos ein Schlüssel zum Leben, der uns vor dem Feind schützt. Ich glaube aber nicht, dass darauf hier die Hauptbetonung liegt. Vergessen Sie nicht, die Waffenrüstung in Epheser 6 wurde nicht von Menschen gemacht. Es ist die Waffenrüstung *Gottes*. Es ist seine Waffenrüstung, die er uns zur Verfügung stellt. Persönliche Integrität ist eine unzulängliche Verteidigung gegen die teuflischen Mächte.

Ich sehe den Gürtel der Wahrheit als einen Hinweis auf Gottes objektive Wahrheit. Das passt besser, weil wir uns durch Gottes Wahrheit frei bewegen können und sie alles zusammenhält. Wahrheit ist ausserdem das Erste, was man logischerweise erwähnt, da der Teufel ein Betrüger ist, der Vater der Lüge. Unsere erste Waffe gegen den grossen Betrüger und Lügner ist Gottes unveränderbare Wahrheit. Sie muss nicht aktualisiert oder gar modernisiert werden.

> Wahrheit ist Realität. Wahrheit ist die Gesamtsumme dessen, wie die Dinge wirklich sind. Deshalb ist Wahrheit die Erklärung aller Dinge. Man weiss, es ist die Wahrheit, wenn man etwas gefunden hat, das breit und tief und hoch genug ist, um alle Dinge zu beinhalten. Genau das tut Jesus Christus.[1]

Im Zweiten Weltkrieg unternahmen die Alliierten ein riesiges Täuschungsmanöver, das man heute noch erforscht. Es ging der Invasion in der Normandie voraus und ist als Operation Fortitude bekannt. Diese Aktion sollte die Deutschen veranlassen, ihre Ressourcen an andere Orte zu verlegen als in die Normandie. An verschiedenen Orten wurden aufblasbare Panzer, Artillerie aus Sperrholz und andere Lockvögel konstruiert und in Schlüsselpositionen gebracht, um die deutsche Wehrmacht zu beschäftigen. Der wichtigste Teil der Täuschung bestand aus falscher drahtloser Nachrichtenübermittlung durch deutsche Doppelagenten. Die Täuschung funktionierte hervorragend. Die Deutschen wurden von der Truppenkonzentration abgelenkt, die am D-Day in der Normandie einfiel.

Der Teufel betreibt ein gewaltiges Täuschungsmanöver. Für eine erfolgreiche geistliche Kampfführung ist nicht massgeblich, ob man komplizierte Techniken oder ein bestimmtes Vokabular beherrscht. Wichtig ist, dass wir die Wahrheit Gottes kennen und sie in unserem täglichen Leben umsetzen. Gottes Wahrheit steht uns schon lange zur Verfügung, aber wir müssen sie ergreifen, anziehen und verinnerlichen.

Da die Wahrheit unsere wichtigste Waffe gegen Täuschung ist, besteht Satans Hauptstrategie darin, das Wort Gottes, in dem sie enthalten ist, anzugreifen. Das Wort Gottes auf subtile Weise unglaubwürdig zu machen, es zu verdrehen und anschliessend seine Inspiration und Unfehlbarkeit zu leugnen, ist der älteste Trick des Teufels. Seine ersten Worte in 1. Mose 3,1 waren: «Sollte Gott wirklich gesagt haben?» Wenn der Teufel das Wort Gottes erfolgreich angreifen kann, ist er in der Lage, unseren Glauben zu schwächen und geistliches Wachstum und Reife zu verhindern. Er greift die Wahrheit und Unfehlbarkeit der Schrift an.

Wie können Gläubige den Gürtel der Wahrheit anlegen? Indem sie das Wort Gottes kennen. Hier einige praktische Möglichkeiten, um sicherzugehen, dass Ihr Gürtel fest sitzt.

- Gehen Sie regelmässig in eine Gemeinde und lassen Sie sich aus dem Wort Gottes belehren.
- Hören Sie im Radio, auf CDs oder Podcasts bibeltreuen Predigern zu.
- Lesen und studieren Sie das Wort Gottes und denken Sie darüber nach.
- Nehmen Sie an einem guten Bibelstudium teil.
- Lernen Sie das Wort Gottes auswendig.

Ich liebe die Geschichte von dem Mann, der einen alten Freund, einen Musiklehrer, besuchte und ihn beiläufig fragte: «Welche gute Nachricht hast du heute?»

Ohne ein Wort ging der ältere Musiklehrer durch den Raum, nahm eine Stimmgabel und schlug sie an. Als der klare Ton zu hören war, sagte der alte Mann: «Das ist der Ton A. Heute ist es ein A, vor tausend Jahren war es ein A und in zehntausend Jahren wird es noch immer ein A sein. Die Sopranistin im Obergeschoss singt falsch, der Tenor auf der anderen Seite des Flurs singt seine hohen Noten zu tief und das Piano im Erdgeschoss ist verstimmt. Aber das ...» Er schlug den Ton ein weiteres Mal an. «Das, mein Freund, ist ein A, und das ist die gute Nachricht heute.»[2]

Das ist die gute Nachricht von Jesus Christus. Er ist die Wahrheit, derselbe gestern, heute und in Ewigkeit. Er ist derjenige, nach dem wir unser Leben stimmen können. Seine Wahrheit steht fest. Sein Wort ist die Wahrheit heute. Es war schon vor tausend Jahren wahr und wird es in weiteren zehntausend Jahren noch immer sein. Wir haben die Person gefunden, die der feste, unveränderbare Fels ist. Halten Sie an ihm und seiner Wahrheit fest. Wenn Sie noch nicht an ihn glauben und ihn nicht angenommen haben, sollten Sie heute zu ihm kommen – er ist der Weg, die Wahrheit und das Leben. Umgürten Sie Ihr Leben mit dem Gürtel der Wahrheit.

Alle Verben und Pronomen in Epheser 6,14–20 stehen im Plural, was natürlich bedeutet, dass die Stelle für jeden Gläubigen gilt. Es zeigt uns aber auch, dass wir nicht allein sind. Wir stehen gemeinsam in der Armee Gottes. Wir sind ein Zusammenschluss von Brüdern und Schwestern. Wir kämpfen Seite an Seite, Arm in Arm, Schulter an Schulter. Wir stehen gemeinsam für Gottes Wahrheit. Das sollte für jeden von uns eine grosse Ermutigung sein. Wenn wir sehen, wie andere standhaft sind und dem Teufel widerstehen, stärkt das unseren Glauben und gibt uns die Entschlossenheit, dasselbe zu tun.

## 94. Was ist der Brustpanzer der Gerechtigkeit?

Kein römischer Soldat zog in die Schlacht ohne einen Brustpanzer. Dies war ein robustes, ärmelloses Teil der Rüstung, das seinen ganzen Rumpf abdeckte. Es bestand aus Leder oder schwerem Leinen mit überlappenden Schichten aus Tierhufen oder Hörnern oder aufgesetzten Metallstücken. Einige wurden aus grossen Metallteilen angefertigt, die so geformt oder gehämmert wurden, dass sie sich dem Körper anpassten. Der Brustpanzer schützte das Herz, die Lunge und andere lebenswichtige Organe.

In ähnlicher Weise beschützt Gerechtigkeit unser Herz vor den Anschuldigungen und Verurteilungen des Feindes. Gerechtigkeit hat sowohl mit dem richtigen *Sein* als mit dem richtigen *Handeln* zu tun. Es geht darum, was wir sind und was wir tun.

In diesem Kontext kann sich Gerechtigkeit auf die persönliche, heiligende Gerechtigkeit beziehen, oft auch praktische Gerechtigkeit genannt, oder auf die stellungsmässige Gerechtigkeit. Die meisten Bibelkommentatoren vertreten den ersten Standpunkt. Mit anderen Worten, sie meinen, ein gerechtes Leben im Gehorsam ist unsere Verteidigung gegen den Feind.

Niemand würde bestreiten, dass eine gerechte Lebensführung das Herz eines Gläubigen vor den Angriffen des Teufels schützt. Ich bevorzuge aber den Gedanken, dass unser Brustpanzer *primär* die Gerechtigkeit Christi betont, auch wenn ich natürlich anerkenne, dass eine praktische Gerechtigkeit das Resultat einer gerechten Stellung vor Gott ist.

Die Bibel sagt, wenn wir an Christus gläubig werden, wird unserem himmlischen Bankkonto seine Gerechtigkeit angerechnet und wir werden vor Gott für gerecht erklärt. In 1. Korinther 1,30 lesen wir: «Durch ihn aber seid ihr in Christus Jesus, der uns von Gott gemacht worden ist zur Weisheit, zur Gerechtigkeit, zur Heiligung und zur Erlösung.»

Als Jesus am Kreuz hing, geschahen zwei gewaltige Dinge. Erstens nahm er alle unsere Sünden auf sich. Er wurde für uns zur Sünde. Zweitens schrieb er uns seine Gerechtigkeit zu. Wenn wir ihm vertrauen, vergibt er uns alle unsere Sünden und schenkt uns seine Gerechtigkeit. Wir werden gerecht in ihm. Niemand könnte sich einen besseren Handel vorstellen. Christus nimmt meine Sünde und gibt mir seine Gerechtigkeit.

Der theologische Begriff, der unsere Gerechtigkeit in Christus beschreibt, lautet *Zuschreibung*. Das ist ein Begriff aus dem Rechnungs- oder Bankwesen, der bedeutet, dass einer Person etwas angerechnet oder ihrem Konto gutgeschrieben wird. Mein Lieblingsvers bringt diese Wahrheit zum Ausdruck: «Denn er hat den, der von keiner Sünde wusste, für uns zur Sünde gemacht, damit wir in ihm zur Gerechtigkeit Gottes würden» (2. Kor 5,21). Wir können das den grossen Tausch nennen. Er bekommt unsere Sünde, und wir erhalten seine Gerechtigkeit.

Ich habe eine Menge über Überschreibung oder Zuschreibung gelernt, als meine Söhne auf dem College und der Universität waren. Meine Frau und ich haben regelmässig Geld auf ihre Konten überwiesen – unser Kapital auf ihr Konto gebucht. Sie hatten das Geld nicht verdient, warum also haben wir unser Geld auf ihr Konto überwiesen? Weil es unsere Söhne sind und wir sie von Herzen lieben. Warum schreibt Gott die Gerechtigkeit Christi unserem himmlischen Bankkonto gut? Weil wir es verdienen oder dafür gearbeitet haben? Nein. Weil wir seine Söhne und Töchter sind durch den Glauben an Jesus Christus und er uns liebt.

Der Transfer der Gerechtigkeit Christi geschieht in dem Augenblick, in dem Sie an Christus glauben und ihm vertrauen. Auf der Grundlage dieser Transaktion hat Gott Sie gerechtfertigt oder für gerecht vor ihm erklärt (Röm 5,1). Eine der bevorzugten Taktiken des Teufels ist es, unsere Herzen mit falschen Anschuldigungen anzugreifen. Wenn Sie den Brustpanzer der Gerechtigkeit anlegen, erlauben Sie es der Gerechtigkeit Christi, Sie vor den Angriffen des Feindes zu schützen. Römer 8,33 versichert uns: «Wer will gegen die Auserwählten Gottes Anklage erheben? Gott ist es doch, der rechtfertigt!»

Martin Luther bat die Christen inständig, die Wahrheit der Gerechtigkeit Christi zu einem Teil ihres täglichen Gebets zu machen und zu sagen: «Du, Herr Jesus, bist meine Gerechtigkeit, ich aber bin deine Sünde. Du hast auf dich genommen, was mein ist, und hast mir gegeben, was dein ist. Du hast auf dich genommen, was du nicht warst, und hast mir gegeben, was ich nicht war.»[1]

Der anglikanische Theologe Richard Hooker (ca. 1554–1600) sagte: «Wir interessieren uns für keine Erkenntnis in der Welt ausser dieser: Dass der Mensch gesündigt und Gott gelitten hat; dass Gott sich zur Sünde des Menschen gemacht hat und Menschen zur Gerechtigkeit Gottes gemacht wurden.»[2]

Christus ist unsere Gerechtigkeit. Wir ruhen in seinen Verdiensten – in seiner Gerechtigkeit allein. Von Gott angenommen und nicht verdammt worden zu sein, gibt uns grosse Kraft und sollte ein Leben in praktischer Gerechtigkeit zur Folge haben. Wenn der Teufel Sie vor dem Herrn anklagt und auf alle Ihre Fehler und Ihr Versagen verweist, sagt Gott der Vater: «Ich sehe diesen Menschen bekleidet mit der Gerechtigkeit meines Sohnes Jesus Christus.» Das ist unsere feste Verteidigung gegen dämonische Anschuldigungen. Die Gerechtigkeit Christi ist unser undurchdringlicher Brustpanzer.

## 95. Was sind die Schuhe des Friedens?

An einer Stelle des oscarprämierten Films *Forrest Gump* fängt Forrest auf einer Parkbank ein Gespräch mit einer Krankenschwester neben ihm an. Nachdem er ihre Schuhe einige Zeit bestaunt hat, sagt er: «Mama sagte immer, Schuhe können dir über einen Menschen ganz schön viel erzählen. Wohin sie gehen. Wo sie gewesen sind.»

Schuhe spielen eine wichtige Rolle in unserem Leben. Es gibt alle möglichen Arten von Schuhen für jeden denkbaren Anlass. Gehen Sie in die Geschäfte für Sportschuhe in irgendeinem x-beliebigen Einkaufszentrum oder in die Schuhabteilung jedes grossen Kaufhauses. Dort finden Sie elegante und teure Schuhe und verschiedenartige und -farbige Schuhe für jeden Sport oder jeden Stil, den man sich vorstellen kann. Sportschuhe verändern sich permanent, um die neusten Technologien und wissenschaftlichen Errungenschaften einzuführen. Stellen Sie sich ein Footballteam mit der besten und hochmodernsten Ausstattung, aber ohne Schuhe oder mit Schuhen ohne Stollen vor. Das richtige Schuhwerk ist entscheidend.

Somit überrascht es nicht, dass das nächste Teil der Rüstung, auf die sich ein Soldat in der Schlacht verlässt, seine Schuhe sind: «... und an den Füssen beschuht mit der Bereitschaft des Evangeliums des Friedens» (Eph 6,15; Elberfelder 2003). Die Schuhe eines Soldaten sind noch wichtiger als die eines Sportlers, weil sein Leben von ihnen abhängt. Das Bild in Epheser 6 ist dem als *caliga* bekannten Kampfstiefel eines römischen Soldaten entlehnt. Ein römischer Kaiser wurde Caligula genannt, was so viel wie «Stiefelchen» bedeutet.

Der Caliga war ein Halbstiefel, den römische Legionäre trugen. Es war ein Lederstiefel mit freiliegenden Zehen, der mit Lederriemen bis über die Knöchel hoch zum Schienbein fest zugeschnürt wurde. Bei kaltem Wetter wurde der Stiefel mit Wolle oder Fell ausgefüttert. Diese Schuhe waren nicht zum Rennen gedacht (oder zum Verfolgen oder dem Fliehen vor dem Feind). Diese dicksohligen Stiefel waren für lange Märsche und für einen festen Stand gemacht, um den Soldaten Halt im Nahkampf zu geben. Die Ledersohle war fast zwei Zentimeter dick, und die Unterseite war mit Hohlkopfnägeln besetzt, sodass der Kämpfer schnelle und plötzliche Bewegungen ausführen konnte, ohne auszurutschen oder zu fallen.[1] Stellen Sie sich einen römischen Soldaten mit einer Rüstung von Kopf bis Fuss vor, der keine Schuhe trägt. Ein barfüssiger Soldat würde sich schnell die Füsse aufreissen und leicht die Bodenhaftung verlieren. Er wäre im Handumdrehen kampfunfähig. Wenn man seinen Halt verliert, wird alles andere unwichtig.

Bibelkommentatoren legen diesen Hinweis auf die Schuhe des Friedens auf zweierlei Weise aus. Zum einen meinen manche, es wäre eine Ermutigung, die gute Nachricht vom Evangelium des Friedens anderen mitzuteilen – dass Gläubige jeden Tag bereit sein müssten, einer verlorenen Welt das Evangelium des Friedens zu bringen. Diese Sicht behauptet, dass die Schuhe des Friedens die Bereitschaft repräsentieren, das Evangelium bekannt zu machen. Vertreter dieser Ansicht merken an, dass der siegreichste Christ ein Christ ist, der Zeugnis gibt. Um dies zu untermauern, verweisen sie auf Römer 10,15: «Wie sollen sie aber verkündigen, wenn sie nicht ausgesandt werden? Wie geschrieben steht: Wie lieblich sind die Füsse derer, die Frieden verkündigen, die Gutes verkündigen!»

Das Evangelium zu verkünden und unseren Glauben zu verbreiten, sind wichtige Dinge. Ich glaube aber nicht, dass dieser Vers davon spricht. Paulus sagt nicht, dass unsere Füsse beschuht sind mit der *Verkündigung* des Evangeliums des Friedens, sondern mit der *Bereitschaft* des Evangeliums des Friedens. Denken Sie daran, die Rüstung dient zur Verteidigung, nicht zum Angriff (ausser dem Schwert des Geistes).

Die bessere Sicht ist meines Erachtens, dass die Schuhe des Soldaten von unserem Frieden mit Gott durch das Evangelium sprechen, was uns unerschütterlich macht. Die Schrift teilt uns mit, dass jeder Mensch, bevor er zu Christus kommt, ein Feind Gottes ist und sich im Krieg mit dem Schöpfer befindet. Wenn ein Sünder aber Christus als seinem Erlöser vertraut, wird er augenblicklich durch den Glauben gerechtfertigt, und die Folge ist Frieden mit Gott (Röm 5,1.10). Jesus ist der Urheber des Friedens. Er ist Gottes Friedensstifter (Eph 2,13–14). Das ist das Evangelium des Friedens, das uns festen Halt gibt. Jeder Gläubige geniesst jetzt den ewigen Frieden mit Gott. Und diese neue Stellung befähigt Christen, dem Teufel zu widerstehen.

Menschen, die nicht wissen, ob sie Frieden mit Gott haben, sind instabil und schwach und können leicht vom Feind zu Fall gebracht werden. Sie rutschen ständig aus. Wenn die Füsse fest auf dem Frieden Gottes stehen, können sie den schwersten Angriffen des Feindes standhalten.

# 96. Was ist der Schild des Glaubens?

Epheser 6,16 erwähnt das vierte Teil der Waffenrüstung Gottes – den Schild des Glaubens. Es wird mit den Worten vorgestellt «zu dem allem» (Menge-Bibel). Zusätzlich zu allen anderen Teilen der Rüstung sollen wir sichergehen, dass wir unser Schild ergreifen.

Es gab drei Arten von römischen Schilden. Einer war der kleine, *Clipeus* genannte Rundschild, den man häufig in Filmen wie *Gladiator* sehen kann. Der zweite, von dem in Epheser 6 die Rede ist, war der lange, rechteckige oder ovale Schild, *Thureon* genannt, von dem sich das Wort *thura* (Tür) herleitet. Der grösste, *Scutum* genannte Schild war 1,20 m hoch, 75 cm breit und eine Handbreit dick. Mit Haken an jeder Seite konnte man ihn mit den Schilden von Mitstreitern verbinden und so einen soliden Schutzwall bilden. Harold Hoehner beschreibt den römischen Schild.

> Es bestand aus zwei zusammengeleimten Holzbrettern, deren äussere Oberfläche zuerst mit Leinwand und dann mit Kalbsleder bedeckt wurde. An den oberen und unteren Enden war Metall befestigt, das das Holz schützte, wenn er auf den Boden schlug, und in der Mitte der Vorderseite war eine eiserne Kappe, von der die meisten Steine und schweren Pfeile abprallten.[1]

Vor der Schlacht wurden die Schilde oft ins Wasser getaucht, sodass sich die Lederabdeckung und die Leinwand unter dem Leder vollsogen und brennende Pfeile löschten.

Filme wie *300* zeigen grosse Gruppen von antiken Bogenschützen, die ihre Pfeile gleichzeitig abschiessen. Der Pfeilregen verdunkelt den Himmel. Auch die glühenden Pfeile des Teufels prasseln ständig auf das Volk Gottes herab. Der Schild ist notwendig, um diese Pfeile zu löschen.

Nach einer antiken Schlacht zählte ein römischer Soldat 220 Pfeilspitzen in seinem Schild. Der römische Schild war ein wichtiger Bestandteil seiner Verteidigung. Alle anderen Teile waren bedeutungslos, wenn er keinen Schild hatte. Für Gläubige ist dieser Schild der Glauben oder sein persönliches, tägliches Vertrauen auf den Herrn. Der Glaube ist das lebendige Vertrauen auf die Verheissung und Macht Gottes.

Bei der Übersetzung der Bibel in die Sprache eines Südseestammes stellte der Missionar John Paton fest, dass das Volk kein Wort für Glauben besass. Eines Tages kam ein Eingeborener, der eine lange Strecke gelaufen war, in das Haus des Missionars, sank in einen grossen Stuhl und sagte: «Es fühlt sich so gut an, mein ganzes Gewicht auf diesem Stuhl zur Ruhe kommen zu lassen.» Paton sagte: «Das ist es. Ich übersetzte Glauben mit ‹jemandes ganzes Gewicht auf Gott zur Ruhe kommen zu lassen.›»[2] Das ist eine grossartige Definition von Glauben. Der Glaube lässt unser ganzes Gewicht auf Gott zur Ruhe kommen. Es ist die Sache, die alle anderen Waffen abdeckt. Ein fester Glaube befähigt Gläubige, standhaft zu bleiben und dem Teufel zu widerstehen (1. Petr 5,9).

Der Schild repräsentiert den Glauben, daher muss zu den Pfeilen, die es löscht, auch der Zweifel gehören. Der subtilste Pfeil des Teufels ist der Zweifel. Es war der erste Pfeil, den er auf Eva abfeuerte (1. Mo 3,1), und seitdem ist er dabei, seine Kammern zu entleeren. Der Teufel liebt es, unsere Zweifel noch zu verstärken.

Viele Christen geraten in Panik, wenn sie auch nur den geringsten Zweifel haben, und fragen sich, ob sie wirklich gläubig sind. Aber vergessen Sie nicht, Zweifel ist nicht das Gegenteil von Glauben. Unglaube ist das Gegenteil von Glauben. Wenn Zweifel aufkommen, dann halten Sie mit der Wahrheit dagegen, die Sie kennen. Wenn wir Gott hinsichtlich der Wahrheit vertrauen, die wir kennen, wird er sich darum kümmern, was wir nicht wissen.

Und bedenken Sie zum Schluss, dass der Schild Ränder hat, die so konstruiert sind, dass eine ganze Reihe von Soldaten ihre Schilde zusammenstecken und einen soliden Schutzwall bilden kann. Das erinnert uns daran, dass wir nicht allein im Kampf stehen. Wir sind gemeinsam in Gottes Armee. Wir kämpfen Seite an Seite, Schulter an Schulter, Schild an Schild. Das sollte eine grosse Ermutigung für unseren Glauben sein. Manchmal haben wir im geistlichen Kampf den Eindruck, allein zu sein. Andere zu sehen, wie sie standhaft bleiben und dem Teufel widerstehen, stärkt unseren eigenen Glauben und gibt uns die Entschlossenheit, durchzuhalten.

## 97. Was ist der Helm des Heils?

Der Helm des römischen Soldaten war aus Bronze oder Eisen und von innen mit Filz oder Schwamm gefüttert. Er schützte das Gehirn – den Verstand. Die Gedanken des Gläubigen müssen von der göttlichen Kopfbedeckung geschützt werden. Wir leben in verwirrenden Zeiten. Wir werden ständig mit Neuigkeiten und Ereignissen bombardiert, die uns leicht entmutigen und sogar zur Verzweiflung treiben können. Überall spüren die Menschen das. Der Teufel macht sich das zunutze, um Hoffnungslosigkeit zu verbreiten. In einer zunehmend verdorbenen und verworrenen Welt müssen Christen klar denken können. Nichts ist wichtiger, als unsere Gedanken zu beschützen.

Alle Gläubigen haben den Helm des Heils, der unseren Verstand schützt und uns in verwirrenden Zeiten klar denken lässt. Die Erlösung im Leben eines Christen umfasst drei Zeitformen:

- Vergangenheit – Rechtfertigung
- Gegenwart – Heiligung
- Zukunft – Verherrlichung

Welche ist hier gemeint? Ich glaube nicht, dass Paulus über die Vergangenheitsform der Erlösung spricht, da sich zwei der vorangegangenen Teile der Rüstung darauf beziehen – der Brustpanzer der Gerechtigkeit und die Schuhe des Friedens. Ich meine, er blickt in erster Linie in die Zukunft, auf den letzten Aspekt unserer Erlösung. Darauf bezieht sich Paulus in Römer 13,11, wenn er sagt: «Denn jetzt ist unsere Errettung näher, als da wir gläubig wurden.» Der Helm des Heils wird in 1. Thessalonicher 5,8 genauer definiert als die «Hoffnung auf das Heil». In diesem Kontext ist die Erlösung eine Hoffnung, etwas noch Zukünftiges. Diese Zukunftsform des Heils wird auch in Römer 8,22–25 beschrieben. Der Helm des Heils stellt das Kommen Jesu Christi dar, den Tag, an dem er die ganze Schöpfung von der Knechtschaft befreien und sein irdisches Reich aufrichten wird. An diesem Tag wird er die Dinge in Ordnung bringen und Gerechtigkeit, Frieden und die volle Erlösung einführen.

Das Volk Gottes soll seine Hoffnung nicht auf politische Lösungen, soziale Programme oder wissenschaftliche Fortschritte setzen, um die Probleme dieser Welt zu beseitigen, so hilfreich diese Dinge auch manchmal sein mögen. Unsere Hoffnung ruht auf Christus allein. Obwohl wir letzen Endes keine Hoffnung in die Menschheit setzen, ruht unsere ganze Hoffnung doch auf Gott. Das heisst nicht, dass wir uns von der Welt zurückziehen und uns vor ihren Problemen abschotten sollen. Wir müssen das Gleichgewicht behalten. Wir müssen uns auch weiterhin daran beteiligen, die Bedürfnisse der Menschen in ihren tiefen Nöten und Verlusten zu stillen. Gott vergebe uns, wenn wir keinen Anteil an den Nöten und Unruhen in unserer Welt nehmen. Dennoch setzen wir unsere Hoffnung nicht auf die Menschheit.

John MacArthur macht uns Mut, dass unsere Zuversicht in der zukünftigen vollen Erlösung liegt.

> Das Wissen, dass der geistliche Kampf einmal enden wird, stärkt unsere Motivation, ihn weiterzuführen. Wir werden nicht für immer gegen die Welt, das Fleisch und den Teufel kämpfen müssen. ... Ohne Hoffnung zu leben, wäre so, als würde man in einem Rennen ohne Ziellinie laufen. ... Gäbe es keine Garantie auf ein zukünftiges Heil, wäre der vergangene Aspekt der Erlösung bedeutungslos.[1]

Das Einzige, was uns klar denken lässt und uns Hoffnung schenkt, ist die Tatsache, dass Christus zurückkehrt und unsere Erlösung vollenden wird, dass er kommt, um uns zu retten und die Dinge in Ordnung zu bringen, und dass er allein in der Lage ist, ideale Zustände auf der Erde zu verwirklichen. Wenn wir diesen ewigen

Plan im Auge behalten, wird uns das vor einer Menge Kummer und Sorgen bewahren, wenn wir allmorgendlich die Zeitung lesen und die Nachrichten hören. Wir werden nicht mehr überrascht sein, in Panik geraten oder aufschrecken wegen der unaufhörlichen Niagarafälle an entmutigenden Informationen, die über uns hereinbrechen.

Die Hoffnung des Heils erinnert uns daran, dass der Kampf nicht unser, sondern der des Herrn ist. Die Geschichte ist nicht ein sinnloses Durcheinander, sondern ein kontrollierter Plan, der nicht aus dem Ruder läuft. Trotz allem Anschein lenkt Christus diese Ereignisse, und alles wird am Ende einen Sinn ergeben. Nichts, was passiert, kann seinen Plan aufhalten oder durcheinanderbringen. Aus diesem Grund glaube ich, dass es dringend erforderlich ist, das Kommen des Herrn und die biblische Prophetie zu predigen und zu lehren. Das Volk Gottes muss regelmässig daran erinnert werden, dass Christus zurückkommt und unsere Erlösung zur Vollendung bringt. Es erinnert uns daran, dass das Ende gewiss ist. Das Ergebnis ist sicher. Das gibt unserem Herz und unserem Verstand die nötige Ruhe am Tag des Kampfes.

Heute, wo die Menschen sehr an der Zukunft interessiert sind und sich Hoffnungslosigkeit breitmacht, wird über die Lehre vom Kommen des Herrn weniger gesprochen als jemals zuvor. Das ist eine Schande, denn unsere Hoffnung ist der Helm des Heils, der unsere Gedanken vor der Verwirrung, dem Chaos und der Hoffnungslosigkeit unserer Zeit schützt. «Da der Helm des Heils Gottes unsere Gedanken sicher beschützt, können wir den Posaunen des Krieges an den bösen, vor uns liegenden Tagen mit geordneten Gedanken, ruhigem Herzen und einer hoffnungsvollen Seele begegnen.»[2]

Mögen unsere Gedanken und Herzen voller Hoffnung sein, bis er kommt!

# 98. Was ist das Schwert des Geistes?

Das letzte wichtige Teil der *Panoplia* eines römischen Soldaten war sein Schwert. Stellen Sie sich einen römischen Soldaten in seiner ganzen Rüstung und seinem Schild vor, der keine Waffe in seiner Hand hat, mit der er den Feind angreifen und sich selbst verteidigen kann. Er würde ganz schnell umgehauen werden. In ähnlicher Weise muss der christliche Kämpfer eine Waffe im Kampf mit dem Teufel bei sich tragen, und diese mächtige Waffe ist «das Schwert des Geistes, welches das Wort Gottes ist». Um dieses Bild zu verstehen, wollen wir uns drei entscheidende Punkte anschauen: das Schwert, den Geist und den Gebrauch des Wortes.

## Das Schwert

In der Bibel finden sich viele Metaphern für das Wort Gottes:

- Leuchte (Ps 119,105)
- Feuer (Jer 20,9)
- Hammer (Jer 23,29)
- Wasserbad (Eph 5,26)
- Spiegel (Jak 1,22–25)
- Samen (1. Petr 1,23)

Eines der am häufigsten vorkommenden neutestamentlichen Bilder für die Schrift ist das Schwert (Hebr 4,12; Offb 1,16; 2,12.16; 19,15). Es gibt zwei neutestamentliche Worte, die mit «Schwert» übersetzt werden. Das eine ist *romphaia*, das für das römische Breitschwert verwendet wurde. Das in Epheser 6,17 mit «Schwert» übersetzte griechische Wort ist hingegen *machaira*, das sich auf das römische Kurzschwert bezieht. Es war im Grunde ein grosses Messer mit zwei Schneiden, die fünf Zentimeter breit und 15 bis 45 Zentimeter lang waren. Es wurde im Nahkampf eingesetzt. Das verrät uns etwas über den Konflikt im geistlichen Kampf. Er kommt uns sehr nahe.

Das ist unsere Offensivwaffe, obwohl man es im Nahkampf ebenso gut als einen Teil der defensiven Haltung zur Verteidigung der eigenen Position betrachten kann.

Diese offensive Eigenschaft des Wortes Gottes erklärt, warum das Wort Gottes unaufhörlich angegriffen wird. Der Teufel hat dem Wort Gottes den Krieg erklärt, weil er seine Kraft kennt. Er bringt Ungläubige dazu, es anzugreifen, es lächerlich zu machen und seine Bedeutung abzuschwächen. Der Teufel spricht durch angesehene und intelligente Menschen, um das Zeugnis der Schrift zu dämpfen, zu verdrehen, auszuschalten und in Misskredit zu bringen. Seine Strategie ist es, dass die Menschen das Wort Gottes nicht ernst nehmen. Er gebraucht sogar Pastoren, um es zu verwässern oder zu leugnen. Selbst einige so genannte Theologieprofessoren verraten die Schrift mit dem Judaskuss. Wie ein altes Sprichwort beklagt: «Wenn man in der Gemeinde nach dem Teufel sucht, sollte man auf der Kanzel damit anfangen.» Der Teufel greift das Wort an, weil es unser Schwert ist – unsere grösste Offensivwaffe. Er fürchtet seine schneidende Klinge. Das Wort Gottes schneidet, überführt, fordert heraus, konfrontiert ... aber es tröstet auch. Seine Klinge ist scharf. Wie jemand einmal sagte: «Es ist durch und durch scharf.» Es ist das Schwert des Geistes.

## Der Geist

Der zweite entscheidende Punkt ist der Heilige Geist. Unsere Waffe ist das Schwert *des Geistes*. Der Heilige Geist inspirierte das Wort Gottes. Er ist der Urheber des Wortes (2. Sam 23,2; 2. Tim 3,16; 2. Petr 1,21). Das Wort ist ein Schwert, das vom Heiligen Geist stammt (das ist sein Ursprung). Aus diesem Grund ist es so mächtig und wertvoll. Da der Heilige Geist der Urheber des Wortes ist, können wir das Wort und den Geist nicht voneinander trennen. Wir brauchen den Geist Gottes, um uns mit dem Wort Gottes zu erfüllen und es uns zu lehren.

Als ich am Dallas Theological Seminary anfing, waren dem ersten Semester ein paar Orientierungstage vorgeschaltet. In einem der Einführungskurse machte Donald Campbell, der damalige Präsident, eine Bemerkung, die ich nie vergessen habe. Er sagte: «Das Dallas Seminary verfügt über ein Lehrerkollegium, das aus einer Person besteht.» Damit meinte er den Lehrdienst des Heiligen Geistes. Der Geist Gottes hat das Lehrbuch geschrieben, und er ist der Lehrer. Das Schwert, das wir schwingen, ist sein Schwert. Je besser unsere Kenntnis von den Schriften und je tiefer unsere Gemeinschaft mit dem Heiligen Geist sind, umso erfolgreicher werden wir im Kampf bestehen können.

## Der Gebrauch des Wortes

Das Wort Gottes ist ein Schwert, und es kommt vom Heiligen Geist. Das führt uns zu seinem Gebrauch. Zwei neutestamentliche griechische Worte werden mit «das Wort» Gottes übersetzt.

Das erste ist das bekannte griechische Wort *logos*, das sich auf die gesamten Äusserungen oder Offenbarungen Gottes bezieht. Das zweite und weniger bekannte Wort ist *rhema*, das einen speziellen Ausspruch oder Vers aus der Schrift meint, der eine unmittelbare Situation betrifft. In Epheser 6,17 finden wir das Wort *rhema*. Mit anderen Worten, wenn wir vor einer Versuchung stehen oder einem Angriff des Feindes ausgesetzt sind, müssen wir mit einer Stelle oder einem Ausspruch aus der Schrift zurückschlagen, der die Situation auf den Kopf trifft. Gottes Weisheit in seinem Wort steht uns in konkreten Situationen zur Verfügung. Die Bibel ist wie ein Waffenarsenal mit allen möglichen Arten von Schwertern, zu denen man greifen kann, wenn man den Feind in seine Schranken verweisen muss.

Jesus gab uns in der Wüste ein Beispiel dafür, als er vom Teufel versucht wurde. Man könnte Matthäus 4,1–11 den Original-Wüstensturm nennen. Der Teufel suchte sich den Augenblick genau aus. Er kam zu Jesus direkt nach seiner Taufe und der Anerkennung des Vaters aus dem Himmel. Wahrscheinlich hoffte er, Jesus zu überraschen, als dieser ihm nach seinem grossen Auftritt angreifbar erschien. Aber unser Herr war der Herausforderung mehr als gewachsen. Er nahm das Schwert des Geistes und schnitt den Teufel in Stücke bei ihrem Duell in der Wüste. Bei jeder einzelnen Versuchung zog er ein scharfes Schwert hervor. Christus ist ein meisterhafter Schwertkämpfer. Drei Mal blitzte das Schwert auf und stach zu: «Es steht geschrieben ... es steht geschrieben ... es steht geschrieben.»

Jedes Mal zitierte Jesus aus 5. Mose. Howard Hendricks, einer meiner Professoren am Dallas Seminary, stellte uns einmal die prüfende Frage: «Wie lange würdet ihr durchhalten, würde euer geistliches Überleben davon abhängen, wie gut ihr das fünfte Buch Mose kennt?» Denken Sie einmal darüber nach. Wenn Jesus auf die Schrift zurückgriff, als er dem Feind begegnete, wie viel mehr sollten wir es dann tun? James Boice formulierte die Frage so:

> Hier ist Jesus – der heilige Sohn des allmächtigen Gottes, die Person, an der weder Teufel noch Mensch etwas Falsches oder einen Angriffspunkt finden konnten. Die Augen Jesu waren stets auf die Herrlichkeit seines Vaters gerichtet. Er lebte in einer so engen Gemeinschaft mit ihm wie nur möglich. Wenn aber Jesus, unser Herr und Erlöser, die Schrift kennen musste, um dem Teufel zu widerstehen und ihn zu besiegen, wie viel mehr brauchen Sie und ich sie, um den Sieg davonzutragen! Wir müssen sie Wort für Wort kennen. Sie sagen: «Ich habe eine allgemeine Vorstellung von dem, was die Bibel sagt.» Das ist ein Anfang, aber es reicht nicht aus. Sie müssen die Bibel gut kennen und wichtige Teile auswendig lernen, wenn Sie Versuchungen überwinden wollen. ... Wenn sie uns von Nutzen sein sollen, müssen wir die Worte der Bibel persönlich kennen.[1]

Anschliessend verdeutlicht Boice sein Argument, indem er auf die Schwerter verweist, die er auf seinen Reisen gesehen hatte.

> Einige waren reich verziert. Andere waren von historischer Bedeutung und gehörten Königen oder anderen einflussreichen Leuten. Manche waren gross, manche klein. Ich habe sie mir gerne angeschaut, aber sie haben keinen Nutzen für mich und werden ihn auch nie haben. Sie gehören nicht mir. Ich kann sie nicht in der Hand halten. Sie sind weggeschlossen in grossen Museen und werden auch dort bleiben. Wenn mir ein Schwert nützlich sein soll, muss es schon mir gehören. Ich muss es greifen und gebrauchen können ... nur die Worte Gottes, die wir wirklich kennen, haben einen Nutzen für uns, wenn wir für Gott leben und Versuchungen überwinden wollen.[2]

Der Bericht, wie Jesus vom Teufel angegriffen wird, endet mit den triumphierenden Worten: «Da verliess ihn der Teufel» (Mt 4,11). Jesus widerstand dem Teufel, und er floh (Jak 4,7). Wir kämpfen gegen denselben Feind wie Jesus. Wir haben dieselbe Wahl. Wir können denselben Sieg haben. Alles hängt von unserer Kenntnis und dem Gebrauch unseres Schwertes ab. «Ich habe euch geschrieben, ihr jungen Männer, weil ihr stark seid und das Wort Gottes in euch bleibt und ihr den Bösen überwunden habt» (1. Jo 2,14).

Als sich der Staat Virginia von der Nation abspaltete und der Konföderation im Süden anschloss, sah Stonewall Jackson seine Pflicht klar vor Augen. Die Zeit war gekommen, für seinen Heimatstaat zu kämpfen und ihn zu verteidigen. Auf einer Versammlung der Kadetten der Militärhochschule von Virginia sagte Jackson kurz: «Noch ist die Zeit des Krieges nicht angebrochen, aber sie wird kommen, und zwar bald; und wenn es soweit ist, rate ich, das Schwert zu ziehen und die Scheide wegzuwerfen.» Wo ist Ihr Schwert in der Woche? Steckt es sicher in der Scheide, hängt es am Haken? Oder ist es gezückt, bereit, um gebraucht zu werden?

Die Sage von König Artus enthält eine faszinierende Geschichte über die Herrin vom See, die ihm das berühmte Schwert Excalibur gab. Auf beiden Seiten des Schwertes befand sich eine Gravur.

«Ergreife mich» stand auf der einen und «Wirf mich weg» auf der anderen. Vor derselben Entscheidung stehen Gläubige jeden Tag mit ihrem Excalibur – dem Wort Gottes. Wir können es ergreifen oder wegwerfen. Unser geistliches Überleben hängt in grossem Masse davon ab, wofür wir uns entscheiden.

## 99. In welcher Beziehung steht das Gebet zum geistlichen Kampf?

Bei der modernen Kriegsführung ist es von entscheidender Bedeutung, die Lufthoheit zu gewinnen. Wer die Luft kontrolliert, kontrolliert den Krieg. Ist man in der Luft überlegen, hat man weniger Opfer am Boden zu beklagen und beherrscht den Feind. Leider muss die Gemeinde heute enorme geistliche Verluste am Boden hinnehmen, weil wir keine Lufthoheit haben – in den himmlischen Örtern, wo der wirkliche Kampf stattfindet. Lufthoheit gewinnen wir durch Gebet – indem wir die Himmel mit unseren Gebeten überschwemmen. Das ist geistliche Lufthoheit. Das ist der Schlüssel zum Sieg.

Die Bedeutung des Gebets für den geistlichen Kampf macht das erste Wort von Epheser 6,18 deutlich. Das Wort «indem» ist ein Bindewort. Das Gebet steht in einer lebensnotwendigen Beziehung zur geistlichen Kampfführung und der Rüstung des Christen in den Versen 6,10–17. Wir verteidigen uns nicht, indem wir den Teufel oder die Dämonen binden oder tadeln, sondern indem wir zu Gott beten.

Epheser 6,18–20 folgt direkt auf die acht Verse, die von der geistlichen Kampfführung und unserer sechsteiligen Waffenrüstung handeln. Wir können sagen, nachdem uns Paulus unseren geistlichen Kampfanzug vorgestellt hat – oder was wir im Kampf tragen sollen –, sagt er uns jetzt, wie wir uns anziehen sollen. Durch das Gebet kleiden wir uns für den Kampf. «Steht auf, steht auf für Jesus» von George Duffield hält diesen Gedanken fest.

Zieht die Rüstung des Evangeliums an,
Legt jedes Teil unter Gebet an;
Wo Pflicht ruft oder Gefahr naht,
Uns wird es an nichts mangeln.

Wir sind nie befreit vom Kampf, daher sollten wir nie lange ohne Gebet sein. Ein altes holländisches Sprichwort sagt: «Das Schwerste muss auch am schwersten wiegen.» Wir müssen das Hauptgewicht in unserem täglichen Leben auf das Gebet legen, wenn wir für Christus und das Evangelium effektiv eintreten wollen. James Boice erinnert uns:

> Unsere geheime Kraftquelle ist das Gebet. Und es ist so wichtig, weil der schwächste Christ zu jeder Zeit in seinem Leben und in jedem Augenblick des Tages in allen Umständen Gott um Hilfe anrufen kann und sofort Zugang zu den Ressourcen des unendlichen und souveränen Gottes bekommt.[1]

Dr. John Walvoord erzählte mir einmal von einem Gespräch, das er mit dem Präsidenten eines bekannten Bibelkollegs führte. Als sich Dr. Walvoord bei seinem Freund nach dem Stand der Dinge erkundigte, meinte dieser: «Wir kommen vorwärts auf unseren Knien.» Wir kämpfen auf unseren Knien. Wenn wir eine andere Kampfstellung einnehmen, werden wir mit Sicherheit eine Niederlage erleiden. Wie John MacArthur sagt: «Der Epheserbrief beginnt damit, uns in die himmlischen Örter zu erheben, und er endet, indem er uns auf unsere Knie herabzieht.»[2] Gott will uns zeigen, dass wir uns weiterhin auf ihn verlassen müssen, auch wenn er uns mit unglaublichen geistlichen Mitteln gesegnet hat. Epheser 6,18–20 beschreibt sechs Aspekte dessen, was ich gerne als «Kampfführung im Gebet» bezeichne.

## Unterschiedliche Gebete

«*Mit allem Gebet und Flehen.*» Das Wort «Gebet» bezieht sich auf allgemeine Bitten, während «Flehen» konkrete Anliegen meint. Der Gebrauch beider Wörter lässt erkennen, dass hier alle Arten von Gebet gemeint sind.

## Anhaltendes Gebet

«*Zu jeder Zeit betet.*» Jeder Gläubige sollte jeden Tag feste Gebetszeiten haben. Ich bete jeden Morgen und Abend im Bett. Ich mag es, nach dem Aufwachen mit dem Herrn zu reden und mich abends, bevor ich schlafen gehe, in seine starken Arme zu werfen. Aber wir sollten auch während des Tages beten. Der Rest des Tages sollte durch unsere Gebete bestimmt werden (Neh 2,4; 1. Thes 5,17). Jederzeit zu beten, bedeutet, dass wir uns ständig Gott bewusst sind.

## Vom Geist geleitetes Gebet

«*Im Geist.*» Der dritte Aspekt unserer Kampfführung im Gebet ist, dass es vom Heiligen Geist geleitet sein muss. Im Geist zu beten, bedeutet nicht, in Zungen zu beten oder ekstatische Äusserungen von uns zu geben. Es bedeutet, mit seiner Hilfe und Führung zu beten (s. Röm 8,26–27; Jud 1,20).

## Aufmerksames Gebet

«*Und wacht zu diesem Zweck.*» Wir sollen aufmerksam und offenen Auges beten, nicht mechanisch. Das entspricht den Worten Jesu an Petrus, Jakobus und Johannes im Garten Gethsemane (Mt 26,37–41).

## Beharrliches Gebet

«*In aller Ausdauer und Fürbitte.*» Kampfführung im Gebet ist beharrlich. Beten Sie weiter. Weichen Sie nicht zurück. Geben Sie nicht auf (Mt 7,7; Lk 18,1–8). Auf dem Schlachtfeld des Lebens müssen wir im ständigen Kontakt mit unserem Kommandanten bleiben. Er spricht zu uns durch sein Wort, und wir reden im Gebet mit ihm. Beide Kommunikationswege müssen offen sein.

## Fürsprachegebet

«*Für alle Heiligen.*» Der letzte Ausdruck sagt uns, für wen wir beten sollen – alle Heiligen. Natürlich können wir nicht jeden Gläubigen mit Namen nennen. Aber wir können sie in Gruppen einteilen und so für sie beten. Für Gläubige in anderen Staaten. Für Christen, die verfolgt werden. Für Christen, die leiden. Für isolierte Gläubige. Für Christen in Machtpositionen. Wir müssen für alle Heiligen beten. Aber wir müssen im Gebet auch konkret füreinander eintreten. In Epheser 6,19 bittet Paulus die Gläubigen, für ihn zu beten: «Auch für mich, damit mir das Wort gegeben werde, sooft ich meinen Mund auftue, freimütig das Geheimnis des Evangeliums bekannt zu machen.»

Paulus erlebte den geistlichen Kampf, über den er sprach, am eigenen Leib. Er redete über geistliche Kampfführung nicht aus einem Elfenbeinturm heraus. Seine Bitte an andere, für ihn zu beten, zeigt die Demut des Apostels. Paulus war ein grosser Mann, aber er glaubte, seine Arbeit wäre ineffektiv, würden nicht andere für ihn beten. Zu vier Anlässen bat er um das Gebet anderer: Römer 15,30–32; Kolosser 4,3–4; 1. Thessalonicher 5,25; 2. Thessalonicher 3,1. Das ist ein Aufruf zum Gebet für unsere Gemeindeleiter. Wenn Paulus schon Gebet nötig hatte, wie viel mehr brauchen es dann Gemeindeleiter und andere christliche Führungspersonen?

Jemand fragte Charles Spurgeon einmal: «Was ist das Geheimnis Ihres Dienstes?»

«Meine Leute beten für mich», erwiderte er.

Das Gebet ist der Schlüssel zum geistlichen Sieg. Charlotte Elliot, die den Text des bekannten Liedes «Just As I Am» schrieb, verfasste 1836 auch ein Lied mit dem Titel «Watch and Pray».

Christ! ruhe dich nicht aus,
Höre, wie dein Schutzengel sagt;
Du bist umgeben von Feinden;
Wache und bete.

Fürstentümer und Gewalten,
Versammeln ihre unsichtbaren Truppen,
Warten auf deine ungeschützten Stunden;
Wache und bete.

Gürte dich mit deiner himmlischen Rüstung,
Trage sie Tag und Nacht;
Im Hinterhalt lauert der Böse;
Wache und bete.

Wache, als ob allein davon
Dein Tag abhinge;
Bitte um Hilfe von oben;
Wache und bete.

## 100. Was kann ich tun, wenn ich des Kämpfens müde geworden bin?

Die epische HBO-Miniserie *Band of Brothers* folgt einer Kompanie von US-Fallschirmjägern von der Grundausbildung bis zur Invasion in Europa am D-Day und darüber hinaus. Basierend auf den realen Erfahrungen von Überlebenden, deren Zeugnisse in die Geschichte eingebaut wurden, zeigt die Serie anschaulich das Heldentum und das Leid von Männern im Krieg. Die Hauptfigur ist Lieutenant Richard Winters, ein starker Führer, der seine Berufung so begreift, wie ein Christ seine Berufung zum Konflikt verstehen sollte. Nachdem er seine Truppen zum Angriff in die Schlacht geführt hatte, wird in einer Szene gezeigt, wie Winters einen Offizier begrüsst, den er gerade erst befördert hatte, und dann sagt er zu einem anderen Soldaten: «Ich mag es nicht, mich zurückzuziehen.»

Diese Worte sagt er, als er seine Truppen zu ihrem grössten Augenblick führt, dem Widerstand gegen die Deutschen in der Schlacht in den Ardennen. Völlig in der Unterzahl wird er von einem Soldaten gewarnt, der sich von der vordersten Front zurückzieht: «Es sieht so aus, Leute, als würdet ihr eingeschlossen werden.»

Ohne mit der Wimper zu zucken, entgegnet Winters: «Wir sind Fallschirmjägern, Lieutenant. Wir rechnen damit, eingekreist zu werden.»

Wenn man darüber nachdenkt, dann sollten wir unser Leben mit derselben Einstellung führen. Wir sind Christen; wir sollten den guten Kampf kämpfen und niemals dafür beten, nicht mehr kämpfen zu müssen. Stattdessen müssen wir den Kampf annehmen, da er die Gemeinschaft und Kommunikation mit unserem Herrn und Kommandanten beinhaltet, der uns vorausgegangen ist.[1]

Wer Christus kennt, hat allen Grund, jeden Tag mit einer positiven Lebenseinstellung aufzuwachen, selbst mitten in der Schlacht. Wir mögen zwar umzingelt sein, aber wir stehen auf der Seite des

Siegers. Diese tröstenden Worte von J. C. Ryle sollten jedem Soldaten in Gottes Armee Mut machen.

> Wir wollen an dem Gedanken festhalten, dass der christliche Kampf ein guter Kampf ist – ein wirklich guter, ein wahrhaftig guter, ein ausdrücklich guter Kampf. Wir sehen jetzt nur einen Ausschnitt davon. Wir sehen den Kampf, nicht das Ende; wir sehen den Feldzug, nicht aber die Belohnung; wir sehen das Kreuz, nicht die Krone. Wir sehen ein paar demütige, reumütige, betende Menschen, die Entbehrungen erdulden und von der Welt verachtet werden; wir sehen nicht die Hand Gottes, die auf ihnen ruht, das lächelnde Angesicht Gottes über ihnen, das Reich der Herrlichkeit, das für sie bereitet ist. Diese Dinge müssen noch offenbar werden. Lasst uns nicht nach dem Schein urteilen. Der christliche Kampf hält mehr gute Dinge bereit, als wir sehen.[2]

Vergessen Sie nie, dass das Volk Gottes den guten Kampf kämpft. Eines Tages wird es das alles wert gewesen sein. Möge uns die Aussicht auf das, was morgen kommt, für den Kampf heute stärken. Mögen wir heute und an jedem anderen Tag standhaft bleiben und uns auf diesen Tag freuen.

## 101. Eine Frage an Sie: Sind Sie sich sicher, auf welcher Seite Sie stehen?

Die Sportteams der Duke University sind bekannt als die Blauen Teufel. Ihr Maskottchen ist ein junger Mann, der als Teufel verkleidet ist. Bei einem Initiationsritus der Burschenschaft steckten sie einmal einen aufzunehmenden Neuling in ein Teufelskostüm, fuhren mit ihm nach Einbruch der Dunkelheit an den Stadtrand und setzten ihn dort aus.

Als er sich auf den Rückweg machte, begann es zu regnen. Er sah eine kleine, ländliche Kirche, in der gerade eine Erweckungsversammlung stattfand. Der Evangelist stachelte die Menge ganz schön an.

Der Junge dachte: «Ich lasse den Schauer besser in der Eingangshalle an mir vorüberziehen, und niemand wird etwas bemerken.»

Aber die Kirche hatte keine Eingangshalle. Er öffnete die Tür und ging hinein – so stand er vor der ganzen Versammlung.

Die Menschen waren emotional bereits erregt und das plötzliche Erscheinen des Teufels hatte eine katastrophale Wirkung auf sie. Die meisten von ihnen stürzten zur Hintertür hinaus und einige sogar aus dem Fenster. Eine korpulente Frau in der ersten Reihe machte sich ein Bild von der Situation und sah den Stau an der Hintertür. Sie wusste, sie konnte nicht durchs Fenster, deshalb entschied sie sich, dieselbe Tür zu nehmen, durch die der Teufel reingekommen war.

Doch der Teufel hatte denselben Gedanken, und so blieben sie zusammen in der Tür stecken. Die Frau bemühte sich so gut, wie sie konnte, und lächelte ihn an und sagte: «Herr Teufel, jetzt habe ich zum ersten Mal die Chance, Sie persönlich zu treffen, aber ich möchte Ihnen sagen, dass ich schon immer auf Ihrer Seite war.»[1]

Das ist eine lustige Geschichte zu einem sehr ernsten Thema. Wir alle müssen uns entscheiden, auf welcher Seite wir im Leben stehen. Wie wir gesehen haben, gibt es nur zwei Seiten in dem unsichtbaren Krieg. Sie können nicht neutral bleiben. Sie müssen sich entscheiden. Sie können auf der Seite des Siegers stehen, wenn Sie Ihre Sündhaftigkeit zugeben, anerkennen, dass Sie einen Erlöser brauchen, und nicht länger auf sich selbst und Ihre guten Werke vertrauen, sondern allein auf Jesus Christus als Ihrem Erlöser von der Sünde. Warum machen Sie diesen Schritt nicht gleich jetzt und vertrauen ihm? Schieben Sie es nicht auf. Tun Sie es jetzt.

Man erzählt sich die Geschichte, dass der Teufel einmal ein Treffen aller Abgesandten der Hölle einberief und sagte, er wolle einen schicken, um Frauen und Männern zu helfen, ihre Seele zu zerstören. Er fragte, wer sich dazu bereiterkläre.

Ein Dämon trat vor und meinte: «Ich werde gehen.»

Der Teufel sagte: «Was wirst du den Menschenkindern sagen, wenn ich dich sende?»

«Ich werde ihnen sagen, dass es keinen Himmel gibt», erwiderte der Dämon.

Da meinte der Teufel: «Sie werden dir nicht glauben, denn in jedem menschlichen Herzen findet sich ein kleines Stück vom Himmel. Letzten Endes weiss jeder, dass das Gute und Richtige siegen muss. Du darfst nicht gehen.»

Dann trat ein anderer vor, dunkler und abscheulicher als der erste. Der Teufel fragte auch ihn: «Was wirst du den Menschenkindern sagen, wenn ich dich sende?»

«Ich werde ihnen sagen, dass es keine Hölle gibt», lautete die Antwort.

Der Teufel sah ihn an und meinte: «O nein. Sie werden dir nicht glauben, denn in jedem menschlichen Herzen gibt es ein Gewissen, eine innere Stimme, die die Wahrheit bezeugt, dass nicht nur das Gute triumphieren, sondern das Böse auch verlieren wird. Du darfst nicht gehen.»

Ein letzter Dämon meldete sich. Er kam vom finstersten aller Orte. Der Teufel sprach zu ihm: «Und wenn ich dich sende, was wirst du Frauen und Männern sagen, um ihnen zu helfen, ihre Seele zu zerstören?»

«Ich werde ihnen sagen, dass es keinen Grund zur Eile gibt», antwortete dieser.

«Geh», sagte der Teufel.[2]

Lassen Sie sich nicht vom Teufel betrügen. Fallen Sie nicht auf seine Lüge herein, dass es keinen Grund zur Eile gibt. Sorgen Sie dafür, dass Sie auf der Seite des Siegers stehen, und vertrauen Sie allein Jesus Christus als Ihrem Erlöser von der Sünde.

# Fussnoten

## Einleitung: Jenseits des *Sichtbaren*

Zitat: C. S. Lewis, *The Screwtape Letters* (New York: Macmillan, 1961), S. 3.

## 1. Warum sollte man über den Teufel und seine Dämonen nachdenken?

1. Von dieser Geschichte gibt es viele Versionen, sie scheint eine Legende zu sein. Ich habe keine Bestätigung für ihren Wahrheitsgehalt gefunden, aber sie ist ein aufschlussreiches Gleichnis über den Teufel und das Kind Gottes. Einige hier enthaltene Gedanken stammen von Tony Evans, *Victory in Spiritual Warfare* (Eugene, OR: Harvest House, 2011), S. 11–12.
2. Ray C. Stedman, *Spiritual Warfare* (Grand Rapids, MI: Discovery House, 1999), S. 24–27.
3. Zitiert in David Jeremiah, *I Never Thought I'd See the Day!* (Nashville: FaithWords, 2011), S. 35–36.
4. A. W. Tozer, *Born After Midnight* (Harrisburg, PA: Christian Publications, 1959), S. 43.

## Teil 1: Wenn man vom Teufel spricht

Erstes Zitat: zitiert in John Blanchard, *The Complete Gathered Gold* (Webster, NY: Evangelical Press, 2006), S. 554.

Zweites Zitat: zitiert in Charles R. Swindoll, *Swindoll's Ultimate Book of Illustrations and Quotes* (Nashville, TN: Thomas Nelson, 1998), S. 154.

## 2. Gibt es den Teufel wirklich?

1. Paul W. Powell, *The Great Deceiver: Seeing Satan for What He Is* (Nashville, TN: Broadman Press, 1988), S. 11.
2. E. M. Bounds, *Guide to Spiritual Warfare* (New Kensington, PA: Whitaker House, 1984), S. 12.
3. C. Fred Dickason, *Angels Elect and Evil*, überarb. Ausg. (Chicago: Moody Press, 1995), S. 121–122.
4. Zitiert in John Blanchard, *The Complete Gathered Gold* (Webster, NY: Evangelical Press, 2006), S. 555.

## 3. Ist der Teufel eine reale Person oder nur eine unpersönliche Kraft?

1. Zitiert in Craig Brian Larson und Phyllis Ten Elshof, Hrsg., *1001 Illustrations That Connect* (Grand Rapids, MI: Zondervan, 2008), S. 126.

### 4. Woher kommt der Teufel? Wie ist er gefallen?

1. Dickason nennt vier Punkte zu Gunsten dieser Identifizierung in C. Fred Dickason, *Angels Elect and Evil*, überarb. Ausg. (Chicago: Moody Press, 1995), S. 136.

a. unterschiedliche Titel – «Fürst» (Führer) und «König»

b. unterschiedliches Wesen – «Mensch» (V. 2.9) und «gesalbter Cherub» (V. 14) bzw. «schützender Cherub» (V. 16)

c. die für den König verwendeten Superlativen – «voller Weisheit und vollkommener Schönheit» (V. 12)

d. die Vollkommenheit des Königs – «du warst vollkommen in deinen Wegen vom Tag deiner Erschaffung an» (V. 15)

2. Donald Grey Barnhouse, *The Invisible War* (Grand Rapids, MI: Zondervan, 1965), S. 28–29.

3. Arnold G. Fruchtenbaum, *The Footsteps of the Messiah*, überarb. Ausg. (Tustin, CA: Ariel Ministries, 2003), S. 560–561.

4. Erwin W. Lutzer, *The Serpent of Paradise* (Chicago: Moody Press, 1996), S. 29.

5. Lutzer, *The Serpent of Paradise*, S. 98.

### 5. Wann wurde der Teufel zum Teufel? Wann ist er gefallen?

1. Es gibt noch eine dritte, alte Sicht, die heute nicht sehr verbreitet ist: Der Fall des Teufels ereignete sich zwischen 1. Mose 1,1 und 1,2. Diese Position ist weithin bekannt als die Lücken- oder Wiederherstellungstheorie. Laut dieser Sicht ging in 1. Mose 1,1 eine vollkommene Schöpfung aus Gottes Händen hervor, und dann kam der Fall des Teufels und die Erde wurde zerstört und fiel ins Chaos. 1. Mose 1,3–31 wird als der Bericht darüber angesehen, wie Gott die Welt wiederherstellte, nachdem der Teufel den Planeten in Unordnung gebracht hatte. Das Hauptproblem dieser Sichtweise ist, dass man das alles in den Text zwischen 1. Mose 1,1 und 1,2 hineinlesen muss. Wenn in diesem Zeitraum etwas so Monumentales und Verheerendes wie eine kosmische Rebellion stattfand und zu dem in 1. Mose 1,2 beschriebenen ruinösen Zustand führte, scheint es sonderbar, dass davon nicht ausdrücklich berichtet oder es zumindest klarer angedeutet wird.

### 7. Welche Verbindung hat der Teufel zu der Schlange im Garten Eden?

1. Henry M. Morris, *The Genesis Record* (Grand Rapids, MI: Baker Book House, 1976), S. 109–110.

2. B. J. Oropeza, *99 Answers to Questions About Angels, Demons and Spiritual Warfare* (Downers Grove, IL: InterVarsity Press, 1997), S. 91.

**10. Was bedeutet Beelzebul?**

1. Robert Lightner, *Angels, Satan, and Demons* (Nashville, TN: Thomas Nelson, 1998), S. 74.

**11. Worin besteht das Hauptwirken des Teufels heute?**

1. Tony Evans, *Theology You Can Count On* (Chicago: Moody, 2008), S. 592.
2. E. M. Bounds, *Guide to Spiritual Warfare* (New Kensington, PA: Whitaker House, 1984), S. 32.
3. John Blanchard, *Sifted Silver: A Treasury of Quotations for Christians* (Durham, England; Evangelical Press, 1995), S. 268.
4. Bounds, *Guide to Spiritual Warfare*, S. 106.
5. Erwin W. Lutzer, *The Serpent of Paradise* (Chicago: Moody Press, 1996), S. 120.
6. Zitiert in Lutzer, *The Serpent of Paradise*, S. 120.

**12. Warum ist der Teufel heute noch aktiv, wenn Jesus ihn doch am Kreuz besiegt hat?**

1. John R. W. Stott, *The Cross of Christ* (Downers Grove, IL: InterVarsity Press, 1986), S. 231.
2. Stott, *The Cross of Christ*, S. 231–237.
3. David Jeremiah, *I Never Thought I'd See the Day!* (Nashville: FaithWords, 2011), S. 63–64.
4. Erwin W. Lutzer, *The Serpent of Paradise* (Chicago: Moody Press, 1996), S. 98.
5. Stott, *The Cross of Christ*, S. 236.
6. Stott, *The Cross of Christ*, S. 239–240.

**13. Kann der Teufel körperliche Krankheiten bewirken?**

1. Robert Dean Jr. und Thomas Ice, *What the Bible Teaches About Spiritual Warfare*, 2. Aufl. (Grand Rapids, MI: Kregel, 2000), S. 128–129.

**17. Kann der Teufel Menschen töten?**

1. E. M. Bounds, *Guide to Spiritual Warfare* (New Kensington, PA: Whitaker House, 1984), S. 99–100.

**18. Kann der Teufel das Wetter kontrollieren?**

1. D. Edmond Hiebert, *The Gospel of Mark: An Expositional Commentary* (Greenville, SC: Bob Jones University Press, 1994), S. 126.

**19. Kann der Teufel Tote auferwecken?**

1. Warren Wiersbe, *The Bible Exposition Commentary, New Testament*, Bd. 2 (Wheaton, IL: Victor Books, 1989), S. 605.
2. Charles R. Ryrie, *Revelation*, in *Everyman's Bible Commentary* (Chicago: Moody Press, 1968), S. 83.
3. J. B. Smith, *A Revelation of Jesus Christ* (Scottdale, PA: Herald Press, 1961), S. 195–196.

**20. Ist der Teufel allwissend?**

1. Erwin W. Lutzer, *The Serpent of Paradise* (Chicago: Moody Press, 1996), S. 24.

**23. Können der Teufel und seine Dämonen Menschen dazu bringen zu sündigen?**

1. Robert J. Morgan, *Preacher's Sourcebook of Creative Sermon Illustrations* (Nashville, TN: Thomas Nelson, 2007), S. 685.
2. Tony Evans, *Tony Evans' Book of Illustrations* (Chicago: Moody, 2009), S. 272.

**24. Kontrolliert und beeinflusst der Teufel die Führer und Staaten der Welt?**

1. Merrill F. Unger, *Biblical Demonology: A Study of Spiritual Forces at Work Today* (Grand Rapids, MI: Kregel, 1994), S. 181–182.

**26. Ist der Teufel allgegenwärtig? Ist er überall gleichzeitig?**

1. Zitiert in R. C. Sproul, *Unseen Realities* (Scotland: Christian Focus, 2011), S. 142.
2. Sproul, *Unseen Realities*, S. 143.

**27. Ist der Teufel allmächtig? Hat er so viel Macht wie Gott?**

1. Robert Lightner, *Angels, Satan, and Demons* (Nashville, TN: Thomas Nelson, 1998), S. 66.
2. Erwin W. Lutzer, *The Serpent of Paradise* (Chicago: Moody Press, 1996), S. 102.
3. Ray Pritchard, *Stealth Attack* (Chicago: Moody, 2007), S. 20.

**29. Wie bekommt der Teufel Zugang zum Leben eines Menschen?**

1. Zitiert in Robert J. Morgan, *He Shall Be Called* (New York: Warner Faith, 2005), S. 52.

**30. In welcher Verbindung steht der Teufel zu okkulten Dingen?**

1. B. J. Oropeza, *99 Answers to Questions About Angels, Demons and Spiritual Warfare* (Downers Grove, IL: InterVarsity Press, 1997), S. 141.
2. C. Fred Dickason, *Angels Elect and Evil*, überarb. Ausg. (Chicago: Moody Press, 1995), S. 221.

**31. Sind UFOs das Werk des Teufels und seiner Dämonen?**

1. Ron Rhodes, *Alien Obsession: What Lies Behind Abductions, Sightings, and the Attraction to the Paranormal* (Eugene, OR: Harvest House, 1998), S. 40.
2. B. J. Oropeza, *99 Answers to Questions About Angels, Demons and Spiritual Warfare* (Downers Grove, IL: InterVarsity Press, 1997), S. 160–161.

**33. Was bedeutet «dem Satan übergeben»?**

1. John MacArthur, *Standing Strong: How to Resist the Enemy of Your Soul*, 2. Aufl. (Colorado Springs, CO: David C. Cook, 2006), S. 39.
2. MacArthur, *Standing Strong*, S. 40.
3. Homer A. Kent Jr., *The Pastoral Epistles*, überarb. Ausg. (Chicago: Moody Press, 1986), S. 94.

**35. Was ist die «Synagoge des Satans» in Offenbarung 2,9?**

1. Robert L. Thomas, *Revelation 1–7: An Exegetical Commentary* (Chicago: Moody Press, 1992), S. 166.

**38. War Jesus nach seinem Tod drei Tage lang in der Hölle, um vom Teufel gequält zu werden?**

1. Bekenntnisse der Kirche, TVG R. Brockhaus Verlag Wuppertal, Ausg. 1997, S. 19.

**39. Wird der Antichrist der Teufel in Person sein?**

1. John Phillips, *Exploring Revelation* (Neptune, NJ: Loizeaux Brothers, 1991), S. 166.
2. John Phillips, *Exploring the Future: A Comprehensive Guide to Bible Prophecy* (Grand Rapids: Kregel, 2003), S. 272.
3. Ed Hindson, *Is the Antichrist Alive and Well? 10 Keys to His Identity* (Eugene, OR: Harvest House, 1998), S. 8.
4. Gary Frazier, *Signs of the Coming of Christ* (Arlington, TX: Discovery Ministries, 1998), S. 149.

**40. Was ist die «unheilige Dreieinheit»?**

1. Donald Grey Barnhouse, *Revelation: An Expository Commentary* (Grand Rapids: Zondervan Publishing House, 1971), S. 28–29.

**42. Warum ist der Teufel so entschlossen, das jüdische Volk zu vernichten?**

1. Randall Price, «The Divine Preservation of the Jewish People», World of the Bible Ministry Update, 1. Oktober 2009, www.worldofthebible.com/update.htm.
2. Mark Twain, «Concerning the Jews», in *How to Tell a Story, and Other Essays* (New York: The American Publishing Company, 1909), S. 275.
3. Arthur E. Bloomfield, *How to Recognize the Antichrist* (Minneapolis: Bethany House, 1975), S. 129–132.

**43. Wann werden der Teufel und seine Engel für immer aus dem Himmel gestossen?**

1. John F. Walvoord, *Revelation*, überarb. Ausg. (Chicago: Moody Press, 2011), S. 197.

**46. Wann wird der Teufel für 1000 Jahre im Abgrund gebunden werden?**

1. Kim Riddlebarger, *A Case for Amillennialism: Understanding the End Times* (Grand Rapids, MI: Baker Books, 2003), S. 210–211.
2. Harold W. Hoehner, «Evidence from Revelation 20», in *A Case for Premillennialism: A New Consensus*, Hrsg., Donald K. Campbell und Jeffrey L. Townsend (Chicago: Moody Press, 1992), S. 250.

**48. Warum wird Gott den Teufel am Ende der 1000 Jahre aus dem Abgrund freilassen?**

1. J. Vernon McGee, *Reveling Through Revelation* (Pasadena, CA: Thru the Bible Books, 1979), S. 74–75.
2. Henry Morris, *The Revelation Record* (Wheaton, IL: Tyndale House, 1983), S. 419–420.

**Teil 2: Engel der Hölle**

Zitat: E. M. Bounds, *Guide to Spiritual Warfare* (New Kensington, PA: Whitaker House, 1984), S. 147.

**50. Gibt es Dämonen wirklich?**

1. C. Fred Dickason, *Angels Elect and Evil*, überarb. Ausg. (Chicago: Moody Press, 1995), S. 162–163.

**51. Was sind Dämonen?**

1. C. Fred Dickason, *Angels Elect and Evil*, überarb. Ausg. (Chicago: Moody Press, 1995), S. 174.
2. E. M. Bounds, *Guide to Spiritual Warfare* (New Kensington, PA: Whitaker House, 1984), S. 25–26.

**52. Woher kommen sie?**

1. Billy Graham, *Angels: God's Secret Agents*, überarb. Ausg. (Dallas, TX: Word Publishing, 1986), S. 55.

**56. Worin besteht das Hauptwirken von Dämonen?**

1. Ray Pritchard, *Stealth Attack* (Chicago: Moody, 2007), S. 15, 17.
2. Richard Thieme, «Battlespace», zitiert in Pritchard, *Stealth Attack*, S. 18.
3. W. Wayne House und Timothy J. Demy, *Answers to Common Questions About Angels & Demons* (Grand Rapids, MI: Kregel, 2011), S. 62.
4. J. Dwight Pentecost, *Your Adversary the Devil* (Grand Rapids, MI: Zondervan, 1969), S. 37.

**58. Werden gefallene Engel in 1. Mose 6 «Gottessöhne» genannt?**

1. John Phillips, *Exploring Genesis* (Chicago: Moody Press, 1980), S. 81.
2. James Montgomery Boice, *Genesis: An Expositional Commentary*, Bd. 1 (Grand Rapids, MI: Baker Books, 1998), S. 310.

**59. Welche unterschiedlichen Positionen gibt es in der Hierarchie der Dämonen?**

1. C. Fred Dickason, *Angels Elect and Evil*, überarb. Ausg. (Chicago: Moody Press, 1995), S. 179.
2. John R. W. Stott, *The Message of Ephesians* (Downers Grove, IL: InterVarsity Press, 1979), S. 262.
3. E. M. Bounds, *Guide to Spiritual Warfare* (New Kensington, PA: Whitaker House, 1984), S. 89.

**60. Sind Dämonen bestimmten geografischen Gebieten zugeteilt?**

1. Donald Grey Barnhouse, *The Invisible War* (Grand Rapids, MI: Zondervan, 1965), S. 132.

**63. Was ist unter «Lehren der Dämonen» zu verstehen?**

1. Charles R. Swindoll, *The Church Awakening: An Urgent Call for Renewal* (Nashville, TN: FaithWords, 2010), S. 173. Swindoll sah das historische Dokument in der Holocaustgedenkstätte *Yad Vashem* in Israel.
2. Charles R. Swindoll, *Insights on 1 and 2 Timothy, Titus* (Grand Rapids, MI: Zondervan, 2010), S. 82.
3. E. M. Bounds, *Guide to Spiritual Warfare* (New Kensington, PA: Whitaker House, 1984), S. 34.

### 68. Beschreibt die sechste Gerichtsposaune eine 200 Millionen Mann starke Armee aus Menschen oder Dämonen?

1. Grant R. Osborne, *Revelation*, in *Baker Exegetical Commentary on the New Testament*, Hrsg. Moises Silva (Grand Rapids, MI: Baker Academic, 2002), S. 381.
2. John F. Walvoord, *The Revelation of Jesus Christ* (Chicago: Moody Press, 1966), S. 166, n. 13.

### 69. Was ist dämonische Besessenheit?

1. Alex Konya, *Demons: A Biblically Based Perspective* (Schaumburg, IL: Regular Baptist, 1990), S. 22.
2. Robert Dean Jr. und Thomas Ice, *What the Bible Teaches About Spiritual Warfare*, 2. Aufl. (Grand Rapids, MI: Kregel, 2000), S. 133.
3. Dean und Ice, *What the Bible Teaches About Spiritual Warfare*, S. 134.

### 70. Gibt es dämonische Besessenheit auch heute noch?

1. Robert Lightner, *Angels, Satan, and Demons* (Nashville, TN: Thomas Nelson, 1998), S. 136.

### 71. Wie kann man den Unterschied zwischen einer psychischen Störung und dämonischer Besessenheit erkennen?

1. B. J. Oropeza, *99 Answers to Questions About Angels, Demons and Spiritual Warfare* (Downers Grove, IL: InterVarsity Press, 1997), S. 130.

### 72. Kann ein Gläubiger von einem Dämon besessen sein?

1. John MacArthur, *Standing Strong: How to Resist the Enemy of Your Soul*, 2. Aufl. (Colorado Springs, CO: David C. Cook, 2006), S. 16.
2. Zu ihnen gehören C. Fred Dickason, *Angels Elect and Evil*, überarb. Ausg. (Chicago: Moody Press, 1995), S. 207–208 und Merrill F. Unger. Unger änderte seine Ansicht zu diesem Thema. In seinem früheren Werk, *Biblical Demonology*, das zum ersten Mal 1952 veröffentlicht wurde, sagte er: «Dämonischer Besessenheit sind nur Ungläubige ausgesetzt; der Einfluss von Dämonen kann sowohl Gläubige als auch Ungläubige treffen. ... Der Gläubige, dessen können wir uns sicher sein, ist innerhalb der Tore vor dem Feind geschützt, auch wenn er ständig mit seiner subtilen Macht und List von aussen konfrontiert wird.» Merrill F. Unger, *Biblical Demonology* (Grand Rapids, MI: Kregel, 1994), S. 100. Aufgrund von Zeugnissen, die er von Missionaren aus der ganzen Welt empfangen hatte, vertrat Unger später den Standpunkt, dass Gläubige von Dämonen besessen sein können. Merrill F. Unger, *Demons in the World Today: A Study of Occultism in the Light of God's Word* (Wheaton, IL: Tyndale House, 1971), S. 116–117. Diese Ansicht bestätigte er in *What Demons Can Do to Saints* (Chicago:

Moody Press, 1977). Das Vertrauen auf Geschichten und Erfahrungen unterstreicht, wie wichtig es ist, nahe bei der Schrift zu bleiben, wenn man Faktoren für die Besessenheit von bösen Geistern festlegen will.

3. Robert Dean Jr. und Thomas Ice, *What the Bible Teaches About Spiritual Warfare*, 2. Aufl. (Grand Rapids, MI: Kregel, 2000), S. 134–135.
4. Mark I. Bubeck, *The Adversary* (Chicago: Moody Press, 1975), S. 87–88.
5. Robert Lightner, *Angels, Satan, and Demons* (Nashville, TN: Thomas Nelson, 1998), S. 133.
6. Dean und Ice, *What the Bible Teaches About Spiritual Warfare*, S. 136.
7. Dean und Ice, *What the Bible Teaches About Spiritual Warfare*, S. 137.
8. MacArthur, *Standing Strong*, S. 25.
9. Dean und Ice, *What the Bible Teaches About Spiritual Warfare*, S. 140.

### 73. Sollten Christen heute Exorzismus oder Befreiungsdienste durchführen?

1. Merrill F. Unger, *Biblical Demonology: A Study of Spiritual Forces at Work Today* (Grand Rapids, MI: Kregel, 1994), S. 101.
2. Robert Dean Jr. und Thomas Ice, *What the Bible Teaches About Spiritual Warfare*, 2. Aufl. (Grand Rapids, MI: Kregel, 2000), S. 146–147.

### 75. Können Dämonen oder generationsübergreifende Geister vererbt werden?

1. Robert Dean Jr. und Thomas Ice, *What the Bible Teaches About Spiritual Warfare*, 2. Aufl. (Grand Rapids, MI: Kregel, 2000), S. 202.

### Teil 3: Der unsichtbare Krieg und die «ganze Waffenrüstung» des Gläubigen

Erstes Zitat: Ray C. Stedman, *Spiritual Warfare* (Grand Rapids, MI: Discovery House, 1999), S. 20–21.

Zweites Zitat: Donald Grey Barnhouse, *The Invisible War* (Grand Rapids, MI: Zondervan, 1965), S. 137.

### 78. Was ist geistliche Kampfführung? Befinden wir uns wirklich im Krieg?

1. Zitiert in Ray C. Stedman, *Spiritual Warfare* (Grand Rapids, MI: Discovery House, 1999), S. 71.
2. Erwin W. Lutzer, *The Serpent of Paradise* (Chicago: Moody Press, 1996), S. 119.
3. Paul W. Powell, *The Great Deceiver: Seeing Satan for What He Is* (Nashville, TN: Broadman Press, 1988), S. 9.
4. Powell, *The Great Deceiver*, S. 1.
5. Billy Graham, *Angels: God's Secret Agents*, überarb. Ausg. (Dallas, TX: Word Publishing, 1986), S. 59.

6. John MacArthur, *Standing Strong: How to Resist the Enemy of Your Soul*, 2. Aufl. (Colorado Springs, CO: David C. Cook, 2006), S. 21.
7. Tony Evans, *Victory in Spiritual Warfare* (Eugene, OR: Harvest House, 2011), S. 11–14.

**79. Was ist die Stärke des Christen im Kampf gegen die Dämonen?**

1. Paul W. Powell, *The Great Deceiver: Seeing Satan for What He Is* (Nashville, TN: Broadman Press, 1988), S. 31.
2. The SLJ Institute, «The Christian's Conflict, Ephesians 6,5–24», www.sljinstitute.net/sermons/new%20testament/pauls/pages/ephesians18.html.

**80. Wer sind die drei Feinde jedes Christen?**

1. James Montgomery Boice, *Genesis: An Expositional Commentary*, Bd. 3 (Grand Rapids, MI: Baker Books, 1987), S. 912–913.
2. Robert Dean Jr. und Thomas Ice, *What the Bible Teaches About Spiritual Warfare*, 2. Aufl. (Grand Rapids, MI: Kregel, 2000), S. 65–66.
3. Lewis Sperry Chafer, *Systematic Theology*, Bd. 2 (Dallas: Dallas Seminary Press, 1948), S. 77.
4. E. M. Bounds, *Guide to Spiritual Warfare* (New Kensington, PA: Whitaker House, 1984), S. 64, 75.
5. Ray C. Stedman, *Spiritual Warfare* (Grand Rapids, MI: Discovery House, 1999), S. 70.

**82. Wie können Gläubige das Fleisch überwinden?**

1. Ray C. Stedman, *Spiritual Warfare* (Grand Rapids, MI: Discovery House, 1999), S. 69–70.
2. Robert Dean Jr. und Thomas Ice, *What the Bible Teaches About Spiritual Warfare*, 2. Aufl. (Grand Rapids, MI: Kregel, 2000), S. 97.

**83. Wie können wir wissen, ob wir von Dämonen, der Welt oder unserem eigenen Fleisch versucht werden?**

1. Mark I. Bubeck, *The Adversary* (Chicago: Moody Press, 1975), S. 101.

**84. Ist es biblisch, wenn Christen den Teufel und die Dämonen tadeln?**

1. John MacArthur, *Standing Strong*, 2. Aufl. (Colorado Springs, CO: David C. Cook, 2006), S. 89.
2. MacArthur, *Standing Strong*, S. 156.

### 85. Was ist mit Binden und Lösen gemeint?

1. John MacArthur Jr., *Matthew 16–23*, in *The MacArthur New Testament Commentary* (Chicago: Moody Press, 1988), S. 34.

### 87. Kontrollieren territoriale Geister Städte und Nationen, und sollten Christen sie identifizieren und gegen sie beten?

1. C. Peter Wagner und Rebecca Greenwood, «The Strategic-Level Deliverance Model», in *Understanding Spiritual Warfare: Four Views*, Hrsg. James K. Beilby und Paul Rhodes Eddy (Grand Rapids, MI: Baker Academic, 2012), S. 179.
2. Art Moore, «Spiritual Mapping Gains Credibility Among Leaders», *Christianity Today*, 12. Januar 1998, S. 55.
3. Wagner und Greenwood, «The Strategic-Level Deliverance Model», S. 182–183.
4. David E. Stevens, «Daniel 10 and the Notion of Territorial Spirits», *Bibliotheca Sacra* 157: 628 (2000): 431.
5. Wayne Grudem, *Systematic Theology: An Introduction to Biblical Doctrine* (Grand Rapids, MI: Zondervan, 1995), S. 421.
6. Timothy Chester, *The Message of Prayer: Approaching the Throne of Grace* (Downers Grove, IL: InterVarsity Press, 2003), S. 231.

### 88. Ist der geistliche Kampf zu jeder Zeit gleich intensiv?

1. Harold W. Hoehner, *Ephesians: An Exegetical Commentary* (Grand Rapids, MI: Baker Academic, 2002), S. 834.
2. Tony Evans, *Victory in Spiritual Warfare* (Eugene, OR: Harvest House, 2011), S. 93–94.

### 89. Wie widerstehen wir dem Teufel?

1. C. Fred Dickason, *Angels Elect and Evil*, überarb. Ausg. (Chicago: Moody Press, 1995), S. 237.

### 90. Was ist die ganze Waffenrüstung Gottes?

1. Adaptiert von Ray C. Stedman, *Spiritual Warfare* (Grand Rapids, MI: Discovery House, 1999), S. 95–96.
2. Martyn Lloyd-Jones, *The Christian Soldier: An Exposition of Ephesians 6,10–20* (Grand Rapids, MI: Baker Books, 1977), S. 179.
3. David Jeremiah, *Spiritual Warfare* (San Diego, CA: Turning Point for God, 2002), S. 32.

**91. Welchen Zweck hat die Waffenrüstung Gottes?**

1. Adaptiert von Ray C. Stedman, *Spiritual Warfare* (Grand Rapids, MI: Discovery House, 1999), S. 185–186.

**93. Was ist der Gürtel der Wahrheit?**

1. Ray C. Stedman, *Spiritual Warfare* (Grand Rapids, MI: Discovery House, 1999), S. 103.
2. Stedman, *Spiritual Warfare*, S. 104.

**94. Was ist der Brustpanzer der Gerechtigkeit?**

1. Martin Luther, *Luther: Letters of Spiritual Counsel*, Hrsg. Theodore G. Tappert (Vancouver, BC: Regent College Publishing, 2003), S. 110.
2. Zitiert in Philip Graham Ryken, *The Message of Salvation* (Downers Grove, IL: InterVarsity Press, 2001), S. 125.

**95. Was sind die Schuhe des Friedens?**

1. Harold W. Hoehner, *Ephesians: An Exegetical Commentary* (Grand Rapids, MI: Baker Academic, 2002), S. 842.

**96. Was ist der Schild des Glaubens?**

1. Harold W. Hoehner, *Ephesians: An Exegetical Commentary* (Grand Rapids, MI: Baker Academic, 2002).
2. Zitiert in John MacArthur, *Standing Strong*, 2. Aufl. (Colorado Springs, CO: David C. Cook, 2006), S. 137.

**97. Was ist der Helm des Heils?**

1. John MacArthur, *Standing Strong*, 2. Aufl. (Colorado Springs, CO: David C. Cook, 2006), S. 130.
2. Ray C. Stedman, *Our Riches in Christ: Discovering the Believer's Inheritance in Ephesians* (Grand Rapids, MI: Discovery House, 1998), S. 378.

**98. Was ist das Schwert des Geistes?**

1. James Montgomery Boice, *The Gospel of Matthew: An Expositional Commentary* (Grand Rapids, MI: Baker Books, 2001), S. 59.
2. Boice, *The Gospel of Matthew*, S. 59.

**99. In welcher Beziehung steht das Gebet zum geistlichen Kampf?**

1. James Montgomery Boice, *Ephesians: An Expositional Commentary* (Grand Rapids, MI: Baker Books, 1997), S. 259.

2. John MacArthur Jr., *Ephesians,* in *MacArthur New Testament Commentary* (Chicago: Moody Press, 1986), S. 378.

**100. Was kann ich tun, wenn ich des Kämpfens müde geworden bin?**

1. Adaptiert von Ben Patterson, *Muscular Faith* (Wheaton, IL: Tyndale Momentum, 2011), S. 52–53.
2. J. C. Ryle, *Holiness* (Hertfordshire, England: Evangelical Press, 1989), S. 62.

**101. Eine Frage an Sie: Sind Sie sich sicher, auf welcher Seite Sie stehen?**

1. Adaptiert von Paul W. Powell, *A Funny Thing Happened on the Way to Retirement* (Tyler, TX: Texas Baptist Leadership Center, 2000), S. 54–55.
2. Ben Patterson, *Muscular Faith* (Wheaton, IL: Tyndale Momentum, 2011), S. 76.